TRIPS
协定下注册商标的使用要求

王 芳◎著

知识产权出版社
全国百佳图书出版单位

图书在版编目（CIP）数据

TRIPS 协定下注册商标的使用要求/王芳著. —北京：知识产权出版社，2016.3
ISBN 978-7-5130-1394-9

Ⅰ.①T… Ⅱ.①王… Ⅲ.①知识产权—国际公约—研究②商标管理—研究—中国 Ⅳ.①D997.1②F760.5

中国版本图书馆 CIP 数据核字（2016）第 026325 号

内容提要

本书旨在研究 TRIPS 协定下注册商标的使用要求，通过探讨注册商标的使用要求的条约义务、比较 WTO 主要成员的注册商标的使用要求制度，归纳了注册商标的使用要求的基本理论，分析了我国的注册商标使用要求的制度现状和立法不足，并在此基础上提出了制度完善的立法建议。

责任编辑：王祝兰　　　　　　　　　　**责任校对**：董志英
封面设计：麒麟轩设计　　　　　　　　**责任出版**：刘译文

TRIPS 协定下注册商标的使用要求

王　芳　著

出版发行：	知识产权出版社有限责任公司	网　　址：	http://www.ipph.cn
社　　址：	北京市海淀区西外太平庄 55 号（邮编：100081）	天猫旗舰店：	http://zscqcbs.tmall.com
责编电话：	010-82000860 转 8555	责编邮箱：	wzl@cnipr.com
发行电话：	010-82000860 转 8101/8102	发行传真：	010-82000893/82005070/82000270
印　　刷：	北京科信印刷有限公司	经　　销：	各大网上书店、新华书店及相关专业书店
开　　本：	720mm×1000mm　1/16	印　　张：	15
版　　次：	2016 年 3 月第 1 版	印　　次：	2016 年 3 月第 1 次印刷
字　　数：	265 千字	定　　价：	45.00 元

ISBN 978-7-5130-1394-9

出版权专有　侵权必究
如有印装质量问题，本社负责调换。

中文摘要

本书旨在研究 TRIPS 协定下注册商标的使用要求。绪论明确了商标使用的意义及 TRIPS 协定对注册商标的使用要求的国际协调意义，并对本书研究的范围予以界定。在研究路径的指引下，正文各章具体从如下四个方面展开论述。

第一章探讨了注册商标的使用要求之条约义务。首先，梳理和分析了注册商标的使用要求的条约体系，明确了 TRIPS 协定在注册商标使用要求的协调上所取得的进步以及在国际条约体系中的显著地位。其次，对 TRIPS 协定中注册商标的使用要求的起草过程、条约义务性质、具体内容和逻辑关系等进行了深入分析。商标注册阶段的使用要求属于 TRIPS 协定的选择性条约义务，但对于设定该阶段使用要求的成员而言，须遵守 TRIPS 协定的下述规则：商标的实际使用不应成为注册申请的条件，申请之日起 3 年内的不使用不得成为拒绝商标注册的唯一理由。TRIPS 协定中注册商标维持阶段的使用要求也属于选择性条约义务，在该阶段设定使用要求的成员需恪守 TRIPS 协定在商标使用主体、不使用的期间、不使用的正当理由以及法律后果等方面的义务。最后，在条约比较和条文分析的基础上，指出 TRIPS 协定体现了迄今为止国际条约在注册商标使用要求的国际协调上的最高成就，同时也分析了 TRIPS 协定在协调上存在的局限性。

第二章对 WTO 主要成员的注册商标的使用要求制度进行了比较研究。分别考察了美国，欧盟及其主要成员国中英国、德国、法国等 WTO 成员的相关立法和实践，对不同成员在商标使用的含义及具体情形、不使用的期间、正当理由、法律后果以及相关程序等问题上的规定作了细致、深入的分析。在商标使用的概念上，尽管各主要成员在立法规定上存在差异，但在商标实践中对标使用的本质内涵认识趋于一致，即发挥商标区分来源功能的使用；在商标注册和权利行使阶段的使用要求上，各主要成员并未都设定相应制度，这与不同的商标权取得制、立法传统以及商标保护制度息息相关；在注册商标维持阶段的使用要求上，各主要成员无一例外地都规定了使用要求，且在使用主体、变

TRIPS 协定下注册商标的使用要求

形使用、不使用的法律后果、举证责任等方面规定类似，但在不使用的期间、突击使用的应对、撤销程序的启动主体等方面存在不同。这些制度上的共性与特性为注册商标的使用要求的理论研究奠定了基础，也为我国相关立法的完善提供了制度参考。

第三章在前两章条约分析和国别比较的基础上，归纳了注册商标的使用要求的基本理论。第一节从商标资源的合理配置和商标保护的正当性角度考察了注册商标的使用要求的制度成因。第二节对注册商标的使用要求的基本概念作出解析，首先，从注册的起源探讨了两种商标权取得制下"注册"的不同含义，明确了 TRIPS 协定下"注册"的双重含义；其次，对商标使用的概念作出界定，明确商标使用的内涵是来源区分性使用，并从商标使用的主体、内容、对象、方式等方面探讨了商标使用的外延；最后，针对"使用"与"不使用"的关系，对商标"不使用"的含义、认定、正当理由以及法律后果等问题作出探讨。第三节对注册商标的使用要求反映的核心关系予以辨析，并指出该制度体现了注册与使用的融合以及公权对私权的介入。

第四章分析了我国的注册商标使用要求的制度现状和立法不足，并提出了制度完善的立法建议。第一节从商标使用的含义、商标注册阶段、商标注册维持阶段以及注册商标权利行使等四个方面对我国使用要求的立法与实践现状予以全方位的介绍；第二节针对上述四个方面分别分析了我国现行立法与实践中存在的问题与不足；第三节在结合 TRIPS 协定条约义务并参考其他成员相应制度的基础上，对我国注册商标使用要求的完善提出了立法建议。具体建议为：对商标使用概念进行概括＋列举式界定，在商标注册阶段设立意向使用要求，在注册商标维持阶段对不使用的正当理由、突击使用的应对、注册商标权的失效时间等问题进行修改，增加注册商标程序性权利行使上的使用要求，并进一步完善注册商标实体权利行使上的使用要求。

关键词：TRIPS 协定　　注册商标　　使用要求

Abstract

This dissertation aims to study on the requirements of use for registered trademarks under the TRIPS Agreement. After exploring the significance of trademark use and of the TRIPS Agreement in international harmonization of the requirements of use for registered trademarks, the introduction defines the scope of study. Under the approach of the study, this dissertation discusses the subject matter by following four chapters.

Chapter one focuses on the treaty obligations of the requirements of use for registered trademarks. Firstly, it introduces the framework of treaties on the requirements of use for registered trademarks, demonstrating the progress and significance of the TRIPS Agreement in international cooperation on the issue of use requirement. Then, it analyzes in detail the drafting history, the nature of treaty obligations, the contents and logic arrangements of the use requirements under the TRIPS Agreement. The requirement of use in trademarks registration is an optional obligation under the TRIPS Agreement. However, once a Member adopts the requirement of use in this phase, the Member shall be subject to the obligations set by the TRIPS Agreement. It includes that the actual use of a trademark shall not be a condition to file an application for registration, and an application shall not be refused merely on the ground that intended use has not appeared before the expiry of a period of three years from the application date. The requirement of use for registered trademarks in registration maintenance is also an optional obligation under the TRIPS Agreement. To the Members which regulate the use requirement in this phase, they shall abide by the rules of the TRIPS Agreement on the use subject, non – use period, reasons for non – use and legal consequences for non – use, etc. In the end of this chapter, based on the comparison with other treaties and analysis of the obligations under the TRIPS Agreement, it draws the conclusion that the TRIPS Agreement currently is the topmost achievement of international harmonization on the requirements of use for registered trademarks, while it has its limitations at the same time.

Chapter two conducts comparative studies on the requirements of use for registered trademarks of the main WTO members. The chapter explores the corresponding legislation and practice of selected representative members including the United States, European Union, the United Kingdom, Germany, and France, and makes a thorough and delicate analysis especially on the definition of trademark use, circumstances of trademark use, non-use period, proper reasons for non-use, legal consequences for non-use and relevant procedures. On the conception of trademark use, the selected members make different legislation, but tend to reach a common idea of the fundamental meanings of trademark use, i.e. use as a source indicator. Not all the selected members make the regulations on the requirements of use in trademark registration and exercise of trademark rights, due to the different acquisition systems for trademark rights, legislative traditions and trademark protection systems. However, all the selected members set the requirement of use in trademark registration maintenance. They share the similarities on the use subject, transformative use, legal consequences for non-use and burden of proof for trademark use, but differ in the regulations on non-use period, response to rush use and party to start the cancellation procedure, etc. Commonness and individuality of the systems above lay the foundation for theory studies and provide reference for China's legislative improvement.

Chapter three generalizes the main theory of therequirements of use for registered trademarks on the basis of treaties analysis and national comparison. Section one investigates the cause of the use requirements from the perspectives of reasonable allocation of trademark resources and justification of trademark protection. Section two analyzes the basic conception of the requirements of use for registered trademarks. In the first place, this section discloses the origin of registration and different meanings under the two systems of trademark rights acquisition, and explains the dual meanings of registration under the TRIPS Agreement. Then, it defines the conception of trademark use, clarifies its intension as a source indicator and analyzes its extension from the perspectives of subject, content, object, way of trademark use. Lastly, it studies on the issues of non-use based on the relationship between use and non-use, and focuses on the definition and determination of non-use, proper reasons and legal consequences of non – use. Section three addresses the core relations reflected in the use requirements for registered trademarks. The harmonization between registration and use and the intrusion into private right by public power have been explored.

Chapter four analyzes the current system and existing problems of the use requirements for registered trademarks in China, and proposes the suggestions for legislative improvement. In section one, the status quo of legislation and practice on the requirements of use have been fully investigated from the four aspects: the definition of trademark use, the use requirement in registration, that in registration maintenance and that in exercise of trademark rights. Section two points out the deficiencies in China's present systems of use requirements. In section three, the following detailed suggestions about the improvements of use requirements for registered trademarks in China have been put forward under the observance of TRIPS Agreement and influence of the relevant regulations from other members. (ⅰ) The conception of trademark use should be defined both from the intension and extension. (ⅱ) The requirement of intent to use in trademark registration should be established. (ⅲ) Regulations on proper reasons for non – use, the response to rush use and time for cease of registered trademark rights, etc. should be revised. (ⅳ) The use requirement for exercise of the procedural rights on registered trademark should be added and that for exercise of the substantive rights should be enhanced.

Key words: TRIPS Agreement   registered trademark   requirement of use

目 录

学术概述 …………………………………………………………… 1
 一、国内主要研究状况 ………………………………………… 1
 二、国外主要研究状况 ………………………………………… 3
 三、本书的主要创新点 ………………………………………… 6
绪　　论 …………………………………………………………… 7
 一、商标使用的意义 …………………………………………… 7
 二、注册商标的使用要求的重要性与复杂性 ………………… 9
 三、TRIPS 协定关于注册商标的使用要求的协调意义 …… 13
 四、本书研究范围的界定和研究思路 ……………………… 16
第一章　TRIPS 协定下注册商标的使用要求之条约义务 …… 19
 第一节　注册商标的使用要求的条约体系 ………………… 19
  一、《巴黎公约》下注册商标的使用要求 ………………… 20
  二、马德里体系下注册商标的使用要求 …………………… 23
  三、TRIPS 协定下注册商标的使用要求及其与《巴黎公约》的关系 … 26
  四、后 TRIPS 协定条约下注册商标的使用要求 ………… 30
 第二节　TRIPS 协定下商标注册阶段的使用要求 ………… 34
  一、商标注册阶段的使用要求纳入 TRIPS 协定的起草历史和原因 … 34
  二、商标注册阶段的使用要求之条约义务的性质 ………… 37
  三、商标注册阶段的使用要求的主要内容及内在逻辑 …… 37
  四、不满足商标注册阶段的使用要求可以成为拒绝商标注册的理由 … 39
 第三节　TRIPS 协定下注册商标维持阶段的使用要求 …… 41
  一、注册商标的使用主体 …………………………………… 42
  二、注册商标不使用的期间 ………………………………… 45
  三、注册商标不使用的理由 ………………………………… 46

四、注册商标不使用的法律后果 ··· 49
第四节　TRIPS 协定对注册商标使用要求的协调的进步性与局限性 ······ 50
　　一、TRIPS 协定对注册商标使用要求的协调在国际
　　　　条约体系中的地位 ··· 50
　　二、TRIPS 协定对注册商标的使用要求协调的进步性 ············· 51
　　三、TRIPS 协定对注册商标的使用要求协调的局限性 ············· 54
本章小结 ··· 56

第二章　TRIPS 协定下主要成员的注册商标使用要求制度之比较 ············ 57
第一节　概　　述 ··· 57
　　一、制度比较之目的 ··· 57
　　二、比较对象之选取 ··· 58
第二节　美国的注册商标使用要求制度 ··· 59
　　一、商标使用的概念 ··· 61
　　二、美国在商标注册阶段的使用要求 ····································· 65
　　三、美国在注册商标维持阶段的使用要求 ····························· 69
第三节　欧盟及其主要成员国的注册商标使用要求制度 ··················· 74
　　一、作为 WTO 成员的欧盟及其成员国的商标制度间的关系 ······ 74
　　二、欧盟的注册商标的使用要求制度 ····································· 76
　　三、欧盟主要成员国的注册商标的使用要求制度 ·················· 87
第四节　注册商标的使用要求制度之比较 ··· 99
　　一、商标使用界定之比较 ··· 99
　　二、商标注册阶段的使用要求制度之比较 ··························· 101
　　三、注册商标维持阶段的使用要求制度之比较 ···················· 101
　　四、注册商标权利行使上的使用要求之比较 ······················· 108
本章小结 ··· 109

第三章　TRIPS 协定下注册商标的使用要求之理论探讨 ······················ 111
第一节　TRIPS 协定下注册商标的使用要求之原因分析 ··············· 111
　　一、商标资源的合理配置是设定注册商标使用要求的直接动因 ······ 111
　　二、商标保护的正当性是设定注册商标使用要求的内在机理 ······ 116
第二节　TRIPS 协定下注册商标的使用要求之基本概念解析 ······· 121
　　一、注册商标的使用要求之"注册" ···································· 121

二、注册商标的使用要求之"使用"……………………………125
　　三、注册商标的使用要求之"不使用"…………………………137
　第三节　TRIPS 协定下注册商标的使用要求之核心关系辨析…………147
　　一、TRIPS 协定下注册商标的使用要求折射出使用与注册的关系……147
　　二、TRIPS 协定下注册商标的使用要求体现了私权与公权的关系……154
　本章小结………………………………………………………………161

第四章　TRIPS 协定下中国注册商标的使用要求制度之完善……………163
　第一节　我国注册商标的使用要求制度之立法与实践………………163
　　一、商标使用的含义……………………………………………164
　　二、商标注册阶段未设定使用要求……………………………169
　　三、注册商标维持阶段的使用要求……………………………170
　　四、注册商标权利行使方面的使用要求………………………176
　第二节　我国注册商标的使用要求制度之问题与不足………………181
　　一、商标使用的概念……………………………………………181
　　二、商标注册阶段没有落实意向使用要求……………………182
　　三、注册商标维持阶段的使用要求……………………………182
　　四、注册商标权利行使上的使用要求…………………………184
　第三节　我国注册商标的使用要求制度之完善………………………185
　　一、完善商标使用概念之立法建议……………………………185
　　二、完善商标注册阶段的使用要求之立法建议………………189
　　三、完善注册商标维持阶段的使用要求之立法建议…………193
　　四、完善注册商标权人权利行使上的使用要求之立法建议…194
　本章小结………………………………………………………………197

结　　论………………………………………………………………199

参考文献………………………………………………………………201

附录一　主要缩略词和简称一览………………………………………220

附录二　我国有关案例…………………………………………………221

后　　记………………………………………………………………228

学术概述

商标使用不仅是商标的本源，而且是商标保护的正当性依据，即使在商标权注册取得制国家中，商标使用也日益受到重视。在《与贸易有关的知识产权协定》（以下简称"TRIPS 协定"）的协调体系下，各国或地区纷纷在商标法中引入或完善注册商标的使用要求。然而，对于 TRIPS 协定下注册商标的使用要求，在国内外学术界鲜有专门的系统研究。但是，现有关于注册商标使用要求的各种探讨，对本书的研究具有重要的参考价值。为此，概述如下。

一、国内主要研究状况

目前，国内对于注册商标使用要求的研究主要呈现出如下几方面特点。

首先，国内研究主要集中在注册商标维持阶段的使用要求上。在第三次《商标法》修改之前，对于注册商标的使用要求，我国仅在维持阶段建立了商标 3 年不使用撤销制度，而在商标注册阶段和权利行使方面的使用要求上，均处于立法空白状态，因此，国内文献在 3 年不使用撤销制度的研究上成果较为丰富。有的学者立足于商标使用理论的分析[1]，有的学者着眼于商标使用概念的界定[2]，有的学者则侧重于商标使用的司法认定[3]，也有学者探讨注册商标不使用的正当理由[4]以及不使用的撤销程序等问题[5]，还有学者针对我国 3 年不使用撤销制度中存在的问题提出了立法建议[6]。

---

[1] 文学. 商标使用和商标保护研究 [M]. 北京：法律出版社，2009：19.
[2] 张德芬. 商标使用界定标准的重构 [J]. 知识产权，2012（3）：11 - 20.
[3] 胡刚. 商标法意义上的使用：公开、真实、合法：近期司法判例解读 [J]. 中国专利与商标，2012（3）：83.
[4] 田晓玲. 注册商标三年不使用撤销制度研究 [J]. 学术论坛，2010（3）：176 - 177.
[5] 李士林. 论商标使用与不使用的界定 [J]. 西部法学评论，2012（4）：50.
[6] 王莲峰. 论我国商标法使用条款之完善：以 iPad 商标纠纷案为视角 [J]. 知识产权，2012（4）：33 - 38.

TRIPS 协定下注册商标的使用要求

其次，在商标注册阶段和权利行使的使用要求上，国内研究较少，且不够系统、深入。在商标注册阶段的使用要求上，专门的论著并不多见，主要体现在探讨商标权取得制度的一些文献中。如邓宏光教授在《我们凭什么取得商标权》一文中分析了商标注册和使用原则的利弊，并建议我国在商标权取得阶段设定实际使用的条件❶；苏喆教授指出我国商标注册取得制存在的缺陷，提出应参照美国立法模式在注册阶段引入意向使用和实际使用的要求❷。在权利行使方面的使用要求上，鲜有学者作专门研究，但鉴于商标实践的发展，注册商标权行使中的使用要求开始受到关注，散见在部分学者关于商标使用的论述中。如张玉敏教授认为，应当对在先注册商标权人的异议权和撤销权设定使用要求❸；王莲峰教授则提出，注册商标的不使用可以作为确权和侵权诉讼中的抗辩理由❹。

再次，对于 TRIPS 协定下的注册商标使用要求，国内研究相对匮乏，专门论述此问题的文献几乎没有。即使在有关 TRIPS 协定的专著中，对于使用要求的研究也仅及于相应条文的内容介绍层面。如郑成思教授在《WTO 知识产权协议逐条讲解》❺ 中、孔祥俊法官在《WTO 知识产权协定及其国内适用》❻ 中都只是简单介绍了第 15 条第 3 款和第 19 条的含义，并没有就条约义务的性质、起草历史、立法目的等问题进行深入研究。相对而言，杨剑锋博士对于 TRIPS 协定第 15 条作过较为深入的解读，但其侧重于商标注册而非商标使用的国际法问题。❼

最后，对于其他国家的注册商标使用要求制度，国内学界进行深入研究的尚不多见，只是在探讨国内制度时述及了他国的相关立法❽，或者停留在对国外特定案件的介绍上❾。即使是被引用频次较多的李扬教授的《注册商标不使

---

❶ 邓宏光. 我们凭什么取得商标权：商标权取得模式的中间道路 [J]. 环球法律评论，2009 (5)：55-61.
❷ 苏喆. 把握公平与效率的双重价值取向：论我国商标权取得制度的完善 [J]. 知识产权，2012 (3)：41-47.
❸ 张玉敏. 论使用在商标制度构建中的作用：写在商标法第三次修改之际 [J]. 知识产权，2011 (9)：4-6.
❹ 王莲峰. 商标的实际使用及其立法完善 [J]. 华东政法大学学报，2011 (6)：25-26.
❺ 郑成思. WTO 知识产权协议逐条讲解 [M]. 北京：中国方正出版社，2001：82.
❻ 孔祥俊. WTO 知识产权协定及其国内适用 [M]. 北京：法律出版社，2002：183.
❼ 杨建锋. 论 TRIPS 协定下商标注册制度 [D]. 上海：复旦大学博士学位论文，2009：73-74.
❽ 郭修申. 以"实际使用"为核心构建商标保护制度 [J]. 中华商标，2009 (10)：35.
❾ 董慧娟. 澳大利亚 Barefoot 案对商标"使用"含义的突破及引发的思考 [J]. 电子知识产权，2011 (5)：79-83.

用撤销制度中的"商标使用"界定》一文❶，也仅针对中日注册商标维持阶段的商标使用概念进行比较研究。可见，对于 TRIPS 协定下其他成员的注册商标使用要求制度，国内尚缺乏系统、全面、深入的研究。

总而言之，国内对注册商标使用要求问题的研究尚不够全面，特别是对国际法领域的研究缺失以及对其他国家制度的研究匮乏，将直接影响到我国相关制度的构建和完善，因此，系统、深入地研究 TRIPS 协定下注册商标的使用要求具有一定的学术价值和现实意义。

二、国外主要研究状况

目前，国外对注册商标使用要求的研究主要体现出如下特征。

首先，国外对于注册商标使用要求的学术研究多为国内法层面的研究。例如，戴维斯❷（Willis Raymond Davis）❸、赫尔维格（Frank Z. Hellwig）❹ 分别对美国意向使用制度以及使用取得制度的分析；巴格（Jens Jakob Bugge）、格雷格森（Peter E. P. Gregersen）❺ 对欧盟《欧盟议会和理事会第 2008/95 号协调成员国商标立法的指令》（以下简称《指令》）和《欧盟理事会第 207/2009 号共同体商标条例》（以下简称《条例》）中使用要求的介绍；鲍威尔（Rebecca Powell）、哈里斯（Matthew Harris）❻ 对英国商标法下"部分撤销"制度的介绍；韦塞尔（Joachim Wessel）❼ 对德国不使用撤销程序的介绍；科尔曼（W. J. Colman）❽ 对澳大利亚商标使用要求的介绍；别列斯基

---

❶ 李扬. 注册商标不使用撤销制度中的"商标使用"界定：中国与日本相关立法、司法之比较 [J]. 法学，2009（10）：96 - 109.

❷ 本书所涉外国人的中译名参阅了如下书籍：新华通讯社译名室. 世界人名翻译大辞典 [M]. 北京：中国对外翻译出版公司，2007；新华通讯社译名资料组. 英语姓名译名手册（修订本）[M]. 北京：商务印书馆，1985.

❸ WILLIS RAYMOND DAVIS. JR.. Intent - to - use applications for trademark registration [J]. Wayne Law Review，1988 - 1989，35：1155.

❹ FRANK Z. HELLWIG. Acquisition of trademark rights under the trademark law revision act of 1988 [J]. The Trademark Reporter，1990，80：312.

❺ JENS JAKOB BUGGE，PETER E. P. GREGERSEN. Requirement of use of trade marks [J]. European Intellectual Property Review，2003，25（7）：309 - 321.

❻ REBECCA POWELL，MATTHEW HARRIS. Trade marks - partial revocation for non use - application of s. 46（5）of Trade Marks Act 1994 - dealing with subsets of wide general specifications [J]. European Intellectual Property Review，2003，25（4）：N59.

❼ JOACHIM WESSEL. Germany：trade marks - revocation proceedings - importance of pictorial element of trade mark - attitude of consumers [J]. European Intellectual Property Review，1997，19（4）：D101 - 102.

❽ COLMAN W J. Use of a trademark in Australia [J]. The Trademark Reporter，1969，59：272 - 290.

TRIPS 协定下注册商标的使用要求

(Daniel R. Bereskin)[1] 对加拿大使用要求的分析等。

其次,国外学者对其国内法上使用要求制度的研究,主要集中在商标注册阶段和商标注册维持阶段。在采取商标权使用取得制的国家中(如美国、加拿大),商标注册有赖于使用,因此诸多文献都涉及商标注册阶段的使用要求。如沃尔什(Kristen Mollnow Walsh)、考斯特里(Jeffrey L. Costellia)[2] 对美国《兰哈姆法》上的商标"真实使用"和"商业中使用"要求进行了全面、深入的分析;琼斯(Traci L. Jones)[3] 对美国注册商标申请阶段的"意向使用"制度进行了深刻的剖析;西姆(Keltie R. Sim)、亨(Margaret Ng Thow Hing)对加拿大商标注册阶段的使用要求从历史、立法、实践等方面进行了全方位的考证。使用不仅关乎着商标注册的取得,还决定着商标注册的维持,因此,关于注册维持阶段的使用要求的文献也不少,如施瓦茨(Jonathan B. Schwartz)[4] 总结并构建了美国商标放弃制度中商标使用证据的判定标准。

在英联邦国家中,尽管商标的实际使用已不是取得商标注册的必要前提,但使用的传统在这些国家中仍根深蒂固,学者们主要围绕商标注册阶段的意向使用制度展开研究。例如,卡尔博尼(Anna Carboni)、钱伯斯(Wilberforce Chambers)[5] 认为英国商标法上的意向使用要求仅是商标注册的程序性要件;怀尔德曼(Edwards Wildman)[6] 却认为英国商标注册阶段的意向使用要求构成"恶意"之一,可以据此拒绝商标注册。在采取注册取得制或混合制的 WTO 成员中,其对于注册商标使用要求的研究大多集中在商标注册维持阶段。例如,艾萨克(Belinda Isaac)考察了英国的商标不使用撤销制度[7],吉

---

[1] DANIEL R. BERESKIN. Trademark "use" in Canada [J]. The Trademark Reporter, 1997, 87: 301 – 318.

[2] KRISTEN MOLLNOW WALSH, JEFFREY L. COSTELLIA. The significance of Actual Trademark Use and "use in commerce" under U. S. Trademark law [EB/OL]. [2014 – 01 – 14]. www. iclg. uk.

[3] Traci L. Jones. Remedy holes and bottomless rights: a critique of the intent – to – use system of trademark registration [J]. Law and Contemporary Problems, 1996, 59 – SPG: 165.

[4] JONATHAN B. SCHWARTZ. Less is more: why a preponderance standard should be enough for trademark abandonment [J]. Davis Law Review, 2009, 42: 1372.

[5] ANNA CARBONI, WILBERFORCE CHAMBERS. Bad faith and public morality [A]. Paper for ITMA London International Meeting, 2 – 4 April 2008.

[6] EDWARDS WILDMAN. Finding the middle ground – Adapting trademark prosecution strategies in light of IP Translator [EB/OL]. [2014 – 01 – 14]. http://www.worldtrademarkreview.com/issues/article.ashx?g = 07 ac56ff – af6a – 4144 – 9c9a – 536fc1530b13.

[7] BELINDA ISAAC. Use for the purpose of resisting an application for revocation for non – use [M] // Jeremy Phillips, Ilanah Simon. Trade mark use. New York: Oxford university press, 2005: 227.

伦（Charles Gielen）❶分析了欧盟《指令》下撤销程序中的商标真实使用的含义。

　　再次，国外对注册商标使用要求的研究多从实证角度出发，结合具体案件探讨商标使用的具体认定问题。这与美国、欧盟及其成员国对商标使用概念的界定相对宽泛不无关系，商标使用的判定无法从立法中找到明确标准，只能在商标实践中寻找答案。如学者米凯莱蒂（Christopher T. Micheletti）❷从数量和质量两个方面对美国商标放弃制度中商标使用的判定要素进行了较为全面的考察。在欧盟，许多学者围绕法院作出的判决对商标使用的认定标准予以分析，如豪厄尔（Claire Howell）❸就 La Mer 案件❹对商标使用的综合认定方法予以评析；吉伦（Charles Gielen）❺针对 Leno 案件❻分析了商标使用中的地域因素；比克内尔（Paul Bicknell）❼对 Levi's 商标案❽中注册商标与其他商标结合使用是否构成有效的商标使用进行了分析；庞博（Fernando Pombo）❾和史密斯（Grace Smith）❿则分别介绍了西班牙和爱尔兰商标法下注册商标不使用的撤销案件。

　　最后，国外专门对 TRIPS 协定下注册商标的使用要求进行研究的论著较少，但是关于 TRIPS 协定的专著中，对于使用要求相关条款的起草历史、立法

---

❶ CHARLES GIELEN. EC：trade marks – revocation for non use – whether genuine use – reference to ECJ [J]. European Intellectual Property Review，2003，25（7）：N110 – 111.

❷ CHRISTOPHER T. MICHELETTI. Preventing loss of trademark rights：quantitative and qualitative assessments of use and their impact on abandonment determinations [J]. The Trademark Reporter，2004，94：639.

❸ CLAIRE HOWELL. Trade marks：what constitutes "genuine use"? Laboratoires Goemar SA v La Mer Technology [J]. European Intellectual Property Review，2006，28（2）：121.

❹ Case C – 259/02，La Mer Technology [2004] ECR I – 01159.

❺ CHARLES GIELEN. Leno Merken BV v. Hagelkruis Beheer BV：Benelux – trade marks – use of a CTM in one country insufficient to constitute "genuine use" [J]. European Intellectual Property Review，2010，32（5）：N27 – 28.

❻ Case C – 149/11，Leno Merken BV v. Hagelkruis Beheer BV，on 5 July 2012.

❼ PAUL BICKNELL. The CJEU's extension of Nestle in Colloseum Holding AG v Levi Strauss & Co：genuine use of a registered trade mark as part of a composite mark or in conjunction with another mark [J]. European Intellectual Property Review，2013，35（10）：616 – 618.

❽ Colloseum Holding AG v. Levi Strauss & Co（C – 12/12）[2013] Bus. L. R. 768 [ECJ（5th Chamber）].

❾ FERNANDO POMBO. Spain：trade marks – revocation for non use [J]. European Intellectual Property Review，2006，28（4）：N65.

❿ GRACE SMITH. Ireland：trade marks – revocation for non – use on yoghurts [J]. European Intellectual Property Review，2007，29（12）：N132.

版本、立法背景作出了介绍,如斯托尔(Peter – Tobias Stol)❶、热尔韦(Daniel J. Gervais)❷ 对于 TRIPS 协定的整体论述对本书研究仍有相当大的参考价值。

从整体上看,国外学者对于注册商标的使用要求研究得更为深入,范围也更为宽广,特别是对实践中商标使用的认定研究是国内学者目前所无法企及的,但过于注重国内问题的微观分析,使外学者一定程度上忽视了对注册商标使用要求进行宏观层面上的体系化和国际化研究。

三、本书的主要创新点

通过以上文献综述,可以发现已有文献对 TRIPS 协定下注册商标的使用要求的研究尚存在诸多不足,本书力求在如下几个方面,尤其相比国内研究成果,有所创新。

第一,本书将以国际法为研究视角,以 TRIPS 协定为研究中心点,结合立法史料深入分析 TRIPS 协定第 15 条第 3 款、第 19 条以及《保护工业产权巴黎公约》(以下简称《巴黎公约》)的纳入条款,明确 TRIPS 协定中注册商标的使用要求规定。

第二,本书将对 WTO 主要成员的注册商标使用要求制度进行系统深入的分析,明确 TRIPS 协定对注册商标使用要求的协调意义和协调特征,总结比较出上述成员相关制度的异同点,并从中得到制度借鉴和实践启示。

第三,在上述条约分析和国别研究的基础上,总结出注册商标使用要求的制度规律,明确 TRIPS 协定下注册的双重含义,解析商标使用的内涵和外延,并结合资源稀缺性理论和洛克的劳动财产权学说探讨商标使用要求的制度成因。同时,考证并辨明注册商标使用要求中反映的三对基本关系:使用与不使用、注册与使用以及公权与私权。

第四,本书将对我国注册商标使用要求的立法现状予以全面考察,并在研究近百个案例的基础上对我国的相关实践进行深度实证分析,进而找出我国现行制度中的不足,并在明确国际法义务、熟悉他国制度、辨明相关理论的基础上,对我国注册商标的使用要求制度提出切实可行的立法建议。

---

❶ PETER TOBIAS STOLL, JAN BUSCHE, KATRIN AREND. WTO – trade – related aspects of intellectual property rights [M]. Munich: Max Planck Institute for Comparative Public Law and International Law, 2009.

❷ DANIEL J. GERVAIS. The TRIPS Agreement: drafting history and analysis [M]. London: Sweet & Maxwell, 1998.

绪　　论

一、商标使用的意义

商标使用在商标制度发展中扮演着重要角色,它是商标和商标保护的本源,反映着商标的本质,诠释着商标保护的正当性。同时,商标使用也是现代商标制度中的重要概念,对于商标权的取得、商标的注册、商标注册的维持以及商标侵权的判定等都具有重要的规范意义。

使用在商标的产生和商标保护的发展过程中起过决定性作用。商标起源可追溯至古代,当时被使用在牲口上,用于表明所有者身份;[1] 在欧洲中世纪,商标被使用在各种手工制品上,用于区分生产者;在我国北宋时期也有山东济南刘家功夫针铺使用的"白兔"商标;工业革命后,商标被广泛使用于商品销售、服务提供、广告宣传等商业活动中,用于区分商品或服务的来源,这就是近现代意义上的商标。可见,从所有者标记、到生产者标记、再到来源标记,商标在每一次功能上的飞跃都离不开商标的使用,商标的演化史也是一部商标的使用史。通过商标使用,商标已不再是一个简单符号,而成为商品和服务来源的信息载体,承载着经营者和特定商品间的商业联系。从这个意义上讲,商标使用反映了商标的本质。

从近现代商标保护的发展史看,商标保护的价值来自商标使用。从 1618 年的 Southern v. How 案[2],到 1742 年的 Blanchard v. Hill 案[3],一直到英美普通法上发展的"禁止假冒诉讼"(acting for passing off)原则,早期商标保护旨在防止欺诈消费者。在这种以消费者利益为中心的商标保护制度下,商标使用起着决定性作用。因为没有商标权人的在先使用,他人的在后使用就不会使消费者对商品或服务来源产生混淆,也就不存在欺诈,因此,在普通法上"商标

---

[1] DANIELS L E. The history of the trade-Mark [J]. TM Bull, 1911, 7: 239, 240-241.
[2] Southern v. How, Popham's Reports 143, 144 (1618), English Reports, 1907, 79: 1243, 1244.
[3] Blanchard v. Hill 26 E. R. 692;(1742) 2 Atk. 484.

保护的前提是商标使用"❶。随着商标法律制度的不断演进，商标保护有了新的内容：保护商誉和保护消费认知。❷ 在现代这种商标保护的理念下，商标使用显得更为重要：没有商标使用就不会产生商誉，也就不存在侵犯商标财产权；没有使用，不会产生消费者认知的混淆，更无所谓规制不正当竞争行为。如同美国联邦最高法院在 1879 年所述："通常的商标与发明或发现无关，……在普通法上，商标的排他性权利来源于使用……其不需要幻想、天才或费思，其仅仅建立于在先使用上。"❸ 由此可见，商标保护源自商标使用，商标使用决定着商标保护的正当性，在普通法系国家更是如此。

　　商标使用的意义，不仅可以追溯至商标及商标保护的历史，更体现于现代商标法的各项制度中。首先，在商标权的取得上，商标使用仍是商标权取得的一个重要方式。例如，在采用商标权使用取得制的美国各州，商标权的取得有赖于商标在正常商业活动中的真诚使用，第一个从事上述使用行为的主体将获得商标权，即使商标未注册也不影响其受到法律保护。其次，在商标注册的取得上，使用或意向使用是一些国家授予商标注册的必要条件。例如，在英国❹和澳大利亚❺的商标法上，商标注册的取得以提交商标使用或意向使用的声明为前提；美国❻和加拿大❼的商标法规定，商标的实际使用是商标获得注册的必要条件。此外，商标使用还可以使一些缺乏显著性的标识通过使用而符合商标注册条件。如我国《商标法》第 11 条规定，商品的通用名称、图形、质量、用途等方面的标志经过使用取得显著特征，并便于识别的，可以作为商标注册。再次，商标使用也是商标注册维持的必要条件。目前，世界上绝大多数国家或地区的商标法都规定了商标注册维持阶段的使用要求，即商标注册后必须投入真实使用，一定期限内的不使用将导致该商标注册被撤销。例如，我国《商标法》上的无正当理由连续 3 年不使用撤销制度、美国联邦商标法——《兰哈姆法》❽ 上

---

❶ RODOLF RAYLE. The trend towards enhancing trademark owner's right – a comparative study of U. S. and German trademark law ［J］. Journal of Intellectual Property Law，2000，7：227，243.

❷ ADAM MOSSOFF. What is property? Putting the pieces back together ［J］. Arizona Law Review，2003，45：371，422.

❸ Trade – mark Cases，100 U. S. 82，94（1879）.

❹ 《英国商标法 1994》第 32 条第 3 款。

❺ 《澳大利亚商标法》第 27（1）条。

❻ §1（15 U. S. C. § 1051）.

❼ 《加拿大商标法》第 13 条。

❽ 《兰哈姆法》，英文文本见美国专利商标局网站：http：//www.uspto.gov/trademarks/law/index.jsp；中文翻译参考：美国商标法 ［M］. 杜颖，译. 北京：知识产权出版社，2013. 本书中译文为笔者参考上述中英文自行翻译。

绪　论

的商标放弃制度。最后，商标使用还是商标侵权判定中的重要因素。在商标侵权认定中，被控侵权人是否进行了商标意义上的使用具有关键意义。尽管在某些学者看来，商标意义上的使用在侵权领域中已不是那么重要了❶，但在许多国家的商标实践中，商标使用仍是商标侵权判定中的显性或隐性条件。此外，商标使用在一些国家的商标异议和无效程序中也有着关键性意义（具体见第二章详述）。

可见，商标使用已渗透至商标制度的方方面面，在整个商标体制中很难找到哪个层面与使用无关，商标使用已成为"商标法中的DNA"❷。然而，商标使用在我国未能得到应有的重视，"重注册、轻使用"的理念甚嚣尘上，商标恶意抢注、盲目囤积的现象严重，商标使用的立法尚欠完善，司法实践也存在误导性。2013年修改的《商标法》对商标使用的一系列新规定体现了使用导向的理念（见第四章详述）。因此，对商标使用进行专题研究显得尤为迫切和重要。然而，商标使用涵盖内容广泛，涉及的商标法理也各不相同，限于本书篇幅，不可能对商标使用的所有问题进行研究，考虑到我国采取的是商标权注册取得制，故本书仅针对注册商标的使用要求进行研究，将未注册商标的使用问题排除在外；同时，鉴于商标侵权领域的使用系针对未经商标权人同意的非法使用，其法律性质不同于本书研究的商标权人的使用或经其同意的他人使用，故也不在本书研究范围内。

二、注册商标的使用要求的重要性与复杂性

注册商标的使用要求是指为推进商标的真实使用而设立的与注册商标相关的商标使用法律制度，在这些制度中，商标使用是必要条件，否则将引起法律规定的不利后果。"使用要求"并非国内法律概念，在本书考察的世界贸易组织（WTO）主要成员的商标法中并未出现"使用要求"的表述。这种提法源于TRIPS协定❸

---

❶ GRAEME B. DINWOODIE, MARK D. JANIS. Lessons from the trademark use debate [J]. Iowa Law Review, 2006－2007, 92: 1704.

❷ JEREMY PHILLIPS, ILANAH SIMON. Trade mark use [M]. New York: Oxford University Press, 2005: 350.

❸ 《与贸易有关的知识产权协定》（Agreement On Trade-Related Aspects of Intellectual Property Rights），英文本见WTO网站：http://www.wto.org/english/tratop_e/trips_e/t_agm0_e.htm；参考的中文译本为：世界贸易组织乌拉圭回合多边贸易谈判结果法律文本：中英文对照[M]. 对外贸易经济合作部国际经贸关系司，译．北京：法律出版社，2000：321－353；张乃根．国际贸易的知识产权法[M]. 2版．上海：复旦大学出版社，2007：364－388；郑成思．WTO知识产权协议逐条讲解[M]. 北京：中国方正出版社，2001：193－224. 笔者所研究的TRIPS协定相关条文以参考官方英文本为主，并结合三个非官方中文译本，文中所涉条款为笔者自行翻译，下同。

TRIPS 协定下注册商标的使用要求

第 19 条,该条标题为"使用要求"(Requirement of Use),因此,本书也援用上述"使用要求"的说法。综观世界各国或地区的商标立法,注册商标的使用要求主要体现在如下三个方面:商标注册阶段、商标注册维持阶段、注册商标的权利行使阶段[1]。尽管各 WTO 成员的商标制度对不同阶段的使用要求有所侧重,但使用要求制度已"事实上被运用于世界的每个角落"[2]。注册商标的使用要求之所以在全球范围内受到重视,这与其在商标制度中的重要性不无关系。

(一)注册商标的使用要求的重要性

1. 注册商标的使用要求贯穿注册商标权的始终

在商标注册阶段,如果立法规定了使用要求,则不符合该要求的商标注册申请即便被接受,亦将可能被拒绝;在商标注册的维持阶段,若商标在一定期间内无正当理由连续不使用,该商标注册将被他人申请撤销;在注册商标权利行使的使用要求上,如果注册商标不使用达到法律规定的期限,则该商标所有人将无权阻碍他人的商标注册,也不能申请宣告他人的商标注册无效;部分国家的商标法还规定,注册商标被侵权的救济权利也会因为商标不使用而受到限制或剥夺。可见,注册商标的使用要求决定着商标权的产生、维持、行使乃至消亡。

2. 注册商标的使用要求有利于商标功能的发挥

商标的功能主要体现在三个方面:来源区分功能、质量保障功能以及广告功能。[3] 其中,来源区分功能是商标的基本功能,是后两项商标功能发挥的前提,没有商品来源的区分,消费者便无法对某特定商品产生消费认知和偏好,经营者没有动力促进商品质量的提升,也不会加强商品的广告推销。然而,商标来源区分功能的发挥离不开商标的使用。商标使用具有信息交流和传递功能[4],通过商标在商业中的使用,消费者对该商标产生认知,并将该标识作为

---

[1] 这三个阶段的使用要求正好对应了注册商标权的产生、维持和行使三个方面,因此,本书对使用要求的论述也是从这三个方面展开的。

[2] BOJAN PRETNAR. Use and non-use in trade mark law [M] //Jeremy Phillips, Ilanah Simon. Trade mark use. New York: Oxford University Press, 2005: 11.

[3] EDWARD S. ROGERS. The Lanham Act and the social function of trade-marks [J]. Law and Contemporary Problems, 1949, 14: 173, reprinted in The Muslim Intelligence Review, 1972, 62: 255, 257-258.

[4] GRAEME B. DINWOODIE, MARK D. JANIS. Confusion over use: contextualism in trademark law [J]. Iowa Law Review, 2007, 92: 1579, 1612.

商品或服务的稳定来源指示，进而区分不同经营者的商品或服务不至于产生混淆。如果对注册商标不设定使用要求，商标在注册后即便不投入真实使用，注册商标权人也无需承担不利法律后果，那么部分商标所有人将怠于使用商标，从而导致商标的上述功能无从发挥。

3. 注册商标的使用要求有利于商标立法宗旨的实现

商标法源于财产权原则以及限制不正当竞争的原则❶，因此，各国商标法的立法宗旨也体现在保护商标权人的商誉和防止消费者的混淆上。

其一，商标法具有保护商标权人商誉的立法目的。对于注册商标权人而言，其商誉来自商标使用，商标只有投入商业使用，才能在商标、商品以及经营者之间建立深层次的对应关系，使消费者对与特定商标相联系的商品或服务产生认同和信赖，形成消费偏好，从而刺激商标所有人以稳定的质量来提供商品和服务❷，商誉也就随之产生。注册商标的使用要求推动了商标使用，诠释了商标法对商标权人的商誉保护。注册商标如果在一定期限内不使用，则其将不能获得商标法的保护，这是使用要求对商标救济权的限制。注册商标没有实际使用，其上未产生商誉，其他经营者无从搭便车，故不使用的注册商标不具有商标保护的利益。概言之，使用要求促进了商标使用，而商标使用创造了商誉，进而使商标权保护成为促进公平竞争、保护商业诚信的核心。❸

其二，商标法还承担着保护消费者免受欺诈的任务❹，而商标法的该项功能是通过赋予商标权人对他人的混淆性使用行使救济权来实现的。商标侵权判定的重要标准是消费者混淆，商标保护之所以考虑消费者利益，从本质上讲，是因为消费者将商标视为商标所有人所提供的商品或服务的指示❺，从而赋予了商标价值，为了保存消费者区分不同竞争者的商品或服务的能力，使消费者免受混淆和欺诈成为商标法不可推脱的责任。而这一目标的实现也有赖于注册商标的使用要求。在使用要求下，商标使用成为商标权人的一项"对世义

---

❶ KELTIE R. SIM, MARGARET NG THOW HING. Trademark registration in Canada: The thorny issue of use [J]. The Trademark Reporter, 2010, 100: 1265.

❷ BARTON BEEBE. The semiotic analysis of trademark law [J]. Law Review, 2004, 51: 621, 623 – 624.

❸ Keltie R. Sim, Margaret Ng Thow Hing. Trademark registration in Canada: The thorny issue of use [J]. The Trademark Reporter, 2010, 100: 1265.

❹ FRANK I. SCHECHTER. The rational basis of trademark protection [J]. Harvard Law Review, 1927, 40: 813, 819.

❺ DEBORAH R. GERHARDT. Consumer investment in trademark [J]. North Carolina Law Review, 2010, 88: 427, 449 – 467.

务",且这种使用必须是来源区分性使用（详见第三章），不使用则会导致商标注册被撤销，或者其上的相关商标权利受到限制。注册商标的使用要求会促使注册商标权人积极地将商标投入作为商品或服务来源的指示性使用。这种有效的使用会给商标注入信息交流的价值[1]，降低消费者对商品或服务的搜索成本[2]，使消费者能够识别商品或服务的来源，避免不正当竞争行为引起的来源混淆。如果没有这种商标使用，货架上将充斥着无法区分的商品，消费者需要花费大量的时间和精力进行搜索。这对消费者而言是不经济的，消费者的利益将无法得到保障，商标法保护消费者的既定目标也将无法实现。

（二）注册商标的使用要求的复杂性

在国际层面，不同的商标权取得制度和立法传统使注册商标的使用要求异常复杂。目前，世界范围内的商标权取得制度主要存在三种模式：使用取得制、注册取得制以及混合取得制。由于注册与使用两项原则的融合，采用使用取得制的国家也设定了商标注册制度，但该注册制度下的"注册"与注册取得制中的"注册"在含义、条件、效力等诸多方面均存在不同（见第三章详述）。这种制度的差异性还体现在注册商标的使用要求上。例如，美国联邦对注册商标的使用要求规定非常严格，在商标权使用取得制的立法框架下，商标注册申请需以使用或意向使用为前提，而商标注册的最终授予则以商标的实际使用为条件；在商标注册的维持阶段，美国联邦商标法不仅规定了3年不使用的商标放弃制度，还设定了注册商标的使用宣誓书制度以及续展时的使用要求，而采用注册取得制的国家一般都只侧重于商标注册维持阶段的使用要求。此外，不同的立法传统也增添了注册商标使用要求的复杂性。例如，英联邦国家的商标法基本上都设立了商标权注册取得制，但由于受其原先的使用取得制立法传统的影响，其在商标注册阶段还规定了提交商标使用或意向使用声明的条件。对于这种条件到底属于程序性要求还是实体性要求，其国内学界都尚存争议（见第二章详述），这增加了使用要求制度研究上的不确定性。由于立法理念、立法传统、现存制度等方面的不同，世界各国或地区在注册商标使用要求上存在较明显的差异。这些制度特性使本书研究的使用要求问题复杂化，但这恰是需要加强研究的意义所在。

---

[1] KENNETH J. VANDEVELDE. The new property of the nineteenth century: the development of the modern concept of property [J]. Buffalo Law Review, 1980, 29: 325, 345.

[2] MARK P. MCKENNA. A consumer decision–making theory of trademark law [J]. Virginia Law Review, 2012, 98 (1): 67, 72.

在国内法层面，注册商标的使用要求还存在内容庞杂、程序繁杂、概念复杂等问题。本书研究的注册商标使用要求主要涉及如下三个方面：商标注册阶段、注册维持阶段、权利行使阶段。不同阶段的使用要求规范着不同的使用条件、程序及法律后果。以注册商标维持阶段为例，该阶段的使用要求涉及商标使用的界定、不使用的期间、不使用的理由、举证期间、举证材料、申请撤销的主体、撤销的受理机构、不使用的法律后果、部分撤销、撤销生效时间等诸多实体法和程序法上的问题。而注册商标使用要求的复杂性最集中体现在商标使用的概念上。为了使商标使用概念更具包容性，进而能够适用于不同情形，诸多国家或地区对商标使用概念的立法规定极富弹性，如美国联邦商标法要求商标使用须是"商业中真诚使用"，欧盟及其成员国将其规定为"真正使用"。这种内涵狭窄的概念产生了较为宽泛的外延，使商标使用的认定在实践中变得尤为复杂。什么样的商标使用才满足使用要求，不至于产生不利的法律后果？这是一个最为根本却也最难解答的问题，需要对商标使用的本质内涵、具体方式、对象、内容、主体、地域、合法性等诸多方面进行考察。在商标使用的具体认定时，还需结合特定案件中应考虑的一切相关因素，包括商标使用的性质、程度、地域范围、频率、经常性、期间以及商标所有人经营的性质与规模，商品或服务的性质，市场特点等因素。针对注册商标使用要求的复杂性，本书拟展开较为全面、深入的研究。

三、TRIPS 协定关于注册商标的使用要求的协调意义

TRIPS 协定关于商标的专门规定共有 7 个条文，可见其并非对商标制度全方位的国际协调，而是聚焦于一些与贸易相关的知识产权重要规则的协调。该协定吸收了《巴黎公约》❶的商标条款，从而达到了迄今为止关于商标法律制度的国际协调的最高水平（详见第一章）。TRIPS 协定本身涉及注册商标使用要求的条款为第 15 条第 3 款和第 19 条。为何在 7 个条文中，注册商标的使用要求占据了比较大的分量？这与国际贸易密切相关。

对于注册商标的使用要求与国际贸易的紧密关系，可从四个方面予以阐释。

---

❶ 《巴黎公约》（Paris Convention on the Protection of Industrial Property），英文文本见 WIPO 网站：http://www.wipo.int/treaties/en/text.jsp?file_id=288514；官方中文本见 WIPO 网站：http://www.wipo.int/export/sites/www/treaties/zh/docs/paris.pdf。本书所研究的《巴黎公约》相关条文参考了 WIPO 官方网站公布的中、英文版本。截至 2014 年 1 月，据 WIPO 官方统计，《巴黎公约》缔约方数量达到 175 个，数据来源于 WIPO 网站：http://www.wipo.int/treaties/en/ShowResults.jsp?lang=en&treaty_id=2（访问日期 2014 年 1 月 9 日）。

TRIPS 协定下注册商标的使用要求

首先,随着经济全球化步伐的加速,为了进一步扩大贸易市场范围,一国的商标所有人往往会寻求在更多国家或地区进行商标注册。由于商标注册制度的属地性,部分国家或地区在商标注册程序中设定了使用或意向使用要求。如果缺乏对相关规则的统一,会导致商标注册在特定国家或地区能否获准存在不确定性,势必影响到国际贸易及投资的正常进程。TRIPS 协定第 15 条第 3 款对各成员在商标注册及申请阶段的使用要求进行协调,为便利国际贸易提供了商标注册方面的保障。

其次,注册商标的使用要求规定的"使用"必须是能够区分商品或服务来源的使用,这意味着要满足使用要求,注册商标必须与特定商品或服务相结合,在贸易中真实投入使用。通过商标使用,商品的品牌价值得到提升,经营者进而在市场中更具竞争优势。可见,注册商标的使用要求其本身的制度效果就有利于促进国际贸易。从反面来讲,不满足使用要求,商标注册将被拒绝、撤销或得不到保护,从而使得商标注册人对其面临的商标不使用的法律后果有所预警,可有效降低国际贸易中注册商标的使用风险。

再次,注册商标的使用要求在商标权保护上也设定了限制,若违反使用要求,注册商标权人将无法向他人主张商标侵权救济,从而使其他经营者的商标使用行为合法化。因此,注册商标的使用要求维护的是一种公平的竞争秩序,商标保护因商标在市场中的实际使用而被正当化,"使用要求"将商标保护引至市场保护的导向上去❶,这对维系国际贸易中自由公平的竞争秩序不无裨益。

最后,在与国际贸易相关的商标纠纷中,注册商标的使用要求也占有重要地位。在注册商标维持阶段,一旦违反使用要求,注册商标将被撤销;而在商标注册异议、无效程序以及商标侵权诉讼中,使用要求在部分国家或地区可以作为抗辩理由提出。可见,注册商标的使用要求可以成为企业在国际贸易中应对海外商标纠纷的有效工具。

TRIPS 协定下的注册商标使用要求不仅顺应了国际贸易的发展,同时也是在这方面国际立法的新发展,对该制度在全球范围内的建立和完善具有重要的国际协调意义。

其一,在国际商标条约体系中,TRIPS 协定是继《巴黎公约》之后对注册

---

❶ EVANS G E. TRIPs and Trade Mark Use [M] //Jeremy Phillips, Ilanah Simon. Trade Mark Use. New York: Oxford University Press, 2005: 279 – 280.

商标使用要求的最重要发展。不管是此前的《商标国际注册马德里协定》❶（以下简称《马德里协定》）、《商标国际注册马德里协定有关议定书》❷（以下简称《马德里议定书》），还是其后的《商标法条约》❸和《商标法新加坡条约》❹，都注重于商标注册程序的国际协调上，对注册商标的使用要求的协调效果非常有限。TRIPS协定则在吸纳了《巴黎公约》所有实体性条款的基础上，对注册商标的使用要求规定了成员应遵守的选择性最低标准义务，代表着迄今为止对使用要求实体法进行国际协调的最高成就。TRIPS协定的协调优势还体现在将注册商标的使用要求纳入WTO贸易体制。例如，最惠国待遇、国民待遇等基本贸易原则的引入为各成员的注册商标使用要求制度更为广泛的统一创造了可能；WTO争端解决机制为与商标有关的国际贸易争端的解决以及相关规则的澄清提供了条件；WTO贸易政策审查机制，则通过对成员履行TRIPS协定义务的监督与管理，为注册商标的使用要求在国际范围内的进一步协调施加了保障。这些都是其他商标法条约无法比拟的优势。

其二，在条约具体内容上，TRIPS协定体现了国际条约在注册商标的使用要求方面协调的最高水平。《巴黎公约》是首个对注册商标的使用要求进行国际协调的公约，TRIPS协定采用"巴黎递增"（Paris plus）方法，将《巴黎公约》相关规定直接纳入，澄清和充实《巴黎公约》第5条C款第（1）项既有规定的同时，又填入了新的内容。主要体现在如下两个方面：第一，TRIPS协定增加了《巴黎公约》未设定的商标注册阶段的使用要求，规定了商标注册可以"商标使用"为条件，但商标实际使用不应成为商标注册申请的前提；

---

❶ 《商标国际注册马德里协定》（Madrid Agreement for International Registration of Trade Marks），英文文本见WIPO网站：http：//www.wipo.int/wipolex/en/wipo_treaties/text.jsp？file_id=283529；官方中文文本见WIPO网站：http：//www.wipo.int/wipolex/en/wipo_treaties/text.jsp？file_id=283528。本书所涉条文系笔者参考上述中、英文本所译，下同。

❷ 《商标国际注册马德里协定有关议定书》（Protocol Relating to the Madrid Agreement Concerning the International Registration of Marks），英文原文见WIPO网站：http：//www.wipo.int/treaties/en/text.jsp？file_id=283484；官方中文文本见WIPO网站：http：//www.wipo.int/export/sites/www/treaties/zh/docs/madrid_protocol.pdf；本书所涉条文系笔者参考上述中、英文本所译，下同。

❸ 《商标法条约》（Trademark Law Treaty），英文原文见WIPO网站：http：//www.wipo.int/treaties/en/text.jsp？file_id=294357；中文官方文本见WIPO网站：http：//www.wipo.int/treaties/zh/ip/tlt/tlt.htm。本书所涉条文系笔者参考上述中、英文本所译，下同。

❹ 《商标法新加坡条约》（Singapore Treaty on the Law of Trademarks），英文原文见WIPO网站：http：//www.wipo.int/treaties/en/text.jsp？file_id=290019；中文文本见WIPO网站：http：//www.wipo.int/treaties/zh/ip/singapore/singapore_treaty.html。本书所涉条文系笔者参考上述中、英文本所译，下同。

第二，在商标注册的维持阶段，TRIPS 协定充分吸收了《巴黎公约》对注册商标的使用要求以及使用形式的规定，对商标使用的主体、不使用的期间、不使用的理由、不使用的法律后果等方面又作出了进一步的充实和发展。值得一提的是，TRIPS 协定在注册商标使用要求的协调上，还充分考虑到了不同商标立法的制度需求，将以美国为代表的使用取得制成员的商标注册条件引入第 15 条第 3 款，从而使 TRIPS 协定的规则具有较强的制度包容性。同时，这种使用要求的立法指引也有利于推进注册与使用的制度融合。

鉴于 TRIPS 协定在注册商标使用要求的国际协调上的重要意义，对其相应条款进行深入研究十分必要。然而，囿于 TRIPS 协定谈判过程中各方的意见分歧，TRIPS 协定的最终条款是不同利益妥协的结果，留有不同成员的制度痕迹，相关条款的准确含义还需要进一步厘清。同时，为了更好地恪守 TRIPS 协定下的条约义务，推动注册商标的使用要求下一步的国际协调，对 TRIPS 协定中相关条款进行系统深入的研究具有重要价值，这也是本书选题的主旨所在。

四、本书研究范围的界定和研究思路

（一）本书研究范围的界定

本书名称为"TRIPS 协定下注册商标的使用要求"，但由于该选题中诸多概念具有丰富的含义，为了明确本书的研究范围，需要对如下几方面的内容加以说明。

首先，关于"TRIPS 协定下"。由于 TRIPS 协定已将《巴黎公约》的实体性条款明文纳入，因此，《巴黎公约》中关于注册商标的使用要求的内容自然归于本书研究之列。需注意，选题使用了"TRIPS 协定下"，而非"TRIPS 协定中"，即对于注册商标的使用要求的研究将不局限于 TRIPS 协定本身，还将扩及 TRIPS 协定主要成员的相关制度。具体而言，主要包括三方面的内容：商标注册阶段的使用要求、注册商标维持阶段的使用要求以及注册商标权利行使上的使用要求。

其次，关于"注册"。本书将使用要求的研究对象限定在"注册商标"范围内，因此，排除了未注册商标的使用问题。针对"注册"而言，目前，商标法理论上存在两种注册制度，一种是使用在先制下的注册，另一种是申请在先制下的注册。于前者而言，注册主要起到商标权的公示和证明效果；于后者而言，注册具有行政授权的效力。而上述两种不同意义的注册，其英文对应词

均为"registration"，TRIPS 协定对此也未作区分，故本书所研究的"注册"应作广义理解，包含了上述两项不同的注册制度（见第三章详述）。

再次，关于"商标"。TRIPS 协定第 15 条第 1 款关于商标的定义，不仅包含商品商标，还包括服务商标，但由于该协定对证明商标、集体商标等未作规定，基于这些商标在规则适用上存在一定的特殊性，故本书的研究仅针对普通的商品商标和服务商标。

最后，关于"使用要求"。本书研究的"使用要求"是针对商标权人而言，在商标注册、注册维持、权利行使等各个阶段的使用要求。而使用要求还涉及商标侵权领域中他人未经商标权利人同意的使用，由于该问题涉及商标侵权的认定理论，与本书分属不同的理论范畴，故不被列入本书研究范围。至于本身缺乏显著性的标记通过使用具备显著性而获得商标注册中的"使用"，由于其主要涉及可注册性中的显著性问题，与本研究中的使用要求也不具备相同的法理基础，故也不在本书的研究之列。

（二）研究思路

如图 1 所示，本书拟从 TRIPS 协定的条约内容出发，对注册商标使用要求的国际法义务予以明确；然后，对 WTO 主要成员的相应制度进行研究，考察它们对 TRIPS 协定的具体实施情况；在上述"条约义务""国别比较"的基础

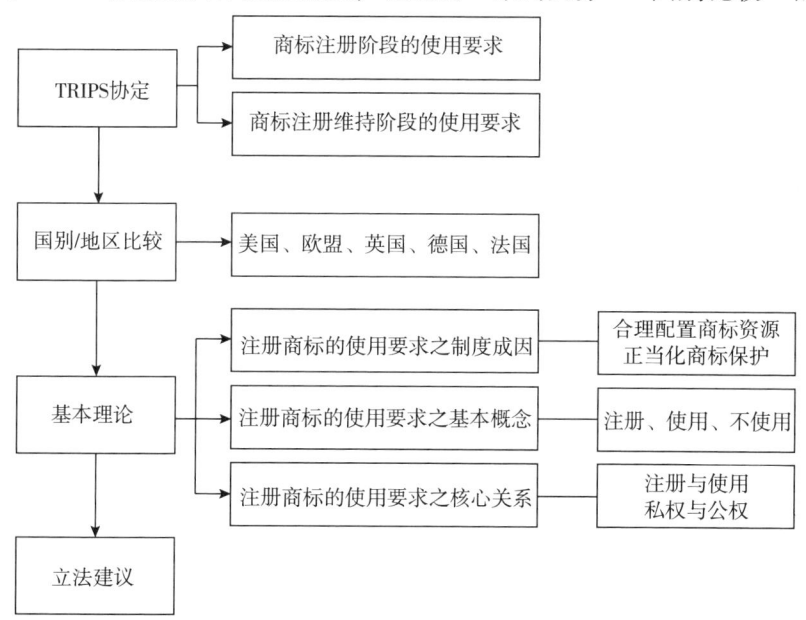

图 1　本书研究路径

上，总结出注册商标使用要求的规律性特征，并将其上升为理论，探讨 TRIPS 协定下注册商标使用要求的基本理论问题；最后，在国际义务的规制下、国别比较的借鉴下、理论分析的指导下，结合中国注册商标的使用要求的立法与实践，提出符合中国国情的制度建议。

第一章　TRIPS 协定下注册商标的使用要求之条约义务

如绪论所述，注册商标的使用要求制度与国际贸易密切相关，这是相关条款在 TRIPS 协定中占据较大分量的重要原因。本章通过梳理使用要求制度所涉的国际条约，发现 TRIPS 协定对注册商标使用要求的协调体现了迄今为止国际条约体系中的最高水平，这是本书以 TRIPS 协定作为研究出发点的立意所在。对 TRIPS 协定中注册商标的使用要求展开研究，不仅可以明确该条约的相关义务和协调特征，还有利于下文考察 WTO 主要成员对其的实施情况，为 TRIPS 协定下相关理论的归纳作出铺垫，进而有利于中国制度完善时对该协定的遵行。

第一节　注册商标的使用要求的条约体系

目前，在商标法方面，国际社会已达成的涉及注册商标使用要求的国际性条约主要有：《巴黎公约》《马德里协定》《马德里议定书》、TRIPS 协定、《商标法条约》和《商标法新加坡条约》。在这 6 个条约中，除 TRIPS 协定归属 WTO 管辖外，其余条约均归世界知识产权组织（WIPO）管辖。

在上述国际条约中，《巴黎公约》是最早对注册商标的使用要求进行协调的国际公约，其奠定了该制度国际协调的基础。TRIPS 协定将《巴黎公约》的所有知识产权实体条款纳入；《马德里协定》是以《巴黎公约》为母公约的关于商标国际注册的程序性条约，《马德里议定书》则是在《马德里协定》基础上所作的改进，故马德里体系是《巴黎公约》的重要补充。而《商标法条约》《商标法新加坡条约》也是《巴黎公约》的专门协定，只对《巴黎公约》成员国开放，两条约都规定了缔约方有遵守《巴黎公约》有关商标规定的义务。

研究 TRIPS 协定下注册商标的使用要求，有必要对相关国际条约进行梳

TRIPS 协定下注册商标的使用要求

理,对作为 TRIPS 协定基础的《巴黎公约》、作为《巴黎公约》补充和发展的马德里体系以及《商标法条约》《商标法新加坡条约》的相关规则进行探讨,从而明晰 TRIPS 协定在注册商标使用要求的国际协调方面的发展以及在相关条约体系中的地位,进而证明以 TRIPS 协定下相关规则作为研究对象的科学性和合理性。

一、《巴黎公约》下注册商标的使用要求

《巴黎公约》是最早也是最重要的关于工业产权保护的国际条约[1],被称为工业产权的母公约[2]。《巴黎公约》在工业产权保护方面的最大贡献是确立了国民待遇、独立性等基本原则。由于当时各国商标法存在较大差异,进行全面、深入的商标法国际协调并不可能,因此,《巴黎公约》仅对国际上分歧不大的一些基本问题进行了协调。鉴于注册商标的使用要求制度在很大程度上属于国内法问题,采用商标权使用取得制和注册取得制的国家在这方面制度迥异,故《巴黎公约》并未对商标注册阶段的使用要求进行统一,只对商标注册维持阶段的使用要求作了相对简单的规定。

(一)未设定商标注册阶段的使用要求

《巴黎公约》中与使用要求相关的商标注册条文主要体现在第 6 条、第 6 条之五 A 款和 B 款。其中,第 6 条确立了在公约联盟各国内申请商标注册的独立性原则,第 6 条之五则规定了商标独立性原则的例外。[3]《巴黎公约》第 6 条第 1 款[4]确立了商标国别注册[5]的一般原则,即各成员国有权决定商标申请和注册的条件。第 6 条第 2 款[6]与第 3 款[7]规定了商标在不同成员国内注册和

---

[1] ANNETTE KUR. TRIPS and Trademark Law [M] //Friedrich – Karl Beier, Gerhard Schricker. From GATT to TRIPS: the agreement on trade – related aspects of intellectual property rights. Munich: Max Planck Institute, 1996: 93 –116.

[2] 李顺德.《巴黎公约》意义深远,光辉永驻 [EB/OL]. [2014 – 01 – 19]. http://ip.people.com.cn/GB/11175169.html.

[3] BODENHAUSEN. Guide to the application of the Paris Convention for the Protection of Industrial Property – As aevised at Stockholm in 1967 [M]. Geneva: United International Bureaux for the Protection of Intellectual Property (BIRPI), 1968: 109.

[4]《巴黎公约》第 6 条第 1 款规定:"商标的申请和注册条件,在本联盟各国由其本国法律决定。"

[5] 国别注册,是指商标申请人向各个国家或地区分别提出商标注册申请。

[6]《巴黎公约》第 6 条第 2 款:"本联盟任何国家对本联盟国家的国民提出的商标注册申请,不得以未在原属国申请、注册或续展为理由而予以拒绝,也不得使注册无效。"

[7]《巴黎公约》第 6 条第 3 款规定:"在本联盟一个国家正式注册的商标,与在联盟其他国家注册的商标,包括在原属国注册的商标在内,应认为是相互独立的。"

第一章 TRIPS协定下注册商标的使用要求之条约义务

受保护的独立性，即任何成员国对其他成员国国民提出的商标注册申请，不得以未在原属国申请、注册或续展为理由而拒绝注册或使注册无效；在各成员国内注册的商标相互间是独立的。尽管商标独立性原则赋予了各成员国在商标注册和保护方面的立法自由，但该原则也存在不容忽视的缺陷。不同国家间的法律差异可能导致同一商品或服务上的商标在不同国家中注册形式不一致，从而对国际贸易发展产生不利影响。因此《巴黎公约》的原始文本（1883年）规定了"按原属国注册那样予以注册"的义务❶，之后1958年里斯本修订会议将该原则修订并移至现在文本的第6条之五A款中。❷ 该"原样注册义务"是对商标独立性原则的一个突破，在商标的国际注册中起到相当大的作用❸，但该义务仍属于例外情形。❹ "原样注册义务"仅针对商标形式，各成员国仍可在形式之外设定其他条件来阻止已在原属国正规注册的商标在本国进行注册，且该义务还受到第6条之五B款例外的限制，因此在实践中是极少被运用的条款。❺

从上文分析可知，《巴黎公约》并未在商标注册阶段设定使用要求的义务，但其确立的商标注册和保护的独立性原则相当于允许成员国在商标注册阶段设定使用要求；因"原样注册义务"仅针对商标形式而言，故该义务也无法阻止各国在商标法上规定以使用作为商标注册的条件。在130多年前《巴黎公约》设立之初，商标保护的独立性原则才是各国最为看重的，各国更倾向于由其国内法来决定商标注册。因此，《巴黎公约》事实上认可了成员国在商标注册阶段设定使用要求的立法自由，公约本身对此未进行国际范围内的统一与协调。

（二）商标注册维持阶段的使用要求

《巴黎公约》（1967年修订）第5条C款对注册商标维持阶段的使用要求

---

❶ 该义务是指，某商标申请人基于其在原属国的商标注册向其他成员国申请商标注册，其他国家应当与在原属国注册那样接受申请和给予保护。See Final Protocol of the Paris Convention (1883), para. 7.

❷ 《里斯本会议记录》（法文版），第578－579页、第581－582页（提案），第117－118页（总报告），转引自博登浩森．保护工业产权巴黎公约指南 [M]．汤宗舜，段瑞林，译．北京：中国人民大学出版社，2003：97.

❸ ANNETTE KUR. TRIPS and Trademark Law [M] //Friedrich‑Karl Beier, Gerhard Schricker. From GATT to TRIPS: the agreement on trade‑related aspects of intellectual property rights. TRIPS and design protection. Munich: Max Planck Institute, 1996: 93–116.

❹ G. H. C. BODENHAUSEN. Guide to the Application of the Paris Convention for the Protection of Industrial Property as revised at Stockholm in 1967 [M]. WIPO, 1968 (reprinted, 1991): 108.

❺ NUNO PIRES DE CARVALHO. The TRIPS regime of trademarks and designs [M]. Hague: Kluwer Law International, 2006: 239.

TRIPS 协定下注册商标的使用要求

作出规定❶，该规定分为 3 项，第（1）项是在 1925 年海牙修订会议上订入《巴黎公约》❷的，标题为"不使用"（Failure to Use），涉及的内容主要有：商标使用的义务性质、服务商标的适用问题、不使用的期间、不使用的正当理由、不使用的法律后果等。首先，该条款所设定的注册商标的使用要求是一种可选择性义务，其规定了"如果"（if）在任何国家注册商标的使用是强制的，那么商标注册"可"（may）因适当期间内的无正当理由不使用而遭到撤销。可见，注册商标的使用要求并非《巴黎公约》成员国应履行的强制性义务，成员国可根据本国商标制度自行决定是否在国内法上实施该条款。这种安排充分体现了《巴黎公约》的灵活性和选择性。尽管该规定不具有强制性，但仍具有较强的原则性和导向性，为拟采用该制度的成员国提供了立法依据和蓝本。其次，关于注册商标的适用范围，该项中的"注册商标"是否涵盖商品商标和服务商标？条款本身未予明确，但《巴黎公约》的立法史告诉我们，成员国并没有义务将该规定同样适用于服务商标，因为本项规定早在 1958 年里斯本修订会议采用服务商标之前就已被订立在公约中。❸ 再次，关于注册商标不使用的期间，该项规定，只有经过一段适当时间的不使用，注册商标才可能遭遇撤销风险。但公约对注册商标不使用的期间采用了开放的立法模式，由成员国国内法自行规定不使用期间的长短，这给予了成员国较大的立法实施空间。最后，关于注册商标不使用的豁免理由，该项规定，注册商标权利人只有在不能证明不使用存在正当理由时，方会面临被撤销商标注册的危险，这是对注册商标不使用撤销的豁免。如同不使用的期间一样，《巴黎公约》亦未对不使用的理由作出具体界定，留待各国在国内法上自行决定。

《巴黎公约》第 5 条 C 款第（2）项和第（3）项是于 1934 年伦敦修订会

---

❶ （1）如果在任何国家，注册商标的使用是强制的，只有经过适当的期间，而且只有当事人不能证明其不使用有正当理由，才可以撤销注册。（2）商标所有人使用的商标，在形式上与其在本联盟国家之一所注册的商标形式只有一些要素不同，而并未改变其显著性的，不应导致注册无效，也不应减少对商标所给予的保护。（3）根据请求保护地国家的本国法认为商标共同所有人的几个工商企业，在相同或类似商品上同时使用同一商标，在本联盟任何国家内不应拒绝注册，也不应以任何方式减少对该商标所给予的保护，但以这种使用并未导致公众产生误解，而且不违反公共利益为限。

❷ 《海牙会议记录》（法文版），第 338－339 页（德国、英国等提案），第 439－442 页（第三小组委员会的报告），第 520 页（总务委员会的报告），第 541 页（起草委员会的报告），第 576 页（在第二次全体会议上通过）。转引自博登浩森. 保护工业产权巴黎公约指南[M]. 汤宗舜，段瑞林，译. 北京：中国人民大学出版社，2003：49.

❸ 《里斯本会议记录》（法文版），第 624 页（美国的提案），第 628－633 页（第三委员会的讨论），第 755－757 页（第三委员会的报告）。转引自博登浩森. 保护工业产权巴黎公约指南[M]. 汤宗舜，段瑞林，译. 北京：中国人民大学出版社，2003：50.

议上增订的。❶ 第（2）项规定了注册商标的使用形式。该项允许注册商标所有人实际使用的商标与注册商标在形式上存在某些要素的不同，只要此类变化没有改变商标的显著性，这种满足一定条件的商标变形使用不应导致商标无效，也不应减少对该商标的保护，即公约认可有条件的变形使用是维持商标注册的有效使用。第（3）项涉及注册商标的使用主体问题。《巴黎公约》第5条C款第（3）项的适用范围很窄，其仅针对根据请求保护地国家的本国法认为是"商标共有人"（co-proprietors）的一些企业在相同或类似商品上共同使用同一商标的情形，且该种使用不会导致公众产生误解，也不违反公共利益。在此种情形下，商标注册不应遭到拒绝，商标保护也不应减少。可见，该项是关于商标共有人的使用，其并未处理商标所有人之外的主体使用同一商标的情形。而商标的他人使用倒是大多数国家商标使用现实中存在的重要问题。"1958年里斯本修订会议对此曾作过努力，试图把该议题囊括进去，但没有成功"。❷ 该问题最终在TRIPS协定中得以考虑，具体将在下文关于TRIPS协定注册商标的使用要求中予以详述。

二、马德里体系下注册商标的使用要求

商标注册的马德里体系肇始于1891年，该体系所包含的两个国际条约均签署于马德里，因此被称为马德里体系。该体系下的两个国际条约分别是：1891年签订的《马德里协定》和1989年通过的《马德里议定书》。《马德里协定》依据《巴黎公约》第19条的规定产生，《马德里议定书》则在《马德里协定》的基础上进行了改进。《马德里协定》的成员国必须是《巴黎公约》的成员国，因此其成员国必须遵循《巴黎公约》有关商标注册的国际义务；而《马德里议定书》在此基础上还允许实行区域性商标注册体系的政府间组织成员加入。因此，从条约体系上看，商标国际注册的马德里体系是《巴黎公约》的重要补充，由WIPO负责统一管理和协调。

通常来讲，商标国际注册存在两种途径，一种是直接向需要注册的国家或地区申请注册，另一种是通过国际注册体系进行注册。前者需要向各国或地区

---

❶ 《伦敦会议记录》（法文版），第178-179页，第281页（提案），第264-265页（意见），第386-390页（第三小组委员会的报告），第460-461页（起草委员会的报告），第515页（在第二次全体会议上通过）。转引自博登浩森. 保护工业产权巴黎公约指南［M］. 汤宗舜，段瑞林，译. 北京：中国人民大学出版社，2003：49.

❷ 博登浩森. 保护工业产权巴黎公约指南［M］. 汤宗舜，段瑞林，译. 北京：中国人民大学出版社，2003：51.

| TRIPS 协定下注册商标的使用要求

逐一申请，后者是一份申请可同时向多国或地区延伸。❶ 马德里体系下的商标国际注册即为后者。马德里体系建立了商标的国际注册制度，为商标所有人在其所属国提出单一注册申请而获得多国商标保护提供了可能。这种通过国际注册的商标等同于直接向每一个指定国申请注册的商标。马德里体系通过国际注册使商标申请人能以廉价、高效、便捷的方式在其所需要的国家中获得商标注册保护。此外，通过记录注册之后的变化、注册的续展以及后期指定，马德里体系还大大简化了商标注册的管理。截至 2014 年 1 月 15 日，马德里体系共有成员 92 个❷，《马德里协定》下 56 个❸，《马德里议定书》下 91 个❹；我国是《马德里协定》和《马德里议定书》的成员国。❺

马德里体系实际上形成了"《马德里协定》+《马德里议定书》+《商标国际注册马德里协定及该协定有关议定书的共同实施细则》（以下简称《共同实施细则》）❻+适用《商标国际注册马德里协定及该协定有关议定书》的行政规程"的规范体系。❼ 在注册商标的使用要求上，马德里体系的相关规定散见于上述文件中。

（一）在商标注册阶段未规定使用要求的义务

马德里体系的商标国际注册是基于原属国的商标注册或申请，通过国际注册，由指定国家根据其国内法对商标注册申请进行审查，如果在 12 个月或者 18 个月内未收到相应国家的驳回通知，那么自国际局注册之日起，该商标在有关缔约国应受到与此商标在该指定国直接注册相同的保护。其他国家在商标形式上则负有原样保护的义务，其在商标形式方面驳回商标注册的理由只能依

---

❶ 安青虎. 中国的商标与国际注册：在"马德里商标国际注册国际研讨会"上的演讲词［EB/OL］.［2014 – 01 – 10］. http：//sbj. saic. gov. cn/sbyw/200612/t20061201 – 52454. html.

❷ ［EB/OL］.［2014 – 01 – 15］. http：//www. wipo. int/madrid/en/.

❸ ［EB/OL］.［2014 – 01 – 15］. http：//www. wipo. int/wipolex/en/wipo_treaties/statistics. jsp? treaty_id = 21.

❹ ［EB/OL］.［2014 – 01 – 15］. http：//www. wipo. int/wipolex/en/wipo_treaties/statistics. jsp? treaty_id = 8.

❺ 根据《马德里议定书》第9条之六（1）（a）项的规定，既参加本议定书又参加《马德里协定》的各国，在其相互关系中只适用本议定书。

❻ 《商标国际注册马德里协定及该协定有关议定书的共同实施细则》英文文本见 WIPO 网站：http：//www. wipo. int/treaties/en/text. jsp? file_id = 281712；中文文本见 WIPO 网站：http：//www. wipo. int/export/sites/www/treaties/zh/registration/madrid/pdf/regs2009se p1 – zh. pdf.

❼ 《马德里协定》《马德里议定书》《共同实施细则》《行政规程》的修正程序难易不同，《马德里协定》以及《马德里议定书》的修改需要表决票数的四分之三或者五分之四的国家或组织经大会通过，《共同实施细则》的修正由成员国大会通过，《行政规程》的修改由 WIPO 总干事负责。

据《巴黎公约》第 6 条之五 B 款的规定；而在其他方面的拒绝理由上，仅限于该成员根据《巴黎公约》的规定就该商标单独向该国提起商标注册的拒绝理由。❶ WIPO 对此作出进一步解释，这些理由可以是《巴黎公约》明确规定的拒绝理由，也可以是《巴黎公约》不禁止的拒绝理由。❷ 因此，国际局在国际注册时仅进行形式审查，商标注册的实质审查权仍保留在各缔约方手中，以使用作为商标注册的条件并未受到马德里体系的禁止。

《马德里协定》和《马德里议定书》均未明文提及商标注册阶段的使用要求，但《共同实施细则》对缔约方国内法上的意向使用要求予以了认可。该细则第 7 条第 2 款规定了"商标的使用意向"，具体内容为：若任何缔约方作为议定书指定的缔约方，要求对商标的使用意向作出声明，则此缔约方应将该要求通知总干事。若该缔约方要求，上述意向使用声明须由申请者本人签字，且须填写单独的正式表格，则在通知中应载明此种要求的说明，并对所要求的声明的确切用语予以明确。第 9 条第 5 款（f）项规定，如果商标国际申请中包含了对已依第 7 条第 2 款规定作出通知的缔约方的指定，则该国际申请中还应包括在该缔约方领土上对该商标具有使用意向的声明。第 11 条第 6 款规定，如果申请人未按第 9 条第 5 款（f）项规定，在国际申请中附有商标使用意向的声明或者所附声明不符合要求，则国际局应立即通知申请人和原属局，并给予 2 个月的补正机会；若逾期仍不符合要求的，则视为国际申请不包含对上述要求提交使用意向声明的缔约方的指定。第 24 条第 3 款（b）项规定，如果后期指定涉及依第 7 条第 2 款作出通知的缔约方，则在后期指定中应包含在该缔约方领土上对该商标具有使用意向的声明。❸

从上述规定可知，马德里体系下国际局在国际注册环节仅作形式审查，故在国际注册阶段并未设立使用要求，而在原属国已获得商标注册或者已申请商标注册的，若要获得指定国家的商标注册，仍有赖于该缔约国国内法律的规定。《共同实施细则》允许缔约方在商标注册申请阶段设定意向使用要求，但这不属于马德里体系下的强制性义务。此外，马德里体系亦未明确缔约方能否在商标注册申请或注册阶段设定商标实际使用的要求，但从被指定国家可以根据本国法律拒绝商标注册而言，这一点似乎也未被禁止。总之，马德里体系在

---

❶ 《马德里协定》第 5 条第 1 款。
❷ WIPO. Guide to the International Registration of Marks under the Madrid Agreement and Madrid Protocol [M]. Geneva：WIPO, 2009：B. II. 37.
❸ 《共同实施细则》第 7 条第 2 款、第 9 条第 5 款（f）项、第 11 条第 6 款、第 24 条第 3 款（b）项。

| TRIPS 协定下注册商标的使用要求

商标注册或申请阶段没有将商标使用要求设为一项条约义务，与此同时，该体系也未禁止缔约方以使用或者意向使用作为商标申请或者注册的条件。

（二）在商标注册维持阶段未规定使用要求的义务

在国际注册的依附和独立性方面，马德里体系规定了"中心打击原则"❶——在国际注册之日起5年内，如果基础申请或之上的注册或基础注册分别就全部或部分国际注册中所列的商品或服务被撤回、过期、被放弃、最终驳回、撤销、取消或被宣布无效，不论其是否已被转让，都不得再要求国际注册给予保护。该规定说明，在商标权维持方面，马德里体系没有设定注册商标的使用要求，但是也未禁止各成员方在此阶段设定使用要求。如果原属国国内法在商标权维持阶段设有商标使用要求，而原属国的商标注册因不使用被撤销，那么如果是在注册后5年内被撤销，则该撤销结果也会影响该商标在其他指定成员内的效力。然而，自国际注册之日起5年后，各国的商标保护便相互独立。❷

马德里体系简化了商标国际注册的申请程序，为商标申请人在多国同时获得商标注册提供了便利，其在程序法意义上的国际协调功不可没。然而也正因如此，马德里体系的关注重点在于商标国际注册申请程序的简便，而非商标注册的实质审查要件。在该体系下，商标注册的实质性条件仍由各缔约方国内法决定，特别在注册商标的使用要求这一极具国内法意义的问题上，马德里体系基本上没有涉及。从这个意义上讲，马德里体系在注册商标使用要求方面的国际协调效力非常有限，这也正是 TRIPS 协定对注册商标的使用要求作进一步融合、协调的价值所在。

三、TRIPS 协定下注册商标的使用要求及其与《巴黎公约》的关系

（一）TRIPS 协定下注册商标的使用要求

TRIPS 协定关于商标的条款共7条（第15~21条）。商标条款是 TRIPS 协定起草过程中争议较少的条款❸，但涉及注册商标使用要求的条款（第15条第3款以及第19条）却在为数不多的争议条款之列。这是因为注册商标的使用要求直接触及普通法系和大陆法系商标法上商标权取得和维持的基本原则，

---

❶ 《马德里协定》第6条第3款以及《马德里议定书》第6条第3款。
❷ 《马德里协定》第6条第2款以及《马德里议定书》第6条第2款。
❸ MTN. GNG/NG11/4, 17 November 1987, Para. 4.

第一章　TRIPS协定下注册商标的使用要求之条约义务

而两者在这方面存在较大差异。TRIPS协定中注册商标的使用要求最终以选择性义务而非强制性义务出现，反映了WTO不同成员对该问题的意见分歧，充分体现了各方相互妥协的过程。TRIPS协定中注册商标的使用要求主要包含如下两方面内容。

1. 商标注册阶段的使用要求

商标注册阶段的使用要求主要体现在TRIPS协定第15条第3款中。第15条的标题是"可保护的主题"，包括商标注册的实体条件、注册程序以及拒绝商标注册的理由等。该条第3款规定："各成员方可将使用作为商标注册的依据，然而，商标的实际使用不应成为提出注册申请的一项条件。注册申请不得仅因该标识在自申请之日起的3年内未发生原意使用而遭驳回。"该款实际上是对商标注册阶段使用要求的规制，它明确了使用可以成为商标注册的前提，但应受到两个条件的约束：（1）不得以实际使用作为提交注册申请的条件；（2）不得以自申请之日起3年内未发生原意使用作为驳回申请的唯一依据。

2. 注册商标维持阶段的使用要求

注册商标维持阶段的使用要求主要体现在TRIPS协定第19条上。该条标题为"使用要求"，具体分为两款，第1款规定："如果使用是维持商标注册的条件，那么只有当该商标至少连续3年不使用后方可被撤销，除非商标所有人能够证明存在使用障碍的有效理由。独立于商标所有人意志之外且构成商标使用障碍的情形应被视为不使用的有效理由，例如对受商标保护的商品或服务施加的进口限制或者其他政府要求。"第2款规定："在商标所有者控制之下的他人使用商标的行为应当被视为旨在维持商标注册的商标使用。"

（二）TRIPS协定与《巴黎公约》的关系

《巴黎公约》的产生是为了促进国际贸易的有序发展，在此意义上，《巴黎公约》也是TRIPS协定的前驱。❶ 由于《巴黎公约》设定了知识产权保护领域的一些最基本原则，如国民待遇原则、商标独立性原则等，TRIPS协定通过"纳入"（incorporate into）❷《巴黎公约》（1967年修订文本）中的知识

---

❶ 张乃根. TRIPS协定：理论与实践［M］. 上海：上海人民出版社，2005：2.

❷ NUNO PIRES DE CARVALHO. The TRIPS regime of trademarks and designs ［M］. Hague：Kluwer Law International，2006：102；Daniel J. Gervais. The TRIPS Agreement：Drafting History and Analysis ［M］. London：Sweet & Maxwell，1998：46. 上述文献都使用了"incorporate into"的表述，含有纳入之意。

TRIPS 协定下注册商标的使用要求

产权实体性规定，对《巴黎公约》所设的基本原则和制度予以了吸收和继承，使《巴黎公约》的相关条款成为 TRIPS 协定的组成部分，适用于所有 WTO 成员。具体而言，TRIPS 协定第 2 条通过两款澄清了其与《巴黎公约》的关系。

其一，TRIPS 协定第 2 条第 1 款从 WTO 成员的义务角度澄清了 TRIPS 协定与《巴黎公约》的关系。该款规定，针对 TRIPS 协定第二、第三、第四部分而言，成员应遵守《巴黎公约》(1967 年) 第 1~12 条以及第 19 条的规定。根据该款，《巴黎公约》中的所有知识产权实体条款全部被纳入 TRIPS 协定。

具体而言，被纳入 TRIPS 协定的《巴黎公约》条款有第 1~12 条以及第 19 条，其中，第 1~11 条是该公约中涉及知识产权的实体性规定，第 12 条是关于设立国家工业产权专门机构的要求，第 19 条是处理《巴黎公约》与其成员之间签订的专门协定间关系的条款。除上述条款以外，均为涉及公约联盟的组织机构、财务、修正、修订、生效、适用、争议等方面的规定，未涉及知识产权的实体性规定，因此未被纳入 TRIPS 协定。受上述被纳入条款约束的事项为 TRIPS 协定第二、第三、第四部分的内容，涉及知识产权的可得性、范围、使用以及权利的执行、取得、维持和相关程序方面，即在上述事项上 WTO 成员应遵守《巴黎公约》上述条款的规定。

TRIPS 协定第 2 条第 1 款产生了两个效果：一方面，在条约适用主体上，为那些本非《巴黎公约》成员国但属于 WTO 成员的国家或地区❶设定了义务;❷ 另一方面，在成员应遵守的条约义务上，WTO 成员有义务遵守 TRIPS 协定未规定但《巴黎公约》已有的相关规定，如商标申请优先权以及商标变形使用等规定。换言之，对于那些在 TRIPS 协定条文中未列明而《巴黎公约》已规定的内容，不等于免除了 WTO 成员的条约义务。如果 WTO 成员违反了《巴黎公约》的相关规定，也会被诉至争端解决机构。值得注意的是，该条款原在布鲁塞尔草案中用的是消极用语❸("shall not depart from"，不偏离之意)，但最终文本采用了积极用语 ("shall comply with"，需遵守之意)，这更体现了《巴黎公约》在 TRIPS 协定中应当被遵守的重要地位。

---

❶ 截至 2014 年 1 月 20 日，未参加《巴黎公约》的 WTO 成员仅有：佛得角共和国、欧盟、斐济、科威特、香港、澳门、马尔代夫共和国、缅甸、所罗门群岛、瓦努阿图共和国。

❷ DANIEL J. GERVAIS. The TRIPS Agreement: Drafting history and analysis [M]. London: Sweet & Maxwell, 1998: 45.

❸ BRUSSELS DRAFT, "in respect of parts II, III and IV of this agreement, parties shall not depart from the relevant provisions of the Paris Convention."

第一章　TRIPS 协定下注册商标的使用要求之条约义务

其二，TRIPS 协定第 2 条第 2 款从具体义务角度阐释了 TRIPS 协定与《巴黎公约》的关系。该款规定，本协定第一至第四部分的任何规定，均不得减损各成员在《巴黎公约》《保护文学和艺术作品伯尔尼公约》（以下简称《伯尔尼公约》）、《保护表演者、音像制品制作者和广播组织罗马公约》（以下简称《罗马公约》）以及《有关集成电路知识产权条约》下可能相互承担的现存义务。第 2 条第 1 款规定的是积极的"遵守"，而该款要求的是消极的"不减损"，该款是否为前款内容的同义反复呢？否。从本质上，第 2 条第 1 款是为 WTO 成员设定的条约义务，该句的主语是"成员"（members）；而第二款才是处理 TRIPS 协定与《巴黎公约》在内容上的关系，因为该句的主语是"本协定第一至第四部分的任何规定不得"（nothing in Parts I to IV of this Agreement），所以第 2 款约束的是 TRIPS 协定的相关规定。但需注意，该款要求不贬损的不是《巴黎公约》的所有规定，而是《巴黎公约》下其成员国之间相互所负的"义务"，且未包括"权利"[1]，即《巴黎公约》下成员国的权利是可以被贬损的。这实质上赋予了 TRIPS 协定剥夺成员权利的能力，对成员施以更重的保护知识产权的义务，从而达到提高知识产权保护标准的效果，从一个侧面反映了 TRIPS 协定是"巴黎递增"协议的特征。换句话说，TRIPS 协定在对《巴黎公约》已有规定再行细化时，只能增强成员义务而不能减损成员的现存义务。

第 2 款所涉的另一种情形是针对 TRIPS 协定没有设立的义务，而《巴黎公约》中却有相应的规定，且该项规定没有被纳入 TRIPS 协定中，此时，《巴黎公约》联盟成员国相互间的现存义务不会因为 TRIPS 协定未作规定而被免除。这种情形在《巴黎公约》中并不存在，因为《巴黎公约》的实体性规定已全被纳入 TRIPS 协定。但针对《伯尔尼公约》与 TRIPS 协定的关系，涉及该条款的典型例子是《伯尔尼公约》的道德权利[2]虽然没有被 TRIPS 协定纳入，也未被规定在 TRIPS 协定中，但是《伯尔尼公约》成员国间仍负有保护该项权利的义务。

最后，需要指出的是，TRIPS 协定第 2 条第 1 款强调被纳入 TRIPS 的《巴黎公约》是 1967 年在斯德哥尔摩修订的版本，而第 2 条第 2 款并没有对《巴黎公约》的版本予以明确，原因是《巴黎公约》允许其成员国维持为不同版

---

[1] 尽管《巴黎公约》为成员方留下了许多知识产权保护方面的自由选择权。
[2] 《伯尔尼公约》第 6 条之二。

本的公约成员国❶。因此，在 WTO 体制内，WTO 成员受制于《巴黎公约》1967 年版本的相关规定，而在《巴黎公约》体制下，其成员受到它们加入的相应版本的约束。TRIPS 协定第 2 条体现了 TRIPS 协定和《巴黎公约》之间密不可分的关系，同时厘清了 WTO 成员和《巴黎公约》成员国应当适用的条约义务。在注册商标的使用要求方面，WTO 成员不仅需要遵守 TRIPS 协定的现有规定，还需遵守《巴黎公约》在这方面的相关规定。

四、后 TRIPS 协定条约下注册商标的使用要求

对 TRIPS 协定之后注册商标使用要求的国际协调进行考察，可以进一步印证 TRIPS 协定在国际商标法条约体系中的地位，进一步支持"TRIPS 协定是目前实体商标法中在使用要求领域进行国际协调的最高成就"的结论，也可进一步阐释本书在"TRIPS 协定下"研究注册商标使用要求的科学性和实践价值。

TRIPS 协定的商标条款是当时各成员在商标法国际协调上可以取得的最大妥协。虽然，TRIPS 协定之后的商标法国际协调具有更强的动力和需求，但也面临着更大的利益冲突和协调障碍，因此，TRIPS 协定之后的知识产权国际协调呈现出相当的复杂性。在国际立法体制上，知识产权的国际立法形成了以 WIPO 和 WTO 为中心的多体制混合状态，国际立法体制日益复杂；❷ 在国际协调的内容上，商标法国际协调主要集中在程序法上，而在商标实体法的发展上仍困难重重。就注册商标的使用要求而言，WIPO 体系还涉及《商标法条约》和《商标法新加坡条约》。虽然 WIPO 在这两个条约谈判之初拟建立全球统一的

---

❶ 第 27 条【以前议定书的适用】
（1）关于适用本议定书的国家之间的关系，并且在其适用的范围内，本议定书取代 1883 年 3 月 20 日的《巴黎公约》和以后修订的议定书。
（2）（a）对于不适用或不全部适用本议定书，但适用 1958 年 10 月 31 日的里斯本议定书的国家，里斯本议定书仍全部有效，或在按第（1）款的规定本议定书并未取代该议定书的范围内有效。
（b）同样，对于既不适用本议定书或其一部分，也不适用里斯本议定书的国家，1934 年 6 月 2 日的伦敦议定书仍全部有效，或在按第（1）款的规定本议定书并未取代该议定书的范围内有效。
（c）同样，对于既不适用本议定书或其一部分，也不适用里斯本议定书，也不适用伦敦议定书的国家，1925 年 11 月 6 日的海牙议定书仍全部有效，或在按第（1）款的规定本议定书并未取代该议定书的范围内有效。
（3）本联盟以外的各国成为本议定书的缔约国的，对非本议定书的缔约国或者虽然是本议定书的缔约国但按照第 20 条第（1）款（b）项（i）目提出声明的本联盟任何国家，应适用本议定书。各该国承认，上述本联盟国家在其与各该国的关系中，可以适用该联盟国家所参加的最近议定书的规定。
❷ 王太平，熊琦. 论知识产权国际立法的后 TRIPS 发展［J］. 环球法律评论，2009，（5）：135.

商标法体系，但终因各种阻力仅取得了侧重于商标注册领域的程序性协调，并未在 TRIPS 协定基础上对注册商标的使用要求的协调取得任何新的实质性进展。

（一）《商标法条约》

《商标法条约》❶ 于 1994 年 10 月在 WIPO 主持召开的外交会议上签订，并于 1996 年 8 月 1 日正式生效。该条约旨在通过制定统一的国际标准，以简化和协调商标注册申请及保护的程序，使商标注册体系更加便利于当事人，进而促进商标权利的国际保护。然而，与前述《马德里协定》及《马德里议定书》不同，《商标法条约》不是关于商标国际注册程序的条约，而是对各国商标注册程序进行统一的条约。❷《商标法条约》在统一和简化各国（地区）商标申请的行政程序和商标注册的维护工作方面取得了实质性进展，如对商标申请、代理、联系地址、申请日期、申请和注册的分解、变更名称或地址等诸多环节均作出了协调。然而，囿于该条约的程序法条约性质，在注册商标的使用要求这个程序与实体法并重的制度上，其国际协调的效力极为有限。

在商标注册阶段，《商标法条约》从程序角度提及了使用和意向使用问题。该条约第 3 条有关商标注册的申请，该条第 1 款（a）项第（17）目规定，任何缔约方均可要求申请书中含有下列部分或全部的说明或项目：缔约方法律要求的关于商标使用意向的声明；第 3 条第 1 款（b）项规定，申请人可不提交（a）项第（17）目所要求的商标意向使用的声明，直接提交缔约方法律要求的关于商标实际使用的声明和相应证据，或在提交意向使用声明的基础上，再提交上述实际使用的材料；第 3 条第 6 款的标题为"实际使用"，该款允许缔约方针对已提交第 3 条第 1 款（a）项第（17）目下意向使用声明的申请人，要求其在法定时限内提交商标实际使用的证据。《商标法条约实施细则》❸ 规则三（关于申请的细则）第 6 款对提供上述商标实际使用证据的时限作出规定，该时限不得少于自缔约方商标主管机关受理申请之日起的 6 个月。同时，在不违反缔约方法律规定的前提下，申请者应有权要求延长举证时限，每次可延长至少 6 个月，共可延长至少 2 年半。从这些条文内容可知，《商标法条约》在商标注册阶段的使用要求上并没有采用强制性义务规定，而是允许

---

❶ 截至 2014 年 1 月，《商标法条约》共有 76 个成员签字加入，在美国、英国、法国等 53 个国家生效。我国于 1994 年 10 月 28 日签署该条约，但至今尚未批准加入。[EB/OL]．[2014 - 01 - 09]．http://www.wipo.int/treaties/en/ShowResults.jsp?lang=en&treaty_id=5.

❷ 唐广良，董炳和．知识产权国际保护[M]．北京：知识产权出版社，2006：199．

❸ 《商标法条约实施细则》英文文本见 WIPO 网站：http://www.wipo.int/treaties/en/text.jsp?file_id=294341；中文文本见 WIPO 网站：http://www.wipo.int/treaties/zh/ip/tlt/tlt_regulations.html.

TRIPS 协定下注册商标的使用要求

缔约方法律在商标注册阶段设定使用或意向使用要求，对此类使用要求的唯一限制是提交商标实际使用证据的时限，在其他方面未对设定此类要求的缔约方施加任何限制，这体现的并非最低义务，而是"缔约方可以要求的最高条件"❶。

在注册商标的维持阶段，《商标法条约》本身并未规定使用要求，但该条约第 15 条规定，任何缔约方均应遵守《巴黎公约》中的相关商标条款。因此，对于《巴黎公约》第 5 条 C 款关于商标注册维持阶段的使用要求，《商标法条约》缔约方也有遵守的义务。另外，《商标法条约》第 13 条（注册期限及续展）第 4 款规定，在注册商标续展阶段，缔约方不得要求提交关于商标使用的声明和/或证据。这说明，《商标法条约》不允许在商标注册的续展阶段设定使用要求。当然，《商标法条约》第 16 条还明确，条约适用的商标范围包含商品商标和服务商标。

通过上述分析可知，《商标法条约》对注册商标的使用要求仅作了极为有限的协调。在商标注册阶段，该条约作出了举证期限上的协调，从这个意义上讲，该阶段的使用要求可勉强被称为选择性义务，但这种期限上的限制也是有条件的，须以不违反缔约方法律为前提，这又给协调效果打上了折扣；而 TRIPS 协定第 15 条第 3 款则明确规定，注册申请不得仅因该标识在自申请之日起的 3 年内未发生原意使用而遭驳回。另外，《商标法条约》允许缔约方将意向使用或实际使用作为商标注册申请的条件，而在 TRIPS 协定下，商标注册申请阶段是不允许规定实际使用条件的。可见，在注册阶段的使用要求上，《商标法条约》给予缔约方的权利多于义务，在协调的力度和广度上都没有到达 TRIPS 协定的水平。在注册商标维持阶段的使用要求上，《商标法条约》引入了《巴黎公约》的规定，并在商标注册续展阶段禁止缔约方设立使用要求，这相当于否定了使用要求设立的可能。概言之，在 WIPO 体制下，《商标法条约》对注册商标使用要求的国际协调并未在 TRIPS 协定基础上取得任何实质性进展。

（二）《商标法新加坡条约》

《商标法新加坡条约》于 2006 年 3 月 27 日签订，并于 2009 年 3 月 16 日正式生效。该条约是基于《商标法条约》十多年来的实践及通信技术的发展对《商标法条约》所作的修订和更新，两条约互相关联但又相互独立。❷

---

❶ 刘磊.《商标法条约》的主要内容［J］. 中华商标，2000（5）：38.
❷ 原琪.《商标法新加坡条约》与《商标法条约》（1994）之比较［J］. 中华商标，2006（11）：31.

第一章 TRIPS 协定下注册商标的使用要求之条约义务

WIPO 成员国可以单独加入其中一个，也可以两者都加入。凡是参加《商标法新加坡条约》和《商标法条约》两者的缔约方之间应仅适用《商标法新加坡条约》，而仅参加《商标法条约》的缔约方之间应继续适用《商标法条约》。❶ 迄今为止，美国、澳大利亚、新加坡等 35 个成员已批准加入该条约，我国于 2007 年 1 月 29 日签署该条约，但尚未批准和加入。❷

在条约内容上，《商标法新加坡条约》对《商标法条约》的修订主要体现在新型商标、电子申请、未遵守期限的救济措施以及商标使用的许可备案等四个方面，而在其他方面两者大致相同。例如，在适用的对象范围上，该条约也涵盖了商品商标和服务商标，但不适用于集体商标、证明商标和保证商标，这与《商标法条约》是一致的；在与《巴黎公约》的关系上，《商标法新加坡条约》也规定了缔约方应遵守《巴黎公约》中有关商标的规定。❸

具体到注册商标的使用要求上，《商标法新加坡条约》基本上原封不动地承继了《商标法条约》的相关内容，并没有新的修改和发展。在商标注册阶段，《商标法新加坡条约》允许缔约方在商标注册申请时设定提交商标意向使用或者实际使用的声明和证据的要求❹，并在《商标法新加坡条约实施细则》❺中规定了意向使用申请者提交商标实际使用证据的期限❻，还授权缔约方可以规定以收到包括第 3 条第 1 款第（1）项（16）目或第（2）项要求的声明或证据的时间为商标注册的申请日期。❼ WIPO 下设的商标、工业设计以及地理标志常设委员会特别强调，条约作出这样的规定是为了与加拿大以及美国的法律相一致❽，从而保证该条约能够为尽可能多的国家或地区所接受。在注册商标维持阶段的使用要求方面，《商标法新加坡条约》未作出新规定，如同《商标法条约》一样，其规定缔约方在商标注册续展阶段不能设定使用要求。❾ 因

---

❶ See Article 27 of Singapore Treaty On The Law Of Trademarks.
❷ ［EB/OL］．［2014－01－09］．http：//www.wipo.int/treaties/en/ShowResults.jsp? lang = en&treaty_id =30.
❸ See Article 15 of Singapore Treaty On The Law Of Trademarks.
❹ See Article 3.1（a）（xvi）、Article 3.1（b）、Article 3.3 of Singapore Treaty On The Law Of Trademarks.
❺ 《商标法新加坡条约实施细则》英文文本见 WIPO 网站：http：//www.wipo.int/treaties/en/text.jsp? file_id =291574；中文文本见 WIPO 网站：http：//www.wipo.int/treaties/zh/ip/singapore/regulations.html.
❻ See Rule 3（13）of Regulations Under The Singapore Treaty On The Law Of Trademarks.
❼ See Article 5.1（a）（vi）of Singapore Treaty On The Law Of Trademarks.
❽ 常设委员会第八次会议文件：Notes（文件 SCT/11/4），第 3.19 段。
❾ See Article 13.2（iii）of Singapore Treaty on The Law of Trademarks.

| TRIPS 协定下注册商标的使用要求

此，在注册商标的使用要求上，《商标法新加坡条约》与《商标法条约》如出一辙，未有新的协调进展。

尽管如此，《商标法新加坡条约》还是在《商标法条约》的基础上，对商标使用许可备案问题进行了详细规范，这是此次修改工作的最大亮点之一。❶ 该条约第 19 条第 1 款规定，未就使用许可向缔约方商标主管机关备案的，不应影响被许可商标注册的有效性或该商标应受的保护；第 19 条第 3 款规定，在商标的取得、维持和执行程序中，被许可人对商标的使用可被视为商标所有人的使用，缔约方不得将许可备案作为上述视同使用的条件。虽然上述条款并没有明确商标的许可使用在何种情况下可被视为商标所有人的使用，但至少澄清了许可使用备案不能阻碍他人对商标的使用构成商标的有效使用，这在一定程度上是对 TRIPS 协定下他人使用商标问题的有益补充。

诚然，《商标法新加坡条约》在《商标法条约》的基础上有意加入了一些实体法的内容，但实体法的统一难度相当大，各成员方对此均不抱乐观态度❷，因此，《商标法新加坡条约》最终仍以协调程序法为目标。❸ 在注册商标的使用要求上，《商标法新加坡条约》并没有跳出《商标法条约》设定的范围，其在这方面进行国际协调的效果也不明显。故而，后 TRIPS 协定条约并未突破 TRIPS 协定在注册商标使用要求上的协调高度，TRIPS 协定的相关规定仍代表着此方面国际协调的最高水平，凸显了 TRIPS 协定下相关制度的研究价值。

第二节　TRIPS 协定下商标注册阶段的使用要求

一、商标注册阶段的使用要求纳入 TRIPS 协定的起草历史和原因

（一）TRIPS 协定下商标注册阶段使用要求的起草过程

TRIPS 协定第 15 条第 3 款规定："各成员方可将使用作为商标注册的依

---

❶　尹锋林. 商标法新加坡条约述评［J］. 电子知识产权, 2006（12）: 37.

❷　如澳大利亚代表认为，目前最重要的任务是对《商标法条约》的修改，要想在 2 年内完成商标实体法的统一，该任务过于艰巨。美国代表也认为，应当优先考虑对《商标法条约》的修改，而不是进行商标实体法的统一。详见常设委员会第五次会议报告（SCT/5/6）第 137～139 段、常设委员会第七次会议报告（SCT/7/4）第 89 段.

❸　关于新加坡条约的制定目标，请见 WIPO 文件 Summary of the Singapore Treaty on the Law of Trademarks（2006）［EB/OL］. http：//www. wipo. int/treaties/en/ip/singapore/summary_ singapore. html.

第一章 TRIPS 协定下注册商标的使用要求之条约义务

据，然而，商标的实际使用不应成为提出注册申请的一项条件。注册申请不得仅因该标识在自申请之日起的 3 年内未发生原意使用而遭驳回。"显然，TRIPS 协定已明确成员可将"使用"作为商标注册的条件，但该条款在 TRIPS 协定的起草过程中曾是最受争议的条款之一。商标使用可否成为商标注册的条件是商标权注册取得制与使用取得制的分水岭。在注册取得制下，商标注册不以使用为前提；而在使用取得制下，商标注册以使用为依据。最终 TRIPS 协定以选择性义务的方式对该问题作出协调，一方面，肯定了使用成为商标注册条件的可能性；另一方面，又对设定该制度的成员方施加了必要的限制，第 15 条第 3 款的最终文本反映了 TRIPS 协定对不同商标权取得制的尊重以及对不同态度的折中与妥协。

1. 以欧共体为代表的观点

欧共体在 TRIPS 协定谈判过程中明确提出，"注册之前的商标使用不应成为注册的条件"❶，该观点明确反对使用成为商标注册的前提，反映了商标权注册取得制的基本观点。而目前世界上许多国家及地区均采用了注册取得制，因此该观点也为其他众多代表所支持，如日本❷、韩国❸、巴西❹等国均持相同观点。

2. 以美国为代表的观点

美国的观点与欧共体的上述观点正好相反。美国在 TRIPS 协定具体谈判之前的初始讨论中提出，"商标使用可以成为注册的一个前提条件"❺；后来，美国在其提交的 TRIPS 协定草案文本中重申了这个提案。❻ 这种观点体现了美国普通法上商标权取得的要求，也与其国内实行的联邦注册制的相关规定保持一致。同样采用使用取得制的加拿大在 TRIPS 协定谈判过程中持与美国相同的观点。❼

---

❶ Guidelines and Objectives Proposed by the European Community for the Negotiations on Trade-Related Aspects of Substantive Standards of Intellectual Property Rights, GATT document MTN. GNG/NG11/W/26, 7 July 1988, at 5. This same language was again proposed by the EC in 1990. GATT document MTN. GNG/NG11/W/68, 29 March 1990, at 6.

❷ See GATT document MTN. GNG/NG11/W/74, 15 May 1990, at 7.

❸ See GATT document MTN. GNG/NG11/W/48, 26 October 1989, at 4.

❹ See GATT document MTN. GNG/NG11/W/57, 11 December 1989, at 6.

❺ Suggestion by the United States for Achieving the Negotiating Objective, GATT document MTN. GNG/NG/W/14/Rev.1, 17 October 1988, at 3.

❻ See GATT document MTN. GNG/NG11/W/70, 11 May 1990, at 7.

❼ See GATT document MTN. GNG/NG11/W/47, 25 October 1989, at 13.

3. 以瑞士为代表的观点

第三种观点由瑞士提出，其观点为："在注册申请之前的商标实际使用不应被要求"。❶ 瑞典也持相同观点。❷ 该观点肯定了商标注册的使用要求，但又否定了商标注册申请前的实际使用要求，其在一定程度上调和了美、欧代表间的意见分歧。因此，TRIPS 协定草案的正式提案援用了瑞士观点。❸

（二）商标注册阶段使用要求的纳入原因

TRIPS 协定规定商标注册阶段的使用要求主要基于如下两方面原因。一是尊重商标权使用取得制的立法传统。目前，美国和加拿大仍是世界上为数不多的采取使用取得制的国家，商标权的取得有赖于商标的实际使用；同时，两国也设有商标注册制度，尽管注册在其商标法不具有授权效力，但在商标权的证明和公示上仍起着重要作用，因此，在两国国内法上，商标注册的取得也以商标使用为前提。基于此，美国❹和加拿大❺代表在谈判过程中，均提出"使用可以成为注册的条件"的观点。TRIPS 协定第 15 条第 3 款最终将商标注册阶段的使用要求规定为成员的选择性义务，反映了美国和加拿大的商标立法制度❻，体现了对商标权使用取得制的包容性。二是基于商标使用在商标法理论上的重要地位。目前，尽管世界上绝大多数国家都采用了商标权注册取得制，但注册授权制存在理论上的先天不足，对商标使用的忽视，使该制度缺乏商标权保护的正当性基础。"没有贸易，就没有商标"（No trade, no trademark）❼，商标的本源在于使用，唯有通过实际使用，商标方能产生商誉和价值，起到区分商品或服务来源的作用，发挥商标应有的社会功能，使商标保护得以正当化。因此，通过在先使用获得商标权，体现了商标原始取得的特征。❽ TRIPS 协定允许成员以使用作为商标注册的条件，反映出对商标在先使用法理的重视。

---

❶ See GATT document MTN. GNG/NG11/W/73, 14 May 1990, at 9.
❷ See GATT document MTN. GNG/NG11/W/38, 11 July 1989, at 3.
❸ See GATT document MTN. GNG/NG11/W/73, 14 May 1990, at 9.
❹ See Document MTN. GNG/NG11/W/70, 11 May 1990, at 7.
❺ See Document MTN. GNG/NG11/W/47, 25 October 1989, at 13.
❻ PETER TOBIAS STOLL, JAN BUSCHE, KATRIN AREND. WTO – Trade – Related aspects of intellectual property rights [M]. Munich: Max Planck Institute for Comparative Public Law and International Law, 2009: 310.
❼ United Drug Co. v. Theodore Rectanus Co., 248 US 90 (1918); Mclean v. Fleming, 96 US 245 (1877).
❽ 刘春田. 知识产权法 [M]. 北京：中国人民大学出版社，2000：251.

二、商标注册阶段的使用要求之条约义务的性质

根据 TRIPS 协定第 15 条第 3 款的规定，各成员"可以"(may) 将使用作为商标注册的依据。这里的"可以"是一种任择性义务，因此，WTO 成员可以在国内法上规定使用是商标注册的条件，这意味着成员在国内法上设定或不设定商标注册阶段的使用要求都不会构成对 TRIPS 协定的违反。同时，该条款的后两句话还为设定商标注册阶段使用要求的成员设定了两个限制性条件：商标的实际使用不应成为提出注册申请的一项条件；注册申请不得仅因该标识在自申请之日起的 3 年内未发生原意使用而遭驳回。这两个限制条件使得第 15 条第 3 款第一句话的任择性义务条款在被成员选择采用后转化为强制性义务性条款，也就是说，这种条约义务相对于普遍强制性义务而言是一种"选择性义务"，即只有在成员选择采纳该制度时，才会对该成员产生 TRIPS 协定下的条约义务。

三、商标注册阶段的使用要求的主要内容及内在逻辑

TRIPS 协定关于商标注册阶段的使用要求主要体现在第 15 条第 3 款上，该条款第一句话关于使用能否成为商标注册的条件，第二句话规定真实使用不能成为商标注册申请的条件；第三句话明确，商标自申请之日起 3 年内未发生原意使用不得成为驳回注册申请的唯一理由。该款中的三句话，第一句话是前提，其赋予了 WTO 成员在商标注册阶段选择设定使用要求的立法自由，后两句话是该前提之下的限定。对于在商标注册阶段实施了使用要求制度的成员而言，TRIPS 协定的条约义务主要体现在后两句话上。因此，从这个意义上讲，该条款的第一句话没有后面两句话重要，因为后两句对使用作为注册条件进行了限定❶，真正体现了 TRIPS 协定对注册商标使用要求的协调。

（一）限定之一：商标的实际使用不得成为注册申请的前提条件

虽然 TRIPS 协定第 15 条第 3 款授权成员自行决定商标注册是否以使用为前提，即使用可以成为"商标注册"的一个必需的条件；但该款同时还规定，商标的实际使用不应成为提出注册申请的一项条件，换言之，"商标注册申请"不得以使用为前提。尽管商标注册申请仅是商标注册的启动程序，其本

---

❶ United States – Section 211 Omnibus Appropriations Act of 1998, WTO document WT/DS176/AB/R, of January 2, 2002, para 164.

TRIPS 协定下注册商标的使用要求

身并不能赋予商标申请者商标法上的实体权利，对其进行立法规制看似必要性不大，但事实上商标注册申请也具有十分重要的法律意义，特别是在国际商标注册中，其直接影响着商标注册的取得与否。当商标注册申请后，商标申请人就申请日享有一项法律保障——优先权，在该申请日期以后的 6 个月内❶，其可以向其他国家申请商标注册，而且也是以原属国的申请日期为其在后一国家的商标申请日。这在实行商标申请在先制的国家中，意味着商标跨国注册的申请者获得了注册时间上的优势。若允许在商标注册申请时设定使用要求，就会使申请者享有的优先权落空。不仅如此，"在某些 WTO 成员中，申请者依据商标注册申请甚至有权享有临时性保护"。❷考虑到商标注册申请对申请人的重要法律意义以及保证 TRIPS 协定内容不减损《巴黎公约》的相关规定，在谈判过程中基本上没有成员反对"禁止实际使用作为注册申请的条件"这一限定。

（二）限定之二：自申请之日起 3 年内未发生原意使用不得成为驳回注册申请的唯一理由

TRIPS 协定第 15 条第 3 款第 3 句话要求，自申请之日起 3 年内未发生原意使用不得成为驳回注册申请的唯一理由。这意味着，如果成员将使用设定为商标注册的相应必须条件，那么相关主管机关要求提供这种使用证据的期限为至少 3 年，只有在 3 年期间届满后申请人仍未提供商标使用的证据，商标注册机关才能以此拒绝商标注册。可见，TRIPS 协定为注册申请人留足了"3 年"的使用期限，但"3 年"仅是最短期限，成员可以规定更长期限，因为期限越长，对商标注册申请者越有利，TRIPS 协定中"3 年期间"的规定仅是对成员立法的一种限制。之所以赋予申请人提交商标使用证据以一定的期限，主要考虑到商标投入使用有赖于申请人特定的商业计划，商标从设计、推广、宣传到最后与商品或服务相结合进入市场往往需要较长的周期。TRIPS 协定该条款一定程度上也是对美国国内法制度的回应。在美国《兰哈姆法》中，基于意向使用的商标注册申请人在专利商标局向其发出许可通知之日起，最长 3 年内需提交商标实际使用的声明，否则将被视为放弃商标注册申请。❸

应注意，在 TRIPS 协定第 15 条第 3 款中出现了三个关于"商标使用"的不同词汇，分别是"使用"（use）、"实际使用"（actual use）、"意向使用"

---

❶ 《巴黎公约》第 4 条 C 款第（1）项。
❷ Nuno Pires de Carvalho. The TRIPS regime of trademarks and designs [M]. Hague：Kluwer Law International，2006：246.
❸ §7 (15 U. S. C. §1057) (c) (1) – (7) (c) (3).

(intended use)。对于三者的含义以及存在何种差别，TRIPS 协定未予明确，但从 TRIPS 协定的立法史中可略窥一斑。1990 年 7 月 23 日的"主席草案"将"实际的"（actual）用方括号括出，这意味着当时在谈判过程中对该用语存在争议，而其后的布鲁塞尔文本以及 TRIPS 协定最终文本均采用了"实际使用"的提法。可以认为，这是为了将"实际使用"与"意向使用"相区分，前者是指商标已投入商业活动中的真实使用，而后者是仅有商标使用的意向，但并未发生商标实际使用的行为。TRIPS 协定作出这种区分，与美国联邦商标立法现实不无关系。

美国在 1988 年对《兰哈姆法》修改时，创设了基于意向使用的商标注册申请制度。该制度允许美国国内申请者以"使用意向"作为商标注册申请的依据，在修改之前，美国国内申请者在商标注册申请时必须提交商标实际使用的证明，而修改后其仅需提交商标使用的意向声明即可（见第二章美国法部分详述）。因此，TRIPS 协定第 15 条第 3 款在商标注册申请阶段突出"实际使用"旨在区别于"使用意向"。

四、不满足商标注册阶段的使用要求可以成为拒绝商标注册的理由

（一）TRIPS 协定第 15 条第 2 款中"其他理由"的解释

虽然 TRIPS 协定关于商标注册阶段使用要求的规定主要体现在第 15 条第 3 款上，但要充分理解 TRIPS 协定下商标注册的拒绝理由，对第 15 条进行全面解读十分必要。TRIPS 协定第 15 条第 1 款规定了商标注册的条件以及两个例外，即对缺乏显著性或缺乏可视性的商标成员可拒绝注册；第 15 条第 2 款允许成员在不减损《巴黎公约》规定的前提下基于"其他理由"（on other ground）拒绝商标注册。欲澄清第 15 条第 3 款中使用要求与前两款规定中商标注册拒绝理由间的关系，关键在于对第 15 条第 2 款中"其他理由"的解释。

在美国综合拨款法案中，欧共体与美国对该问题存在明显分歧。欧共体认为，WTO 成员只能依据 TRIPS 协定与《巴黎公约》明确规定的理由来拒绝商标注册，具体理由见 TRIPS 协定第 22 条第 3 款、第 23 条第 2 款、第 24 条第 5 款，以及《巴黎公约》第 6 条第 2 款、第 6 条之三、第 6 条之五 B 款之规定。❶ 而美国提出，TRIPS 协定第 15 条第 2 款并不要求商标拒绝注册的理由必须限

---

❶ United States – Section 211 Omnibus Appropriations Act of 1998, Report of the Panel, WTO document WT/DS176/R, of August 6, 2001, para. 8.54.

TRIPS 协定下注册商标的使用要求

于《巴黎公约》的明文规定，只要这些理由符合《巴黎公约》即可。专家组与上诉机构最终支持了美国的观点，专家组在该案报告中阐述：通常，"其他理由"可以解释为与第 15 条第 1 款所提及的不同理由；❶ 上述机构也在报告中称，第 15 条第 2 款规定的拒绝商标注册的"其他理由"不限于《巴黎公约》或 TRIPS 协定例外中明文规定的理由。❷ 由此可见，TRIPS 协定第 15 条第 2 款规定的"可以拒绝商标注册的其他理由"不同于第 15 条第 1 款中提及的"缺乏显著性""缺乏可视性"的理由；而在第 15 条第 2 款与该条第 3 款的关系上，第 3 款中的"使用要求"可以理解为第 2 款中的"其他理由"之一❸，从这个意义上讲，不满足商标使用要求构成第 15 条第 2 款中的"其他理由"。TRIPS 协定之所以将"使用"作为商标注册的一个条件单列，凸显出"使用"要求在 TRIPS 协定谈判中的重要性。

（二）TRIPS 协定中商标注册阶段的使用要求未减损《巴黎公约》的相关规定

TRIPS 协定第 15 条第 2 款还规定，拒绝商标注册的"其他理由"不得"减损"（derogate）《巴黎公约》的规定。"减损"一词的含义通常是指，为了达到减少或损害之目的而拿走某些东西，第 15 条第 2 款故应理解为：不阻止成员基于其他理由拒绝商标注册，只要这些理由符合《巴黎公约》下成员的义务。❹ 而《巴黎公约》涉及商标注册条件的条款主要系第 6 条第 1 款和第 6 条之五 A 款、第 6 条之五 B 款。

《巴黎公约》第 6 条第 1 款规定，商标的申请和注册条件，由缔约国国内法律决定。从该款规定上看，《巴黎公约》事实上将商标注册的条件交由成员国自行决定，因此，TRIPS 协定第 15 条第 2 款授予成员基于其他理由拒绝商标注册、第 15 条第 3 款授权成员以使用作为注册条件的规定显然并未减损《巴黎公约》的规定。

然而，在 WTO 争端解决实践中引发争议的是《巴黎公约》第 6 条之五 A 款的规定。该款规定，在原属国正规注册的商标，本联盟其他国家应与在原属国注册那样接受申请和给予保护。上述规定是否意味着在原属国合法注册的商标在其他国家都必须给予原样注册和保护，而不能对该商标的注册设定任何条件？对此，在美国综合拨款法案中，争议双方存在根本性分歧。欧共体认为，

---

❶ WTO document WT/DS176/R，para. 8.53.
❷ WTO documentWT/DS176/AB/R，para. 178.
❸ WTO document WT/DS176/AB/R，para. 164.
❹ WTO document WT/DS176/R，para. 8.53.

第一章 TRIPS 协定下注册商标的使用要求之条约义务

《巴黎公约》第 6 条之五 A 款第（1）项要求：在原属国已经正规注册的商标在《巴黎公约》其他成员国内必须被接受注册并且给予原样保护，这是针对注册的任何方面而言，除非受到《巴黎公约》第 6 条之五 B 款规定的例外情形。❶ 而美国持不同观点：《巴黎公约》第 6 条之五 A 款第（1）项要求对外国商标的原样注册仅限于商标的形式，而不涉及诸如商标所有权等其他实体性注册条件。上诉机构最终支持了美国的观点，并指出只有这样理解才能使《巴黎公约》第 6 条之五 B 款第（1）~（3）项规定的例外具有全面的意义和效力，若对第 6 条之五 A 款作过宽解释，则成员在第 6 条第 1 款下的立法自由将受到严重损害。❷

对于 TRIPS 协定中商标注册阶段的使用要求是否减损《巴黎公约》第 6 条之五 A 款第（1）项规定，在这一点上，虽然 WTO 争端解决实践并未正面涉及该问题，但上诉机构在美国综合拨款法案对《巴黎公约》第 6 条之五 A 款的分析中，提及了商标注册阶段的使用要求与第 6 条之五 A 款第（1）项的关系问题。上诉机构在该案中曾作过如下推理：如果将《巴黎公约》第 6 条之五 A 款第（1）项解释为要求其他国家在所有方面对原属国正规注册的商标接受商标申请和保护的话，那么商标注册将由原属国的商标法决定，而非由其他被寻求商标注册的国家商标法决定。这相当于意味着，一成员国民可以规避他国在商标注册阶段的使用要求之规定。❸ 这种结论显然是不可信的。❹

结合上文分析，可以得出初步结论：TRIPS 协定第 15 条第 3 款中商标注册阶段的使用要求不属于商标的形式范畴，成员有权以此对抗《巴黎公约》第 6 条之五 A 款要求的原样保护，即"使用"可以成为商标注册的一项条件。换言之，"不使用"可构成拒绝商标注册的"其他理由"，这并未减损《巴黎公约》的相关规定。

第三节　TRIPS 协定下注册商标维持阶段的使用要求

注册商标维持阶段的使用要求体现在 TRIPS 协定第 19 条中。该条标题是

---

❶ WTO document WT/DS176/AB/R, para. 128.
❷ WTO document WT/DS176/AB/R, para. 139, 144.
❸ WTO document WT/DS176/AB/R, para. 140.
❹ WTO document WT/DS176/AB/R, para. 141.

| TRIPS 协定下注册商标的使用要求

"使用要求"（Requirement of Use）。此条文由两款组成，第 1 款规定如果使用是维持商标注册的条件，那么只有当该商标至少连续 3 年不使用后"方可被撤销"（may be cancelled）❶，除非商标所有人能够证明存在使用障碍的有效理由。独立于商标所有人意志之外且构成商标使用障碍的情形应被视为不使用的"有效理由"（valid reasons），例如对受商标保护的商品或服务施加的进口限制或者其他政府要求。第 2 款规定，在商标所有者控制之下的他人使用商标的行为，应当被视为旨在维持注册的商标使用。因该条款下的义务是以设定商标注册维持阶段的使用要求为前提——"如果使用是维持商标注册的条件"，因此，该条约所涉的义务仅针对在该阶段设定使用要求的成员，而对未设定相应制度的成员不产生条约义务，故 TRIPS 协定第 19 条下的条约义务也属于选择性义务。从上述条款的具体内容看，TRIPS 协定关于注册商标维持阶段的使用要求主要包括如下问题。

一、注册商标的使用主体

从注册商标的使用主体上讲，商标使用可以分为自用与他用。"自用"是指注册商标所有人对商标的使用；而"他用"则包括两种，一种是经过注册商标所有人同意的使用，另一种是未经其同意的使用，后一种情形属于侵犯注册商标专用权的行为，不能被视为维持商标注册的有效使用，因此不在本书讨论之列。经过商标所有人同意的他人使用商标行为，在符合何种条件下才能被视为具有维持商标注册目的的有效使用呢？对此问题，TRIPS 协定第 19 条第 2 款作出相应规定——当他人对商标的使用处在该商标所有人控制之下时，这种使用应被视为旨在维持注册的商标使用。但该条文在起草过程中存在一定争议，条文本身也容易引起误解。

（一）立法背景

对他人使用商标在何种情况下才能被视为维持商标注册的有效使用的意见分歧，一定程度上反映出发达国家和发展中国家对商标许可监管的不同态度。

在发展中国家看来，政府应该监督商标许可协议的内容，以避免许可方滥用市场优势地位进而对被许可方施加反竞争性条款。为了鼓励许可方和被许可

---

❶ TRIPS 协定使用的词汇为"cancel"，鉴于《巴黎公约》第 5 条 C 款第（1）项英文版也用的是"cancel"，但其对应的官方中文文本使用的词汇为"撤销"，故本书对 TRIPS 协定第 19 条翻译时也取"撤销"的中文表述。

第一章　TRIPS 协定下注册商标的使用要求之条约义务

方提交商标许可合同以供审批，发展中国家提出，只有经过主管机关登记的商标使用人所实施的商标使用行为才能被视为具有维持商标注册目的的商标使用。相反，在未登记的合同下被许可方的商标使用行为不应被视为有效使用，商标也须因这种未经登记的许可使用而被撤销。如印度在 TRIPS 协定起草过程中曾提出："只有当主管机关根据商标法的规定将第三方登记为'登记使用人'（registered user）时，该第三方的商标使用才应被视为商标权人的使用。而通过私人协议授权第三方使用，未进行上述登记的，则不应构成商标使用要求上的'使用'。"❶ 同样，巴西也提出类似观点："国家立法可以对商标使用设立下列标准：（1）许可协议本身不是商标使用的证据；（2）证明第三方使用的证据应包括权利人的授权以及相关主管机关的登记。"❷

发达国家对此则持相反的态度。他们主张，商标许可属于商标权人的私人行为，无需国家法律过多干预，因此反对将许可协议的"登记"作为构成有效商标使用的前提。如日本在 TRIPS 协定的商标使用条款谈判中提出："他人通过商标所有人的许可对商标进行使用，应被视为具有维持注册目的的商标使用。"❸ 美国认为："经商标所有人同意的他人使用商标行为，应被视为旨在维持注册的商标使用。"❹ 欧盟在这方面所持的观点与美国完全相同。❺ 后来，于 1990 年 7 月 23 日发布的商品谈判组的主席报告未将许可协议的登记作为维持商标注册有效使用的条件，而采用了美国和欧盟的提法。❻ 但 TRIPS 协定最终文本摈弃了美国和欧盟的"同意说"，采纳了"控制说"。具体原因下文详述。

---

❶ Standards and Principles Concerning the Availability, Scope and Use of Trade – Related Intellectual Property Rights – Communication from India, GATT document MTN. GNG/NG/11/W/37, of July 10, 1989, at 16.

❷ See communication from Brazil, GATT document MTN. GNG/NG/11/W/57, 11 December 1989, at 7.

❸ Communication from Japan, GATT document MTN. GNG/NG/11/W/74, 15 May 1990, at 8, "Use of the trademark by another person with a license to use it from the trademark owner shall be recognized as use of the trademark for the purpose of maintaining the registration".

❹ Communication from the US, GATT document MTN. GNG/NG/11/W/70, 11 May 1990, at 8, "Use of the trademark by another person with the consent of the owner shall be recognized as use of the trademark for the purpose of maintaining the registration."

❺ Communication from the European Communities, GATT document MTN. GNG/NG/11/W/68, 29 March 1990, at 7, "Use of the trademark by another person with the consent of the right holder shall be recognised as use of the trademark for the purpose of maintaining the registration."

❻ Chairman's report to the Group of Negotiation on Goods, GATT document MTN. GNG/NG/11/W/76, 23 July 1990, at 16, para. 6.2A.

（二）具体内容

1. 登记问题

从立法史分析可知，TRIPS 协定最终未将许可协议的登记作为商标许可使用构成维持商标注册的有效使用的前提条件，仅规定了在商标所有人控制下的他人使用应被视为符合使用要求的商标使用。然而，在许可协议的登记问题上，TRIPS 协定第 19 条第 2 款易引起误读。该条款使人将非商标所有人使用商标的行为与所有人的控制相联系，认为只有在商标所有人控制下的使用才符合使用要求，进而得出成员将许可协议的登记作为满足使用要求条件的做法是违背第 19 条第 2 款的结论的。事实上，这种观点有失偏颇，对该款的正确解读需要结合 TRIPS 协定第 21 条的规定进行。第 21 条明确，成员可以对商标许可和转让设定条件。根据该条规定，成员可以在国内法上规定商标许可协议必须进行登记。结合商标使用要求而言，成员也可以规定经过登记的商标许可使用符合使用要求。因此，对于许可协议的登记问题，TRIPS 第 19 条第 2 款隐含的意思有：（1）为维持商标注册，他人使用商标构成有效使用并不以许可协议的登记为必要条件；即使许可协议未被登记，若这种许可使用受到商标所有人的控制也可满足使用要求。（2）成员有权在国内法上规定，经过登记的许可使用符合商标使用要求。概言之，就他人使用注册商标问题，TRIPS 协定仅规定了维持商标注册的一种情形（受商标所有人控制的他用），并没有对他人使用商标构成有效使用设定通用的条件。

2. 控制问题

TRIPS 协定第 19 条第 2 款规定，在商标所有人控制之下的他人使用商标的行为，应被视为旨在维持注册的商标使用。在 2000 年 9 月 25 日到 10 月 3 日期间，保护工业产权的巴黎同盟联合会和 WIPO 大会通过了《涉及商标许可的联合建议》，其中一个注释为："TRIPS 协定第 19 条第 2 款明确允许将商标所有人对被许可人的控制作为符合维持商标有效性'使用'要求的条件"。❶ 虽该注释是对 TRIPS 第 19 条第 2 款的正确解释，但易引人误解。该注释给人的印象是第 19 条第 2 款的目的是要求考虑许可人对商标使用的控制，但事实

---

❶ Joint recommendation concerning trademark licenses, adopted by the Assembly of the Paris Union for the Protection of Industrial Property and the General Assembly of the World Intellectual Property Organization (WIPO) at the Thirty–Fifth Series of Meetings of the Assemblies of the Member States of WIPO September 25 to October 3, 2000, Notes on Article 5 (§5.02), at 7 [EB/OL]. http：//www.wipo.int/export/sites/www/freepublications/en/marks/835/pub835.pdf.

上该条款并没有这种目的。诚如上文分析，该条款仅言明，为维持商标注册，受商标所有人控制的他人使用可以满足使用要求。但是，受商标所有人控制并非他人使用商标行为构成有效使用的必备条件，其只是满足使用要求的情形之一。反之，不受商标所有人控制的许可使用也有可能被视为有效的商标使用。

此外，TRIPS第19条第2款也未界定"控制"概念，其与"质量控制"的关系尚不明确，上述问题均有待各成员在国内法上予以确定。在一些WTO成员内，质量控制是强制的，如在美国，对被许可人的商标使用必须有质量控制，许可人对质量控制的疏忽有可能导致商标权的放弃；❶而在另一些成员内，这种质量控制并非强制，如在欧盟法下，许可人对被许可人的质量控制不再被要求，只需得到商标所有人同意即可满足使用要求，至于是否施加质量控制则完全取决于商标所有人。❷ 在欧盟法院（European Court of Justice，ECJ）看来，美国法上的质量控制是不必要的，商标的价值依赖于其在公众中建立的商誉，如果商标所有人能够忍受不受控制的商标使用，那么其商标价值将会减少，而阻止商标价值降低是商标所有人的责任，而非商标登记机构的义务。❸

虽然TRIPS协定第19条第2款中的"控制"与"质量控制"的关系不得而知，但从该条款的立法史看，这里的"控制"显然区别于"同意"，因为最终文本用"控制"替代了原先的"同意"。

二、注册商标不使用的期间

（一）立法背景

对于注册商标而言，持续多长时间不使用才会导致该商标注册被撤销？TRIPS协定最终采用了"至少连续3年"的规定，但在谈判过程中对于该期间问题也存在两种截然不同的观点。

一种观点认为，商标不使用的期间应当由各成员自行规定，TRIPS协定对此无需明确，只需援引《巴黎公约》中的"合理期间"即可。发展中国家主要持该观点，如印度认为，"各国应当自由决定，注册商标经过合理期间的不

---

❶ 289 F. 3d 589, 595-98 (9th Cir. 2002).
❷ EU《指令》第10条和《条例》第15条。
❸ Scandecor Developments AB v. Scandecor Marketing AB (Reference to ECJ) [2001] UKHL; [2001] 2 C. M. L. R. 30 (HL), para. 37.

使用，则其注册将被取消。"❶ 巴西也持"合理期间"说。❷

另一种观点认为，不使用的期间应当在 TRIPS 协定中予以明确。这是大多数发达国家的观点，但它们对于期间设定的长短意见不同。部分成员认为，"至少 3 年不间断的期间内"，如日本❸、澳大利亚❹；部分成员则认为，"至少 5 年不间断的期间内"，如欧盟❺、美国❻、瑞士❼等成员均持这种观点。

最终 TRIPS 协定文本折中规定了"至少 3 年不间断的期间"。这是对《巴黎公约》中"合理期间"的进一步细化。

（二）期间的长短及计算

1. 期间的长短

从上文分析看，TRIPS 协定并没有确定具体的不使用期间，而是规定了商标不使用期间的下限——3 年，因此，大于或等于 3 年期间的立法模式均符合 TRIPS 协定。

2. 不使用期间的计算

TRIPS 协定仅规定至少连续 3 年不使用，商标注册可以被撤消，但并未规定期间的起算时间或结束时间。到底以申请注册日或注册批准日，抑或以其他时间为起点向后计算 3 年，还是以撤销申请提出之日为终点向前推算？TRIPS 协定也未作明确，故对于不使用期间的计算，由各成员在实施时自行规定。

三、注册商标不使用的理由

TRIPS 协定规定商标不使用的理由，意在为注册商标所有人提供商标不使用的豁免依据，从而使商标注册在特定情形下免遭撤销。现实中，商标不使用是由多种原因造成，例如，有的是商标所有人怠于使用注册商标，有的是经营困难停止使用，还有的是因为政府限制无法使用。但并非所有不使用理由都能豁免撤销，实践中需要区分商标所有人不使用商标的具体理由，从而决定该商标注册应否被撤销。TRIPS 协定对不使用的理由规定为："独立于商标所有人

---

❶ See GATT document MTN. GNG/NG/11/W/37, 10 July 1989, at 17.
❷ See GATT document MTN. GNG/NG/11/W/57, 11 December 1989, at 7.
❸ See GATT document MTN. GNG/NG/11/W/74, 15 May 1990, at 8.
❹ See GATT document MTN. GNG/NG/11/W/35, 10 July 1989, at 6.
❺ See GATT document MTN. GNG/NG11/W/68, 29 March 1990, at 7.
❻ See GATT document MTN. GNG/NG11/W/70, 11 May 1990, at 8.
❼ See GATT document MTN. GNG/NG11/W/73, 14 May 1990, at 10.

意志之外且构成商标使用障碍的情形，应被视为不使用的有效理由，例如对受商标保护的商品或服务施加的进口限制或者其他政府要求。"

（一）有效理由（valid reasons）

在 TRIPS 协定谈判中，各方对于豁免理由的表述意见不同。有部分成员认为理由必须是"合法的理由"（legitimate reasons），如日本[1]、欧盟[2]、美国[3]、澳大利亚[4]等 WTO 成员均持该观点；也有部分成员强调理由的"正当性"（justification），如瑞士[5]、韩国[6]的观点。后一种意见事实上援引了《巴黎公约》的相关表述，《巴黎公约》第 5 条 C 款第（1）项将不使用的理由表述为"正当化"（justify），且没有施加任何限制。博登浩森对《巴黎公约》正当性的范围曾作出如下解释："国际立法可以界定'权利人不使用商标的正当性'，如果立法不作界定的话，则由相关主管机关对任何声称的理由作出决定。如阻止商标使用的法律或经济条件、战争、缺乏相关产品的市场等理由，都可使商标不使用正当化。"[7]

在不使用的理由上，TRIPS 协定在《巴黎公约》的基础上有了较大改进。TRIPS 协定将不使用的理由表述为"有效理由"，并设置了两个要素对此作出限定。一是独立于商标所有人意志之外，二是构成商标使用的障碍。同时满足上述两个要素的情形"应当"被认定为"有效理由"，但是反过来，并不能得出"构成有效理由必须同时具备上述两个要素"的结论。在一些 WTO 成员内，仅满足其中一个要素的情形，也可能被认定为不使用的有效理由。例如不可抗力，其属于独立于商标所有人意志的情形，但有时并不一定会构成权利人使用商标的障碍。[8]事实上，TRIPS 协定第 19 条第 1 款第二句话只是列举了构成有效使用的一类情形，其并没有对有效理由作出概念界定。因此，对于 TRIPS 协定规定之外的情形能否构成不使用的有效理由，WTO 成员享有这方

---

[1] See GATT document MTN. GNG/NG11/W/74, 15 May 1990, at 8.
[2] See GATT document MTN. GNG/NG11/W/68, 29 March 1990, at 7.
[3] See GATT document MTN. GNG/NG11/W/70, 11 May 1990, at 8.
[4] See GATT document MTN. GNG/NGll/W/35, 10 July 1989, at 6.
[5] See GATT document MTN. GNG/NG11/W/73, 14 May 1990, at 10.
[6] See GATT document MTN. GNG/NG11/W/48, 26 October 1989, at 4.
[7] G. H. C. BODENHAUSEN. Guide to the Application of the Paris Convention for the Protection of Industrial Property as revised at Stockholm in 1967 [M]. WIPO, 1991: 76 (reprinted).
[8] NUNO PIRES DE CARVALHO. The TRIPS Regime of Trademarks and Designs [M]. Hague: Kluwer law international, 2006: 311.

TRIPS 协定下注册商标的使用要求

面的立法自由,这属于 TRIPS 协定第 1 条第 1 款❶留给国内法院、行政机关以及国内裁量机构自由决定的事项。

(二) 具体理由

TRIPS 协定第 19 条第 1 款还列举了构成商标不使用有效理由的具体情形,如进口限制或者其他政府要求。这里的"进口限制"措施是指那些违反 WTO 规则的进口措施,如附加的技术壁垒、检验检疫措施等,正常关税等合法措施则不能成为不使用的有效理由;"其他政府要求"是指被控制物品商业化的临时禁止,比如对药品或者食品等施加的限制。

然而,各 WTO 成员对注册商标不使用的理由规定不一。从 TRIPS 协定理事会统计的 WTO 成员的立法实践看,成员提及了许多独立于商标所有人意志之外的情形,这些情形被视为不使用的有效理由,但这些理由并非均构成不使用的障碍。如:不可抗力(丹麦❷、爱尔兰❸、西班牙❹)、战争行为(包括战后对相关产品的进口限制)(芬兰❺、意大利❻、挪威❼、澳大利亚❽)、取得原材料的重大困难(法国❾)、政府行为(如征收的扣押或公司的国有化)(意大利❿、澳大利亚⓫)、对药品或者其他产品进行市场授权的管制延误(奥地利⓬、丹麦⓭、法国⓮、德国⓯、挪威⓰、瑞典⓱)等。除了上述对有效理由的正面规定外,部分 WTO 成员还列举了一些不能被接受为"有效理由"的情

---

❶ TRIPS 协定第 1 条第 1 款规定:"成员应有效实施本协定的各项规定。成员可以,但没有义务在其法上实施比本协定要求更广泛的保护,只要这种保护与本协定的规定不抵触。成员应自行决定在其法律制度和实践中实施本协定规定的适当方法。"
❷ See WTO document IP/Q2/DNK/1, 13 October 1997, at 5.
❸ See WTO document IP/Q2/ISL/1, 21 January 1997, at 5.
❹ See WTO document IP/Q2/ESP/1, 14 October 1997, at 3.
❺ See WTO document IP/Q2/FIN/1, 12 August 1997, at 2.
❻ See WTO document IP/Q2/ITA/1, 8 August 1997, at 5.
❼ See WTO document IP/Q2/NOR/1, 24 September 1997, at 6.
❽ See WTO document IP/Q2/AUS/1, 13 August 1997, at 12.
❾ See WTO document IP/Q2/FRA/1, 7 August 1997, at 5.
❿ See WTO document IP/Q2/ITA/1, 8 August 1997, at 5.
⓫ See WTO document IP/Q2/AUS/1, 13 August 1997, at 12.
⓬ See WTO document IP/Q2/AUT/1, 13 August 1997, at 5.
⓭ See WTO document IP/Q2/DNK/1, 13 October 1997, at 5.
⓮ See WTO document IP/Q2/FRA/1, 7 August 1997, at 5.
⓯ See WTO document IP/Q2/DEU/1, 13 October 1997, at 4.
⓰ See WTO document IP/Q2/NOR/1, 24 September 1997, at 6.
⓱ See WTO document IP/Q2/SWE/1, 24 October 1997, at 2 - 3.

形,如缺乏资金、缺少员工、经营困难等正常商业风险。❶还有些WTO成员倾向于严格审查不使用的理由,如爱尔兰要求不使用的理由须是完全独立于商标权人之外的情形❷,意大利则只在很少案件中接受不使用的理由。❸

四、注册商标不使用的法律后果

根据TRIPS协定第19条第1款的规定,注册商标至少连续3年不使用,且不存在构成使用障碍的有效理由,则该商标注册"可以被撤销"。在注册商标不使用的法律后果上,至少存在如下两方面问题值得注意:(1)撤销并非商标不使用的必然后果。TRIPS协定的措辞是"可以"而非"应当",但在TRIPS协定谈判中各方观点有所不同。日本提出,"注册商标不使用,其可以被撤销"(may be cancelled);❹印度认为,各国可自由决定是否撤销不使用的注册商标;❺澳大利亚认为,"不使用的注册商标应该能够被撤销"(should be capable of being cancelled)。❻为了给成员留足该条款的实施空间,TRIPS协定最终采用了非强制性的表述。(2)"撤销"的含义。在TRIPS协定起草过程中,大多数成员提出的文本中均使用了"cancel"这个词汇❼,而巴西的观点独树一帜,其提出:"注册商标在合理期间不使用且不能证明有效理由时,将遭致'商标的没收'(forfeiture of a mark)。"❽显然,"没收"更多体现了公权力对商标权的干预,且商标效力是否终止也不甚明确,而"cancel"一词则较为中性且更具包容性。WTO成员在国内法实施中,对不使用的法律后果采用了不同的表述,例如,欧盟规定了"撤销"(revocation)❾,澳大利亚采用了"移除"(removal)❿,美国表述为"cancel"⓫,德国则将"cancel"规定为

---

❶ See WTO document IP/Q2/ISL/1, 21 January 1997, at 5; WTO document IP/Q2/SWE/1, 24 October 1997, at 2–3.
❷ See WTO document IP/Q2/ISL/1, 21 January 1997, at 5.
❸ See WTO document IP/Q2/ITA/1, 8 August 1997, at 5.
❹ MTN. GNG/NG11/W/74, 15 May 1990, at 8.
❺ MTN. GNG/NG11/W/37, 10 July 1989, at 17.
❻ MTN. GNG/NG11/W/35, 10 July 1989, at 6.
❼ 如:瑞士(GATT document MTN. GNG/NG11/W/38, 11 July 1989, at 5)、美国(GATT document MTN. GNG/NG11/W/70, 11 May 1990, at 8)、欧盟(GATT document MTN. GNG/NG11/W/68, 29 March 1990, at 7)。
❽ Communication from Brazil, GATT document MTN. GNG/NG/11/W/57, 11 December 1989, at 7.
❾ 《条例》第51条第1款(a)项。
❿ 《澳大利亚商标法》第九部分第92条。
⓫ §14 (15 U. S. C. § 1064).

| TRIPS 协定下注册商标的使用要求

"revocation"的上位概念❶。可见，TRIPS 协定条文的最终措辞融合了各成员对商标不使用的法律后果的不同表述，是各成员制度求同存异的结果。

第四节　TRIPS 协定对注册商标使用要求的 协调的进步性与局限性

一、TRIPS 协定对注册商标使用要求的协调在国际条约体系中的地位

在注册商标使用要求的国际协调上，TRIPS 协定是继《巴黎公约》之后国际商标法上最重要的发展。

在 TRIPS 协定之前，世界范围内对商标实体法作出国际协调的最主要条约是《巴黎公约》，而《巴黎公约》对注册商标使用要求的协调主要体现在注册商标维持阶段，其在商标注册阶段未规定使用要求。此外的《马德里协定》和《马德里议定书》、《商标注册用商品和服务国际分类尼斯协定》（1961 年 4 月 8 日生效）、《建立商标图形要素国际分类维也纳协定》（1985 年 8 月 9 日生效）等都关注于商标注册相关的程序性问题，对于注册商标的使用要求基本未提及，马德里体系只在商标注册申请阶段承认成员方可设定意向使用要求。而 TRIPS 协定在吸收了《巴黎公约》所有商标实体性条款的基础上，增设了商标注册阶段的使用要求并完善了注册商标维持阶段的使用要求，因此，TRIPS 协定既是对《巴黎公约》相关内容的传承，又是对先前各条约的新发展。

在与 TRIPS 协定之后的国际商标法条约比较中，可以发现，《商标法条约》以及《商标法新加坡条约》对注册商标使用要求的协调作用非常有限。在商标注册阶段，两条约允许成员方将意向使用或实际使用作为商标注册申请的条件，但对商标注册申请与注册时的使用要求未作区分，仅在商标使用证据的提交时间上作出限定，但该举证期限的规定并没有超越 TRIPS 协定对该问题的既有协调；在注册商标维持阶段的使用要求上，两条约也仅规定了遵守《巴黎公约》的义务并排除了商标续展时的使用要求。尽管《商标法新加坡条

---

❶ 《德国商标与其他标志保护法》第 49 条第 1 款。

第一章 TRIPS 协定下注册商标的使用要求之条约义务

约》对商标许可使用备案问题作出规定，一定程度上可视为对 TRIPS 协定下他人使用商标问题的补充，但其侧重点在于对许可备案制度的协调而非专注于注册商标的使用要求。因此，该两项后 TRIPS 协定条约在注册商标使用要求的国际协调上，并未能在 TRIPS 协定之上取得进一步的发展。

TRIPS 协定的国际协调涉及商标法的实体法和程序法两个方面，并以实体法为主，其实施效力通过 WTO 强有力的争端解决制度得以保障。有学者甚至将 TRIPS 协定第二部分"关于知识产权的可获取性、范围及利用的标准"直接称为"实体标准"。[1] TRIPS 协定第 15 条、第 19 条更是典型的实体法条款，其从商标注册的取得和维持两个方面规定了使用要求，内容涉及商标注册申请及注册的条件、使用的主体、不使用的期间、不使用的理由及法律后果等诸多问题，对注册商标的使用要求作出了较为全面与综合的规制。尽管 TRIPS 协定在商标注册和维持阶段的使用要求上均设定了选择性义务，但对于选择制定特定阶段使用要求的 WTO 成员而言，TRIPS 协定的相关规定是其必须遵守的条约义务，因此，与其他条约相比，TRIPS 协定对注册商标使用要求的调整体现了国际条约在这方面协调的最高水平。

二、TRIPS 协定对注册商标的使用要求协调的进步性

（一）TRIPS 协定中注册商标的使用要求的内容和逻辑体系

与其他国际条约相比，TRIPS 协定对注册商标使用要求协调的进步性体现于其较为完整的内容和较严密的逻辑体系上。在 TRIPS 协定谈判中，各方代表认为，TRIPS 协定应当有利于《关税与贸易总协定》（GATT）与 WIPO 及其他相关组织间相互关系的促进。[2] 澳大利亚代表在谈判中首次提出，主要知识产权公约中的标准应被纳入 GATT 体系下的协议中。[3] 这种方案最终被谈判者们保留下来，也即 TRIPS 协定后来采用的"巴黎递增"方法，《巴黎公约》因此成为 TRIPS 协定的逻辑出发点。在注册商标的使用要求方面，TRIPS 协定将《巴黎公约》相关规定直接纳入，澄清和充实现有规定的同时，又增加了新的内容。主要体现在如下两个方面：

---

[1] THOMAS DREIER. TRIPS and the Enforcement of Intellectual Property Rights [M] //FRIEDRICH-KARL BEIER, GERHARD SCHRICKER. From GATT to TRIPS: the Agreement on Trade-related Aspects of Intellectual Property Rights [M]. New York, etc.: VCH, 1996: 249.

[2] See GATT document MTN. TNC/11, 21 April 1989, at. 21.

[3] See GATT document MTN. GNG/NG11/W/35, 10 July 1989, at 1.

| TRIPS 协定下注册商标的使用要求

其一，TRIPS 协定增加了《巴黎公约》未设定的商标注册阶段的使用要求，TRIPS 协定第 15 条第 3 款糅合了两种不同的商标权取得制度，将使用在先和注册在先原则下的不同商标注册制度整合在一个国际协定中。该协定充分考虑到使用在先原则下商标权来源于商标使用的事实，承认使用可以成为商标注册的条件；但同时又有所折中——对使用的宽限期作出限定，并明确使用不能成为商标注册申请的条件，这无疑借鉴了注册在先原则下商标注册及注册申请的法律特征，从而使 TRIPS 协定的内容能够获得更多成员的支持。

其二，在注册商标维持阶段，TRIPS 协定充分吸收了《巴黎公约》第 5 条 C 款第（1）项关于注册商标使用要求的规定，对商标使用的主体、不使用的期间、不使用的理由等事项作出了进一步的充实和发展，即便后 TRIPS 协定的条约也未能超越。

如上分析，在注册商标的使用要求的国际协调上，TRIPS 协定之前、之后的国际条约不是未作规定，就是仅偏重于某方面的协调抑或简单重复现有规则。然而，TRIPS 协定却在已有公约零散规定的基础上，对使用要求作出了较为系统的整合和发展，较好地兼顾了不同成员的利益，反映出其对不同立法传统的尊重与发展。

（二）TRIPS 协定中注册商标的使用要求体现了知识产权与贸易体制的融合

1. 知识产权事项纳入贸易体制的过程

在 TRIPS 协定产生之前，商标法的国际协调少量地体现在 GATT 规则❶中，更多地体现在由 WIPO 管理的国际公约中。随着国际贸易中假冒和盗版行为的猖獗，在 1973 年至 1979 年的东京谈判回合中，反假冒贸易成为一项重要议题，但该回合未能成功建立反假冒货物贸易的统一规则❷，这方面的努力一直

---

❶ 如：GATT Ⅸ：6 涉及的阻止商业名称的使用，GATT ⅩⅩ（d）在"通常的例外"中规定"允许缔约方采取必要的措施保证与协定不相悖的专利法、商标法、版权以及防止欺诈行为等法律的遵守"（原文：necessary to secure compliance with laws or regulations which are not inconsistent with the provisions of this Agreement, including those relating to customs enforcement, the enforcement of monopolies operated under paragraph 4 of Article Ⅱ and Article ⅩⅦ, the protection of patents, trade marks and copyrights, and the prevention of deceptive practices）。还有 GATT Ⅻ（3）（c）（ⅲ）以及 ⅩⅧ（10）涉及进口限制措施不能阻碍专利、商标、版权或类似程序的遵守（原文：Provided further that the restrictions are not so applied as to prevent the importation of commercial samples or to prevent compliance with patent, trade mark, copyright or similar procedures.）。

❷ DANIEL GERVAIS. The TRIPS Agreement: Drafting History and Analysis [M]. London: Sweet & Maxwell, 1998: 8.

第一章 TRIPS 协定下注册商标的使用要求之条约义务

持续到乌拉圭回合谈判中。随着世界贸易体制的演变,知识产权的重要性日益凸显,加之技术领域的变革,尤其是计算机数字技术的普及,更新国际知识产权规则已迫在眉睫。由于 WIPO 在这方面未能取得实质性进展,建立知识产权新规则的历史重任就落到了 GATT 体制上。但对于知识产权谈判应否被纳入 GATT 框架下,存在两种截然不同的观点:一种观点认为新回合谈判应当囊括所有知识产权事项,如美国、日本等部分发达国家均向筹备委员会递呈了类似提案;❶ 另一些国家则反对将知识产权纳入新回合谈判中,如巴西❷、阿根廷❸,它们认为知识产权问题应当由 WIPO 进行管辖。最终,为减少国际贸易中的扭曲及障碍,促进知识产权的充分有效保护,与贸易有关的知识产权问题被纳入乌拉圭回合谈判中。

但谈判过程十分艰辛和漫长,各方对"与贸易有关"的谈判事由的范围争议颇大,部分参加谈判方拟建立一个内容尽可能广泛的知识产权协议;❹ 相反,发展中国家对此表示了严重的焦虑,它们认为知识产权的过度保护可能会阻碍技术的转移并增加农业、化学产品的成本。❺ 但其后的主席草案❻以及布鲁塞尔文本❼采用了美、欧的提案结构,进而形成了 TRIPS 协定的最终内容——囊括了知识产权的各方面,包括 GATT 以及其他相关知识产权条约的基本原则、知识产权的可得性、范围、使用的各项标准和原则、执法措施、过渡性安排等,至此,完成了知识产权在贸易体制下有机融合的全过程。

2. TRIPS 协定下注册商标的使用要求体现了知识产权与贸易体制的融合

TRIPS 协定对注册商标使用要求的规制也是在 WTO 多边贸易体制主导下的商标法协调运动,该议题经国际贸易谈判机制被纳入 WTO 谈判进程,并通过各成员的协商最终形成。

首先,各谈判方提出涉及注册商标使用要求的提案条款,通过各阶段的正

---

❶ See PREP. Com (86) SR/3 (April 11, 1986).

❷ See PREP. Com (86) W/41/Rev. 1 (July 16, 1986).

❸ See PREP. Com (86) W/49 (July 29, 1986).

❹ 如美国(MNT. GNG/NG11/W/14, 20 October 1987)、瑞士(MNT. GNG/NG11/W/15, 26 October 1987)、欧共体(MNT. GNG/NG11/W/16, 20 November 1987 以及 MNT. GNG/NG11/W/26, 7 July 1988)、日本(MNT. GNG/NG11/W/17, 12 February 1988)等均提出了此类提案。

❺ 如泰国(MNT. GNG/NG11/W/27, 21 September 1988)、墨西哥(MNT. GNG/NG11/W/28, 19 October 1988)、巴西(MNT. GNG/NG11/W/30, 31 October 1988)都提出了书面意见。

❻ Chairman's report to the Group of Negotiation on Goods, GATT document MNT. GNG/NG11/W/76, 23 July 1990.

❼ See GATT Document MTN. TNC/W/35/Rev. 1, 3 December 1990.

式和非正式讨论，形成了正式文件——"主席报告"，进而向商品谈判组报告，在此基础上再进行后续讨论，再由 TRIPS 协定谈判组向贸易谈判委员会报告，然后形成最后草案提交给布鲁塞尔部长会议讨论，再经过后续谈判，才形成了在马拉喀什签署的 WTO "一揽子协议"中的 TRIPS 协定条款。在此过程中，涉及注册商标使用要求的内容几经变化和修改，其间也有不同观点的碰撞与冲击。因前文已述及，此处不再赘述。

其次，TRIPS 协定融入了 GATT（1994）的基本原则，如最惠国待遇原则和国民待遇原则，尤其是前者的纳入，为注册商标的使用要求制度在全球范围内更为广泛的统一创造了可能。同时，注册商标的使用要求从本质上体现了知识产权的贸易精神，因为商标只有在商业中被投入实际使用，其才能发挥区分商品或服务来源的功能，从这个意义上讲，国际贸易的法律理念与注册商标使用要求的内在本质不谋而合。此外，国际贸易中维护国家公共利益的理念也体现在注册商标的使用要求中，使用要求有利于更好地配置社会商标资源，维护商标权人之外的经营者和消费者的合法权益，从而实现商标保护中公共政策的目标。

最后，将 TRIPS 协定纳入 WTO 贸易体制，有利于注册商标使用要求条款的切实遵守和有效实施，也有助于国际商标争端的解决以及条款含义的进一步澄清。WTO 贸易政策审查机制的存在，将有利于加强对成员履行 TRIPS 协定义务的监督与管理，及时纠正不当的国内立法与实践，保障对使用要求制度的国际协调成果。借助于 WTO 争端解决机制，与贸易相关的商标权国际纠纷将得到及时处理和解决；专家组和上诉机构对相应条款的解释和适用，将有助于加深对使用要求立法宗旨的理解。另外，WTO 专门设立的 TRIPS 理事会还能够增强与 WIPO 的联系与组织协调[1]，从而与其他国际知识产权组织保持良好的沟通关系。从这个意义上讲，TRIPS 协定并非一孤立的协议，要看清其全貌，必须同时结合《巴黎公约》《伯尔尼公约》《罗马公约》等知识产权基础性公约以及 WTO "一揽子协议"及附件的相关规定。

三、TRIPS 协定对注册商标的使用要求协调的局限性

（一）诸多核心概念未予明确

首先，在注册商标的使用要求制度中，最核心的概念便是"商标使用"。

---

[1] TRIPS 协定第 68 条；See Paul Salmon. Cooperation between the World Intellectual Property Organization (WIPO) and the World Trade Organization (WTO) [J]. Saint John's Journal of Legal Commentary, 2003 (Spring): 436.

商标使用关乎着商标注册的得与失，在商标法上地位极为重要，但TRIPS协定对此概念未予界定，也未作任何提示性的指引立法，将立法权完全留给了WTO成员。而各成员的商标立法传统迥异，在实践中对商标使用的认定也存在诸多不同，TRIPS协定在商标使用定义上的缺失，不利于商标使用概念在各成员的有效统一，也制约了TRIPS协定对注册商标使用要求的国际协调。其次，TRIPS协定对注册商标使用要求中其他一些重要概念也未予明确，如不使用的"有效理由"、他人使用中的"控制"等，这在一定程度上也影响到了使用要求制度的国际统一进程。最后，TRIPS协定对商标注册及维持阶段使用要求中所适用的商标使用概念是否具有同一性未作明确，而这是使用要求制度不得不规范的一个体系性问题。

（二）缺少对新技术发展的制度回应

TRIPS协定产生于20世纪90年代，这是国际贸易形式日益多样化、科学技术更新换代的时期，电子商务发展迅猛，商标使用的样态也在不断更新，新型商标不断涌现，如声音商标、气味商标、立体商标等，但对于这些新形势和新现象，TRIPS协定的反应略显迟缓。例如，关于商标在互联网环境下的使用方式、新型商标的使用、未经权利人明示同意的商标使用等问题，在TRIPS协定下均处于立法空白。这与TRIPS协定的协调特征直接相关。整合WTO成员的原有规则是TRIPS协定的主要任务，增加新内容只占TRIPS协定很小的一部分。在这种路径指引下，TRIPS协定对新时代背景下注册商标的使用要求制度中出现的新发展未能给予及时的关注与回应。

（三）远未达到注册商标的使用要求制度的统一

TRIPS协定下注册商标的使用要求虽然以各成员相应制度作为直接协调对象，在《巴黎公约》规定的基础上取得了较大突破，但由于各成员的相应制度存在差异，TRIPS协定最终文本只是对各成员提案的折中，其结果反映了主要成员共同的现有制度，属于注册商标使用要求方面应遵守的最低标准。TRIPS协定在立法上的妥协主要体现在如下几个方面：（1）不管在商标注册阶段还是商标注册维持阶段，使用要求均属于成员的选择性义务，不具有普遍强制性。（2）立法技术上采用模糊处理手段。例如，在商标使用主体、他人使用、不使用理由等关键问题上，均仅针对特定情形作出认定，而没有对上述问题作出正面立法，不具有规范的普适性。（3）协调的内容不够完整。TRIPS协定对注册商标权利行使阶段的使用要求未予涉及，而这方面的制度关乎他人商标注册的取得与效力以及商标保护等重要问题。因此，TRIPS协定对注册商标

| TRIPS 协定下注册商标的使用要求

使用要求的国际协调远未达到统一，仍需要后续谈判加以推进。

本章小结

　　本章首先考察了注册商标使用要求的条约体系。通过梳理和比较发现，《巴黎公约》是首个对注册商标使用要求作出规定的全球性条约，但其仅规定了注册商标维持阶段的使用要求。马德里体系仅认可成员方在注册申请阶段设定意向使用的要求，但未对注册商标的使用要求予以协调。后 TRIPS 协定条约允许成员方在商标注册阶段设定使用或意向使用要求，但未对商标注册申请与注册中的使用要求予以区分，仅在商标使用的举证期限上作出限定；在注册商标维持阶段，规定成员方应遵守《巴黎公约》的义务，并排除了商标续展时的使用要求。TRIPS 协定吸纳了《巴黎公约》的知识产权实体条款，并在其基础上增设了商标注册阶段的使用要求，完善了注册维持阶段的使用要求。因此，TRIPS 协定是迄今为止对注册商标的使用要求规制最为全面的实体法条约，体现了国际商标法条约在这方面协调的最高水平。

　　其次，本章对 TRIPS 协定关于注册商标的使用要求的条款进行了深入、细致的分析。TRIPS 协定关于注册商标使用要求的规定主要体现在两个方面：其一，在商标注册阶段，成员可以规定商标注册以使用为条件，但商标的实际使用不应成为注册申请的条件，且注册申请不得仅因该标识在自申请之日起的 3 年内未发生原意使用而遭驳回；其二，在注册商标维持阶段，TRIPS 协定充分吸收了《巴黎公约》第 5 条 C 款第（1）项的规定，在注册商标使用的主体、不使用的期间、不使用的理由等内容上作出了进一步充实和发展。尽管上述规定均为选择性义务，但成员一旦在国内法上作出此类制度选择，则将受到 TRIPS 协定的强制性义务约束。

　　最后，在条约比较和条文分析的基础上，指出 TRIPS 协定对注册商标使用要求的协调的进步性体现在两方面：较为完备的内容和严密的逻辑体系，以及知识产权与贸易体制的融合。同时，囿于各成员制度的差异、意见的分歧以及时代因素，TRIPS 协定对使用要求的协调仍存在局限性。

第二章　TRIPS 协定下主要成员的注册商标使用要求制度之比较

TRIPS 协定中注册商标的使用要求最终要落实到 WTO 成员的国内法上，唯有如此，TRIPS 协定的国际协调才具有意义，其相应条款内容也才能得到更好的解析。对 WTO 主要成员在使用要求制度上的立法与实践进行研究，有利于进一步澄清协定规则、敦促成员恪守条约义务，也有利于考察主要成员对 TRIPS 协定的实施状况，还有利于发掘 TRIPS 协定协调下主要成员在商标立法中存在的差异，进而为注册商标使用要求的下一步国际协调提供依据，也能为我国相应制度的完善提供可借鉴的制度范本支持，还印证了本书选题中"TRIPS 协定下"的含义。本章将以美国、欧盟及其主要成员国英国、德国、法国等发达国家和地区为代表，对其注册商标的使用要求制度展开比较研究，分析各主要成员间的制度异同点、成因及制度优势，从而指出 TRIPS 协定在该制度协调上的特点与不足。

第一节　概　　述

一、制度比较之目的

TRIPS 协定对注册商标的使用要求所进行的国际协调，无论在商标注册阶段还是在注册维持阶段，均属于任择性义务，且 TRIPS 协定对诸多重要概念未作界定。为了更好地理解协定条款的真实含义，研究该协定下主要成员的相关制度显得十分必要。通过考察 WTO 主要成员注册商标的使用要求制度，有利于挖掘 TRIPS 协定相关条款的国内法渊源和起草者的立法本意，进而更为准确地把握条款的义务内容，推进协定的有效实施和切实遵守。

对 WTO 主要成员的注册商标使用要求的立法与实践展开比较研究，也是

| TRIPS 协定下注册商标的使用要求

本书选题"TRIPS 协定下"(而非"TRIPS 协定中")的用意所在,以 TRIPS 协定的条约义务为研究起点,将研究对象延伸至 TRIPS 协定下各主要成员的相关制度,不仅有利于考察各主要成员对 TRIPS 协定的实施情况,也有利于发现 TRIPS 协定的协调效果和协调特征。

对 WTO 主要成员的注册商标使用要求制度进行比较研究,能加深并拓展本课题的研究深度和广度,总结出各主要成员间的制度异同点。通过归纳制度中的相同之处,明确相关的国际立法趋势,进而为后续国际协调提供依据,也便于我国立法完善时汲取制度共性;通过发现制度中的差异之处,明确各主要成员间的分歧所在,为下一步国际协调指明方向,同时也有利于我国借鉴不同成员的制度优势,做到博采众长、取长补短。

二、比较对象之选取

商标权取得制度与 WTO 成员所属的法系密切相关,但并非以两大法系作为严格的制度分界点。例如,属于英美法系的英国、澳大利亚等成员都已经修正了其商标权取得制度,承认商标权可通过注册取得;而最早建立商标权注册取得制的德国虽属大陆法系国家,但也认可使用作为商标权取得的依据之一。因此,法系与商标权取得制度间无法建立完全的对应关系,而本书中注册商标的使用要求制度与商标权的取得原则联系紧密,后者直接影响到前者在注册商标不同阶段的制度构建。为相对全面地考察 TRIPS 协定下注册商标的使用要求制度,本书拟选取采用不同的商标权取得制的成员作为研究对象:采取商标权使用取得制的美国、注册取得制的欧盟与法国以及混合取得制的英国与德国。

在注册商标使用要求的具体制度上,本章选取的 WTO 成员的相关制度具有一定的代表性。如美国目前仍维持着严格的使用取得制,其在商标注册阶段设立的使用要求在同样采取使用取得制的国家中较具典型意义。再如,英国是使用在先制的发祥地,虽后来采取了注册取得制,但商标使用的立法传统仍体现在商标注册阶段,使用或意向使用仍是商标注册阶段的要求之一;英国的商标法律制度还被带至其原殖民地,现今的英联邦成员国澳大利亚[1]、新加坡[2]、印度[3]

---

[1] Trade Marks Act 1995 of Australia, Article 27 (1),《澳大利亚商标法》英文文本见:http://www.comlaw.gov.au/Details/C2013C00143/Download。

[2] Trade Marks Act of Singapore, Article 5 (2),《新加坡商标法》英文文本见 WIPO 网站:http://www.wipo.int/wipolex/en/text.jsp?file_id=187981#LinkTarget_3719。

[3] The Trade Marks Act (1999) of India, Article 18 (1).《印度商标法》英文文本见 WIPO 网站:http://www.wipo.int/wipolex/en/text.jsp?file_id=128107。

第二章　TRIPS 协定下主要成员的注册商标使用要求制度之比较

等都设有商标注册阶段的意向使用要求，因此，对英国的注册商标使用要求制度进行研究也具有一定的代表性。而法国是采取纯粹注册取得制的国家，将其作为研究对象对同样采取严格注册制的我国而言具有重要参考价值。德国作为采取商标权混合取得制的代表，其相应制度体现了注册与使用两项原则在现代商标法中的融合，加之德国在注册商标权利行使阶段设立的使用要求，对其制度进行研究也具有较高的理论价值。欧盟作为 WTO 最大的区域性组织成员，对其区内相应制度展开研究，对我国完善注册商标使用要求制度不无借鉴意义。

此外，本书选取的 WTO 发达成员在 TRIPS 协定注册商标的使用要求的谈判过程中起到重要作用，协定最终条款的诸多内容折中了上述主要成员的意见，部分内容还直接采纳了上述成员方的观点（见第一章详述）。而发展中国家在谈判过程中强调的商标许可使用登记[1]以及对不使用合理期间的模糊界定[2]等观点最终并未体现在 TRIPS 协定条文中。尽管如此，诸多发展中成员都设立了商标注册维持阶段的使用要求，如印度[3]、巴西[4]、南非[5]等国的商标立法均存在注册商标不使用被撤销的规定。由于印度是英联邦成员国，其制度与英国的一脉相承，巴西、南非等主要发展中国家的使用要求制度也无太大特色，故本书未选取发展中成员作为制度比较的对象。鉴于美国、欧盟等成员在 TRIPS 协定的注册商标使用要求条款形成过程中的作用，同时考虑到美国和欧盟是我国最大的贸易伙伴，本书选取上述发达国家和地区作为研究重点，对促进我国国际贸易的发展以及贸易争端的解决也具有重大意义。

第二节　美国的注册商标使用要求制度

美国商标制度来源于普通法，早期的联邦商标法[6]仅是对普通法上商标原

---

[1] Communication from India, MTN. GNG/NG11/W/37, 10 July 1989, at 16.
[2] Communication from India, MTN. GNG/NG11/W/37, 10 July 1989, at 17; Communication from Brazil, MTN. GNG/NG11/W/57, 11 December 1989, at 7.
[3] The Trade Marks Act (1999) of India, Article 47 (1).
[4] Industrial Property Law of Brazil, Article 143,《巴西工业产权法》的英文文本见 WIPO 网站：http://www.wipo.int/wipolex/en/text.jsp?file_id=125397。
[5] Trade Marks Act of South Africa (1993), section 27,《南非商标法》的英文文本见 WIPO 网站：http：//www.wipo.int/wipolex/en/text.jsp?file_id=130446#JD_ZA009_22。
[6] 如1870年、1881年、1905年美国联邦商标法，这些商标法基于的理论是联邦政府在宪法的商业条款下不能为商标权人创设实体法权利，但这种观点遭到了批评。

TRIPS 协定下注册商标的使用要求

则和规则的编纂，为商标注册者提供了一些程序便利，并没有创设新的实体权利。❶ 1946 年 7 月 5 日颁布的联邦商标法——《兰哈姆法》❷ 像先前的联邦商标法一样，主要旨在编纂和统一普通法❸，因此，法院应根据普通法原则解释和适用《兰哈姆法》。❹

美国联邦商标法与普通法的关系对于理解其注册商标的使用要求制度极为关键。尽管美国在联邦和州层面均设立了商标注册制度，但注册并非商标权取得的依据，其仅构成商标权有效性的初步证明，商标权的取得仍以使用为条件，而且联邦商标注册的获准也以商标使用为前提，这无疑传承了普通法上商标取得的公理——"没有贸易，就没有商标"❺。《兰哈姆法》将联邦商标注册分为主注册和辅助注册：能够满足显著性要求的商标可在主注册簿上注册，而无法满足显著性要求但能够区分申请者商品或服务的商标可在辅助注册簿上注册。因后者不具有研究典型性，故本书研究的使用要求将集中于主注册簿上的注册商标。

在美国联邦商标法上，注册并非强制，但注册商标可以比未注册商标获得更强的法律保护。《兰哈姆法》明确规定只有在商业中使用的商标才能被注册，❻ 这是商标注册阶段的使用要求；在商标注册取得后《兰哈姆法》还设定了商标使用宣誓书、续展时的使用要求、商标放弃等制度，使得商标注册的维持也有赖于商标的使用。下文将以商标使用的概念为出发点，对美国联邦商标注册各阶段的使用要求展开具体论述。

---

❶ WALTER J. DERENBERG. The Patent Offiec as Guardian of the Public Interest in Trade – mark Registration Proceedings [J]. Law and Contemporary Problems, 1949 (14)：288.

❷ 《兰哈姆法》（Lanham Act of United States）历经 1962 年、1975 年、1982 年、1988 年、1995 年和 1999 年等数次修订至今有效，该法为美国现行的联邦商标法，载于《美国法典》第 15 编。

❸ Inwood Labs., Inc. v. Ives Labs., Inc., 456 U. S. 844, 861, n. 2 (1982) (White, J., concurring); Restatement (third) of unfair competition § 9 cmt. E; MICHEAL H. DAVIS. Death of a salesman's doctrine: a critical look at trademark use [J]. Georgia Law Review, 1985 (19): 233, 246; PIERRE N. LEVAL. Trademark: champion of free speech [J]. Columbia Journal of Law and the Arts, 2004 (27): 187, 198 – 199; DANIEL M. MCCLURE. Trademarks and unfair competition: a critical history of legal thought [J]. The Trademark Reporter, 1979, 69: 334, 340.

❹ MICHEAL H. DAVIS. Death of a salesman's doctrine: a critical look at trademark use [J]. Georgia Law Review, 1985 (19): 246, 247; DANIEL M. MCCLURE. Trademarks and unfair competition: a critical history of legal thought [J]. The Trademark Reporter, 1979, 69: 334, 341.

❺ United Drug Co. v. Theodore Rectanus Co., 248 US 90 (1918); Mclean v. Fleming, 96 US 245 (1877).

❻ § 1 (15 U. S. C. § 1051).

第二章 TRIPS 协定下主要成员的注册商标使用要求制度之比较

一、商标使用的概念

商标使用在美国联邦商标法上有特殊称谓——"商业中使用"（Use in Commerce），该概念是 1988 年《兰哈姆法》修改的重要变化之一。修改前的"商业中使用"概念包含"象征性使用"❶，而修改后的商标使用概念废弃了象征性使用原则，将使用限定在通常商业过程中❷，更为严格的商标使用定义使得不使用的商标更易被移除出商标注册机构。❸ 由于"商业中使用"概念被置于《兰哈姆法》第 45 节"解释和定义"中，因此，该概念被认为适用于商标注册体制的所有方面：商标注册申请、商标注册、使用宣誓书、商标续展以及放弃制度等。❹《兰哈姆法》对"商业中使用"具体界定如下：

> 通常贸易中的真诚使用，而不仅仅为了保留商标权利。下述情况下，构成本章规定中的"商业中使用"——
>
> （1）对于商品而言，则
>
> （A）商标以任何形式被置于商品或包装或与商品关联的展示上或附在商品的标签上，或者因为商品的性质无法作上述附着的，则显示在与商品或其销售相关联的文书上；且
>
> （B）商品在商业中销售或运输。
>
> （2）对于服务而言，商标在销售服务或为服务做广告时被使用或展示，且该服务在商业中被提供，或该服务在一个以上的州或美国及外国被提供，且提供服务的主体在从事与该服务相关的商业经营。❺

可见，"商业中使用"的概念包含了两层含义：一是"商业"，二是"使用"。"商业"（commerce）与"贸易"（trade）相区分，特指在宪法商业条款下的商业活动❻，包括与外国间的贸易、美国各州间的贸易以及与印第安部落间的贸易。这是美国联邦商标法上关于商标使用的独特之处。在使用概念中引

---

❶ 象征性使用原则最初是为了处理商标选择和最终产品商业化间的差距而产生，使那些还没有进行商标规模化商业性使用的主体能够凭借最初的象征性使用而申请商标注册。See Ralston Purina Co. v. On-Cor Frozen Foods, Inc., 746 F2d 805, 223 USPQ at 982.

❷ FRANK Z. HELLWIG. Acquisition of trademark rights under the trademark law revision act of 1988 [J]. Trademark Reporter, 1990 (80): 312.

❸ 133 Cong Rec S16553 (daily ed November 19, 1987) (statement of Senator DeConcini).

❹ S Rep No 515, 100th Cong, 2d Sess at 45 (1988).

❺ §45 (15 U.S.C. §1127).

❻ §45 (15 U.S.C. §1127).

— 61 —

| TRIPS 协定下注册商标的使用要求

入"商业要求"与美国第一部联邦商标法被宣布违宪❶密切相关,该法管辖的贸易活动范围被认定超出了宪法上"商业条款"(the commerce clause)❷ 对国会立法权的限制。❸ 因此,其后的联邦商标法对商标使用均设定了"商业"要求,以特指国会享有立法管辖权的商业范围。

除"商业要求"外,"商业中使用"概念的第二层含义为"使用"。这是理解商标使用本质的关键,《兰哈姆法》从商标使用的内涵和外延两个方面对该概念作出界定。

(一) 商标使用的内涵

《兰哈姆法》对商标使用内涵的规定主要体现在三个关键词上:"真诚使用""通常贸易中""非仅仅为了保留商标权"。

1. 真诚使用(the bona fide use)

"真诚使用"涉及商标使用的"质量"。《兰哈姆法》对"真诚使用"未作进一步解释,而商标普通法的发展为该词汇的解读提供了有益线索。在"真诚使用"的判定中,如下两点至少需要澄清:(1) 初始交易或运输面向的主体;(2) 初始交易的通常情形和性质。对于第一个问题,通常而言,非真正意义上"公开"(open) 或者面向"公众"(public) 的商标使用行为被排除在外;❹ 针对第二个问题,需要综合考量多种因素后作出判定,具体判定标准将在商标注册和维持阶段的使用要求制度中详述。

2. 通常贸易中(in the ordinary course of trade)

"通常贸易中"的使用意味着商标在商业活动中被真正地使用,商标使用构成"正在进行的商业性利用商标计划的一部分"❺,其强调商标与商品或服务的结合。❻ 商标只有在贸易过程中使用,才能与特定商品或服务相联系,才能发挥其来源指示及区分功能。而突出贸易活动的"通常"性,一定程度上

---

❶ United states v. Steffens, 100 US 82 (1879).

❷ U. S. Consti. Art. I, §8, cl. 3.

❸ 美国第一部联邦商标法(1870 年)第 77 节将商标注册权授予给在美国对该商标享有排他性使用权或者有排他性使用意向的主体,这被视为将管辖范围延及州际贸易、国际贸易以及与印第安部落间贸易之外的贸易活动,与宪法商业条款相抵触。Act of July 8, 1870, ch 230, §§677 – 684, 16 Stat 210, (reprinted) R. CALLMAN, LOUIS ALTMAN. Unfair competition, trademarks and monopolies [M]. 4th ed. California: Callaghan, 1985: §40.07, §77: 5.

❹ General Business Services, Inc. v. Rouse, 495 F Supp 526, 208 USPQ 893, 900 (ED Pa 1980).

❺ Carter – Wallace, Inc. v. Procter & Gamble Co., 434 F. 2d 794, 803 (9th Cir. 1970).

❻ 15 U. S. C. §1127.

是为消除象征性使用。❶

3. 非仅仅为了保留商标权

《兰哈姆法》中的商标使用概念在1988年修改之前被解释为包含了"象征性使用",而随着意向使用申请制度的设立,象征性使用已逐渐失去其存在的必要,❷ 因此,更为严格的新商标使用定义将之排除在外。但需注意,商标法排除的是以保留商标权利为唯一目的的商标使用,如果商标使用既具有保留商标权目的,同时还具有其他目的,则这种使用不应在排除之列。❸ 例如,商标使用非常广泛,能够据此推断出该使用还具有诸如开拓市场、建立商誉等其他目的。

(二)商标使用的具体方式

1. 商品商标的使用方式

对于商品商标而言,《兰哈姆法》列举了如下几种商标使用方式:商标被置于商品或包装或与商品关联的展示上,或附在商品的标签上,或因商品的性质无法作上述附着的,商标还可以显示在与商品或者其销售相关联的文书上。《兰哈姆法》仅规定上述使用方式应被视为商业中的使用,但并未否定除此之外的其他使用方式。

对于商标使用方式的认定,在《兰哈姆法》适用早期,美国商标审判和上诉委员会❹(TTAB)以及关税和专利上诉法院❺(1982年改为联邦巡回上诉法院,CAFC)在商标与商品的联系上采用了相对严格的认定标准。以商标在"与商品关联的展示上"使用为例:仅在销售或促销手册上进行商标使用,与商品销售点不存在任何紧密度或物理上的联系,这种情形被认为不构成"与商品关联的展示上"的商标使用。❻ 但在20世纪70年代末,裁判机构在使用方式的认定上采取了更加自由的态度。如在Ultraflight案❼中,商标审查官认为,说明书仅是包装插入物,在说明书上的使用不构成商标使

---

❶ S Rep No 515, 100th Cong, 2d Sess at 22-23 (1988).
❷ FRANK Z. HELLWIG. Acquisition of trademark rights under the trademark law revision act of 1988 [J]. The Trademark Reporter, 1990, 80: 314.
❸ FRANK Z. HELLWIG. Acquisition of trademark rights under the trademark law revision act of 1988 [J]. The Trademark Reporter, 1990, 80: 342, 345.
❹ Trademark Trial and Appeal Board.
❺ 关税和专利上诉法院(the Court of Customs and Patent Appeals, CCPA),在1982年后,该法院被联邦巡回上诉法院(the Court of Appeals for the Federal Circuit, CAFC)所替代。
❻ In re Bright of America, Inc., 205 USPQ 63 (TTAB 1979).
❼ 221 USPQ 903 (TTAB 1984).

用；但在该案的上诉审理中，TTAB 认为，说明书不仅是包装插入物，而且还构成商品的一部分，进而认定说明书上的商标使用满足了"与商品关联的展示上"的使用要求。可见，商品上的附着要求在商标使用认定中呈现出宽松趋势。

2. 服务商标的使用方式

服务的不可触摸性决定了在其上的商标使用方式与商品上的存在差异。《兰哈姆法》规定服务商标的使用须具备两项条件：(1) 商标在销售服务或为服务做广告时被使用或展示；(2) 该服务在商业中被提供。该规定通常被解释为：要求服务标志被使用于现存商业中，即使在与服务相关的广告中出现，也要求在该广告创设可注册的服务商标权之前该服务已经被提供给公众。❶ 例如，为一个尚未向公众开放的游乐园发布广告，仅是对未来服务的一种宣告，并不能构成服务商标的使用。❷ 这是否意味着服务必须被真实提供？法律条文并未给出明确解释。对此，美国普通法上的做法是：商标权的取得可以基于提供给潜在消费者的服务中的商标使用，即使尚未有消费者实际上获得该服务。❸ 然而，针对境外提供的服务，美国司法实践采用了相对严格的标准。如在 Buti 案中，酒店服务仅在意大利被提供，即使该酒店经营者将含有服务商标的广告资料发布到了美国，《兰哈姆法》上的商标权也不能被建立。❹

尽管《兰哈姆法》第 45 节对商标使用的立法旨在将该使用概念统管注册商标使用要求的各个方面，但在美国实践中，不同商标制度中的使用要求标准并不相同。作为注册条件的使用要求比普通法上商标权取得时的要求低；❺ 此外，裁判机构对商标注册和维持阶段的使用要求也作出区分❻，在商标注册维持阶段，其使用要求的标准通常比商标注册时更为严格。❼

---

❶ J. S. Paluch Co. v. Irwin, 215 USPQ 533 (TTAB 1982); Hovnanian Enterprises, Inc. v. Covered Bridge Estates, Inc., 195 USPQ 658 (TTAB 1977).

❷ In re Cedar Point, Inc., 220 USPQ 533 (TTAB 1983).

❸ Koppers Co. v. Krupp – Koppers GmbH, 517 F Supp 836, 210 USPQ711, 725 – 26 (WDPa 1981).

❹ Buti v. Impressa Perosa, S. R. L., 139 F. 3d 98 (2d Cir.), cert. denied, 525 U. S. 826 (1998).

❺ ELLEN P. WINNER, SHERIDAN, ROSS & MCINTOSH. Trademark registration—what's the use? [J]. IDEA Journal, 1982 – 1983 (23): 50.

❻ ELLEN P. WINNER, SHERIDAN, ROSS & McIntosh. Trademark registration: what's the use? [J]. IDEA Journal, 1982 – 1983 (23): 61.

❼ ELLEN P. WINNER, SHERIDAN, ROSS & MCINTOSH. Trademark registration: what's the use? [J]. IDEA Journal, 1982 – 1983 (23): 61.

第二章　TRIPS 协定下主要成员的注册商标使用要求制度之比较

二、美国在商标注册阶段的使用要求

(一) 商标注册申请阶段

1. 概述

美国第一部联邦商标法允许商标注册被授予对商标享有独占使用权的主体或意图对商标进行独占性使用的主体。该法被宣告违宪后，其设立的意向使用制度也随之灰飞烟灭。此后所有联邦商标法均规定了商标注册申请前的使用要求。❶ 一直到 1988 年《兰哈姆法》修改时❷，意向使用制度才得以再次引入。该制度被认为是此次修改最重要且最富有争议的变化。❸ 自 1881 年以来，商标的实际使用是普通法上商标权发展的基础，也是美国成文商标法的核心，在 1988 年修改之前，商标注册申请的提出必须基于使用，而此次设立的意向使用制度允许注册申请不以实际使用为前提。自此，美国联邦商标法设立了商标注册申请的双重机制。尽管这种做法一定程度上偏离了传统普通法上的使用概念，但其消除了美国与世界上大多数国家商标立法之间的差异。❹

现行《兰哈姆法》第 1 节规定了可以提起商标注册申请的两种情形，一是基于商标使用的申请，二是基于商标使用真诚意图的申请。❺ 两者的本质区别在于，前者需要提交商标在商业中首次使用的日期，而后者没有此项要求。然而，TRIPS 协定第 15 条第 3 款规定，实际使用不应成为商标注册申请的条件，美国法的规定是否与此矛盾？需要注意，美国《兰哈姆法》第 1 节 (a) 款第 (1) 项❻以及 (b) 款第 (1) 项❼规定商标使用者或意向使用者"可以"

---

❶ Act of Mar. 3, 1881, ch. 138, 21 Stat. 502; Act of Feb. 20, 1905, ch. 592, 33 Stat. 714; Act of Mar. 19, 1920, ch. 104, 41 Stat. 533.

❷ 1989 年 11 月 16 日生效。

❸ Heating on S. 1883 Before the Subcomm. on Patents, Copyrights and Trademarks of the Senate Comm. on the Judiciary [R]. 100th Cong., 1st Sess. 9 (1988) (statement of Michael A. Grow of Ward, Lazarus and Grow, Washington, D. C.); Willis Raymond Davis, Jr.. Intent-to-use applications for trademark registration [J]. Wayne Law Review. 1988 – 1989 (35): 1135.

❹ 目前，世界上大多数国家均不要求商标申请前的使用要求，即使与美国同样实行商标使用取得制的加拿大，也早在 1954 年转向了意向使用申请体制；英国则更早，在 1938 年就实行了意向使用制度。

❺ 即本书所称的"意向使用制度"。

❻ 《兰哈姆法》第 1 节 (a) 款第 (1) 项规定："于商业中使用商标的所有人，可以向专利商标局提出申请和宣誓陈述书，请求在主注册簿上注册其商标。"

❼ 《兰哈姆法》第 1 节 (b) 款第 (1) 项规定："具有在商业中使用商标真实意图的人，在证明其善意后，可以请求在主注册簿上注册其商标。"

TRIPS 协定下注册商标的使用要求

申请商标注册，这意味着两者均可提出商标注册申请，商标使用并非商标注册申请的必要条件，因此，美国法的上述规定符合 TRIPS 协定在商标注册申请上的使用要求。

2. 意向使用申请制度

根据意向使用申请制度，申请者可基于使用商标的意图向注册机关申请商标注册，这是对以使用为基础的美国商标注册制的一大突破。然而，意向使用并非全新概念，在《兰哈姆法》起草之初就曾有此类提案❶，在其后的 20 世纪五六十年代又被多次提交国会讨论，但终因种种原因未被引入立法，即使在 1988 年联邦商标法修改之际，相关提案也几经波折，方由参、众两院达成妥协最终得以通过。❷

根据《兰哈姆法》的规定❸，基于意向使用的商标注册申请须提交包含如下信息的申请书：申请者的住址、公民身份、申请者拟进行商标使用的相关商品以及标识的图样等，并提交宣誓陈述书，该陈述书应明确申请者确信其有权在商业中使用该商标，且他人没有权利混淆性使用相同或相似标志，以及其具有在商业中使用该商标的真诚意图等。该意向使用规定中最难理解和确定的是：商标使用的"真诚意图"（a bona fide intention），立法对此未作界定，但规定应通过那些能够证明"申请者善意的情形"（circumstances showing the good faith of such person）来判定。❹ 参议院的司法委员会报告❺也明确，真诚意图的衡量应基于客观因素。

支持真诚使用意图的客观证据通常可包括申请者在商标注册申请时制定的关于该商标使用的计划性文件，如书面商业计划或研发文件。需注意，这些有关使用意图的证据必须形成于商标申请之时。❻ 立法史表明，商标使用意图必

---

❶ Hearings on H. R. 6248 Before the Comm. on Patents ［R］. 69th Cong., 1st Sess. 19 – 21 (1926), reprinted in 3 J. Gilson. Trademark protection and practice ［M］. 1988：§ 1.01：1 – 5.

❷ 从 1985 年美国商标协会下属机构商标评审委员会作出的"美国商标体制和兰哈姆法的报告和建议"（134 Cong. Rec. S5868），到参议院 1987 年 11 月提出的 S. 1883 号提案（133 Cong. Rec. S16546）以及 1988 年 3 月提出的 H. R. 4156 号提案（134 Cong. Rec. E665），再到 H. R. 5372 提案（H. R. Rep. No. 100 – 1028，100th Cong.，2d Sess. 2，1988），最终众议院和参议院达成妥协，在 S. 1883 号提案修改版本的基础上于 1988 年通过了该制度的修正案。

❸ § 1 (15 U. S. C. § 1051) (b).

❹ § 1 (15 U. S. C. § 1051) (b).

❺ S. Rep. No. 100 – 515 ［R］, 100th Cong., 2nd Sess. 9 (1988).

❻ Boston Red Sox Baseball Club Ltd. P'ship v. Sherman, 88 U. S. P. Q. 2d 1581, 1587 (TTAB 2008).

第二章 TRIPS 协定下主要成员的注册商标使用要求制度之比较

须是坚定的、善意的、真实的。❶ 例如，就同一商标在许多新产品上提起多项意向使用申请，或者在单一产品上提出众多不同商标的意向使用申请，在实践中往往会被认定为不具有真诚的使用意图。❷

《兰哈姆法》1988 年修正案还增加了"拟制使用"概念，这被视为意向使用申请制度的核心。❸ 若某商标最终获准注册，则该商标注册申请的提出将被视为"拟制使用"，即申请日被等同为商标实际使用日，而该日期在确定商标所有权方面非常关键。"拟制使用"将授予申请者在全国范围内的"在先权"（a right of priority）❹，但不能对抗下述三类主体：在申请日前已使用该标识的人、在先申请者、基于原属国注册已享有优先权日的申请者。❺ 这说明，基于意向使用的注册申请者可以对在其申请日起至实际使用期间的在先使用者主张在先权。

意向使用申请制度使美国的商标注册体制更符合国际立法与现实需要，消除了美国国内、外申请者间法律待遇的不平等❻，一定程度上遏制了商标注册申请中象征性使用的泛滥，为注册申请者预留了商标使用的时间，也为商标注册的确定性提供了保障。然而，该制度也存在一定缺陷。有学者对其可能产生的不良后果提出担忧："在商标申请阶段不设定使用要求，会使基于意向使用的注册申请泛滥成灾"。❼ 此外，在意向使用申请提出后、商标注册获准前的这段时间内，申请者并不具有阻止他人使用该商标的救济权❽，这使得意向使用申请者的权利变得没有意义。❾ 如戴维斯（Willis Raymond Davis）所言，意

---

❶ KRISTEN MOLLNOW WALSH, JEFFREY L. COSTELLIA. The significance of actual trademark use and "use in commerce" under U. S. trademark law [EB/OL]. [2014-01-14]. www.iclg.co.uk.

❷ S. Rep. No. 100-515, 100th Cong., 2nd Sess. 23-24 (1988).

❸ TRACI L. JONES. Remedy holes and bottomless rights: a critique of the intent-to-use system of trademark registration [J]. SPG Law and Contemporary Problems, 1996 (59): 165.

❹ 这里的"在先权"指的是，当两个或以上主体正在使用相同或类似标识时，法律将赋予最先使用者获得对该标识的排他性使用权。

❺ §7 (15 U.S.C. §1057) (c).

❻ 在意向使用申请制度设立之前，外国申请者在美国提起联邦商标注册申请以及获得注册均不以商标使用为前提，而美国国民在商标注册申请提起时却必须提交在商业中实际使用商标的陈述书，这种规定造成了美国国内外申请者地位上的不平等，被认为是对美国国民的歧视，意向使用申请制度的建立为美国国民创造了更为平等的商标注册条件。

❼ STEWART, NIEHOFF. The trademark law revision act of 1988: an overview [J]. Michigan Bar Journal, 1989 (68): 162, 163 n. 5.

❽ §34 (15 U.S.C. §1116) (a).

❾ H. R. Rep. No. 100-1028, at 4.

向使用制度远未给商标注册问题提供一个最终的解决方案。❶

(二) 商标注册阶段

1. 商标使用是商标注册的前提

商标使用原则在普通法上的商标权确定中起着核心作用,现其已被引入《兰哈姆法》。❷ 尽管《兰哈姆法》在商标注册申请阶段未设定严格的使用要求,意向使用申请也被允许,但联邦商标注册的最终获准须以该标志在商业中实际使用为前提。换言之,不管基于何种注册申请,在获得注册之前必须提交商标使用的证明,即使用意向并非获得商标注册的充分条件。

《兰哈姆法》规定,基于使用的商标注册申请,在申请时须提交商标在商业中首次使用的日期、商标使用的商品及商标图样。❸ 基于意向使用的申请,在美国专利商标局❹(USPTO)向申请者发出许可通知之日起6个月内须提交在商业中使用商标的宣誓声明,上述期限可累计延长24个月❺,即自许可通知之日起最长不超过3年期限内,申请人必须提交商标使用的声明,如逾期不提交,将被视为放弃商标注册申请;反之,如果使用声明被审核批准,USPTO将会签发商标注册证书。此外,《联邦商标法实践规则》❻ 对意向使用申请者应提交的商标使用声明的内容作出了进一步明确。❼

商标注册阶段的使用要求存在适用上的例外。《兰哈姆法》第44节规定,美国加入的商标、商号或制止不正当竞争的国际公约的其他成员国国民或给予美国国民互惠待遇的国家国民,在申请联邦商标注册时只需提交申请人所属国注册证书的副本或认证的复印件,并声明其具有在商业中使用该商标的真实意图,即可获得商标注册,商标使用不是该类申请人获得注册的前提条件。❽ 此外,《兰哈姆法》第66节针对根据《马德里议定书》寻求在美国扩展保护的

---

❶ WILLIS RAYMOND DAVIS, JR.. Intent – to – use applications for trademark registration [J]. Wayne Law Review. 1988 – 1989 (35): 1155.

❷ MARGRETH BARRETT. Finding trademark use: the historical foundation for limiting infringement liability to uses "in the manner of a mark" [J]. Wake Forest Law Review, 2008 (43): 964.

❸ §1 (15 U. S. C. § 1051) (a) (2).

❹ United States Patent and Trademark Office.

❺ §1 (15 U. S. C. § 1051) (d).

❻ Rules of Practice, U. S. Patent & Trademark Office, August 9, 2012.

❼ Rule 2.88 (b) 要求一项完整的使用声明应当包含:(1) 由商标申请人签名并宣誓的或由其受托人提交的宣誓陈述:表明申请人相信其就是商标所有人,商标在商业中被使用——明确第一次使用的日期、在商业中相关商品或服务上首次使用的日期以及许可通知确定的商标使用的商品或服务;(2) 商业中实际使用商标的样本;(3) 申请费。

❽ §44 (15 U. S. C. §1126) (d) – (e).

国际注册所有人也作出了类似规定。❶ 可见，对于符合条件的外国申请者而言，其在商标注册阶段适用的是意向使用要求而非使用要求。

事实上，根据《巴黎公约》第 6 条之五 A 款以及 TRIPS 协定第 15 条第 2 款的规定，对于外国申请者提出的商标注册申请，WTO 成员可以设定商标注册的使用条件，但是美国法却没有援用该条款。相反，为了适应 TRIPS 协定第 15 条第 3 款的规定，以使用为基础的美国商标注册体制在乌拉圭回合谈判过程中进行了修正，即允许注册申请基于意向使用提出，商标实际使用的声明可在不超过 3 年的期限内提交。

2. 商标使用的认定

在美国联邦商标注册阶段，对于商标使用的认定，在判例法上往往是通过对不构成商标使用的分析而得出结论的。❷ 有学者对不能创设注册商标权的使用情形作出列举：(1) 仅仅为了保留商标权的象征性使用或最小数量的使用；(2) 公司内部的销售或运输，或非公开交易；(3) 在商业活动准备过程中使用某标志，如在商业计划、财政陈述、广告计划、售前商品展示、售前促销或广告中使用标志等。❸ 在商标实践中，对于商标使用的判定通常是基于多重因素考量的结果。例如，在 Weight 商标注册案中❹，TTAB 对初始商业使用作了细致考察，并以如下三个理由判定商标使用行为系虚假交易：(1) 初始运输的商品与最终销售的商品存在差别；(2) 交易并不公开，也未面向公众；(3) 标识在商品上的附着方式非同寻常以至于真正的消费者并不将其视为商标。据此，TTAB 认为，上述带有标识的运输行为不能被认定为"真诚的初始商标使用"。

三、美国在注册商标维持阶段的使用要求

《兰哈姆法》不仅在联邦商标注册时设定了使用要求，在商标注册维持阶段也建立了严格的使用要求制度，包括使用宣誓书、续展使用要求以及放弃制度等内容，旨在消除"死商标"、防止商标囤积，进而鼓励商标实际使用、发挥商标应有价值。

---

❶ § 66 (15 U. S. C. § 1141f) an "in – bound Madrid applicaiton".
❷ ROBERT W. SACOFF. The trademark use requirement in trademark registration, opposition and cancellation proceedings [J]. The Trademark Reporter, 1986, 76: 110.
❸ KRISTEN MOLLNOW WALSH, JEFFREY L. COSTELLIA. The significance of Actual Trademark Use and "use in commerce" under U. S. Trademark law [EB/OL]. [2014 – 01 – 14]. www. iclg. co. uk.
❹ Weight Watchers International, Inc. v. I. Rokeach & Sons, Inc., 211 USPQ 700 (TTAB 1981).

（一）使用宣誓书制度（Required Affidavits）

为确保注册商标的真实使用，《兰哈姆法》规定，对于联邦商标注册，在其注册后的6年内要提交商标使用宣誓书，否则该商标注册将被依职权撤销。❶ 这是商标注册机构单方面撤销商标注册的程序，旨在赋予行政机构移除闲置商标的主动权，体现了美国对注册而不使用的商标的打击力度，凸显了使用要求在美国商标法上的重要地位。

《兰哈姆法》第8节规定，如果注册者不能在注册后6年期限届满前的1年内向USPTO提交符合要求的使用宣誓书，则USPTO可撤销该商标注册。上述期限有6个月的宽限期。符合要求的宣誓书必须满足如下条件：（1）陈述该商标在商业中使用，明确商标在商业中使用的与注册相关的商品和服务，提交能够显示目前商标在商业中使用的样本，支付相应的费用；（2）明确未在商业中使用的注册指定的商品或服务，可豁免不使用的特定情形和没有放弃商标的意向。❷ 尽管法律规定，申请人对有缺陷的使用宣誓书可以进行补正，但是法院和USPTO都严格执行宣誓书的各项技术要求。如在有些案件中，USPTO拒绝接受超过时限提交的使用宣誓书，其认为在法定期限内不能提交宣誓书不是一个微小的技术缺陷。❸

（二）续展时的使用要求（Renewal of registration）

针对注册商标的保护期间，TRIPS协定第18条规定，商标注册应当可以被无限期续展。该条并没有设定续展时的使用要求。《兰哈姆法》第9节却在商标续展时规定了提交使用宣誓书的要求，使用宣誓书的具体内容需符合上述第8节的规定。美国联邦注册商标在注册后的第10年年末需要进行续展，之后每10年都要续展，才能继续得到商标保护。❹ 这就意味着每过10年，商标注册者都需要提交注册商标在商业中使用或存在不使用理由的证明，否则USPTO可以拒绝续展。该举措为清除闲置商标、推动注册商标实际使用又增添了一个砝码。

（三）放弃制度（Abandonment）

1. 制度概述

TRIPS协定第19条规定，注册商标因不使用可被撤销注册。《兰哈姆法》

---

❶ §1 (15 U.S.C. § 1051).
❷ §8 (15 U.S.C. § 1058) (a) (b).
❸ In re Precious Diamonds, 635 F. 2d 845, 847, 208 USPQ 410 (CCPA 1980).
❹ §9 (15 U.S.C. § 1059) (a).

第二章　TRIPS 协定下主要成员的注册商标使用要求制度之比较

上的"放弃"制度即为此类制度。在 Snob 商标案中，法院指出，设定商标注册后的使用要求是为平衡两种商标政策：（1）在商标权维持过程中为注册商标所有人提供相对安全的商业保障；（2）防止注册商标所有人对商标进行名义上的占有，进而阻止在这个标志上具有经济利益的其他主体使用该商标。可见，注册商标维持阶段的使用要求，体现了立法对商标权人和社会公众的利益权衡。❶

《兰哈姆法》第 45 节对"商标放弃"概念作出如下界定：

"下述任一情况出现，商标应视为"被放弃"：

（1）当使用被中断，且具有不再继续使用的意图。不再使用的意图可以从具体情况中推定。连续 3 年不使用应被视为放弃的初步证据。商标"使用"是指在通常贸易中真诚使用商标，不仅仅为保留商标权而进行使用。

（2）因商标权人的行为（包括作为和不作为），导致商标成为该标识所使用的或与之相关的某类商品或服务的通用名称，或者失去了作为商标的价值。购买者的动机不应成为判断放弃的一个测试。❷

与本书研究相关的是第一种因商标不使用被视为放弃的情形。上述条文显示，构成商标放弃须满足主客观两项条件：（1）客观上商标使用中断，3 年不使用就构成商标放弃的初步证据；（2）主观上具有不再继续使用商标的意图，这在商标实践中往往需通过具体情形来推断，因此也属于"事实问题"❸。上述两项条件缺一不可，强调"商标不使用的意图"是美国"商标放弃"制度的与众不同之处，也是 TRIPS 协定所未涉及的。对于商标放弃的法律后果，《兰哈姆法》使用了"cancel"，这与 TRIPS 协定的相关规定保持了一致。而对于注册商标不使用的理由，立法未作规定，留待相关实践予以解决。

在商标放弃制度的程序上，如下两个问题值得一提。

其一，基于商标放弃的撤销申请主体。《兰哈姆法》上的撤销主体有两类：私主体和公主体。该法第 14 节对私主体作出限制，只有"认为其权益因商标注册而受到损害的主体"方可提起撤销申请。但在实践中，法院认为，《兰哈姆法》中除了第 8 节规定外没有消除不使用注册商标的单方审查程序，

---

❶ La Societe Anonyme des Parfums Le Galion v. Jean Patou, Inc., 495 F2d 1265, 181 USPQ 548 (CA 2 1974).

❷ §45 (15 U. S. C. §1127).

❸ On-Line Careline, Inc. v. America Online, Inc., 229 F. 3d 1080, 1087 (Fed. Cir. 2000).

TRIPS 协定下注册商标的使用要求

基于公共利益的考虑，应宽松解释上述撤销申请主体的要求。❶ 此外，《兰哈姆法》还允许联邦贸易委员会基于商标放弃提出商标撤销申请❷，此为美国商标不使用撤销制度的独特之处。

其二，在举证责任分配方面，先由主张商标放弃的申请人举证证明注册商标已经3年不使用，由此形成放弃的初步证据后，举证责任转移至注册商标所有人，由其提出证据反驳上述放弃的推定，商标所有人应证明其实际使用了商标或者有重新使用该商标的意向，但最终举证责任仍落在主张放弃的一方。❸ 鉴于商标放弃制度旨在清除不使用的注册商标，目前，美国司法实践的主流观点已采用证据优势原则，尽量减轻主张放弃一方的举证责任。❹

对于审查机构关于商标注册的任何决定，均可上诉至 TTAB，而不服该委员会决定的，则可上诉至 CAFC。❺ 在商标放弃制度的适用对象上，与商标注册阶段的使用要求不同，后者对来自公约成员或互惠国的外国申请者以及马德里国际注册的申请者存在适用例外，但在商标放弃制度上，其使用要求平等地适用于美国国内、国外申请者。❻

2. 商标使用的判定标准

在条文内容上，商标放弃制度中的商标使用定义与前文"商业中使用"的概念完全一致，但商标放弃实践中适用的使用要求标准与注册阶段的使用要求标准存在差异。商标注册时的使用要求较为宽松，而在商标放弃案中裁判机构采取了更为严格的使用要求审查标准❼，即商标注册得以维持的使用要求应至少包含下述因素：（1）确认并区分商品或服务的来源，即商标使用过程中商标发挥了来源指示器的角色。❽ （2）在通常贸易活动中真诚地使用，而不仅仅为了维持商标权。通常而言，交易若不具有真正的商业性，则商标使用就不

---

❶ Lipton Industries, Inc. v. Ralston Purina Co., 670 F. 2d at 1029 – 1030 (1982).

❷ § 14 (15 U.S.C. § 1064).

❸ Cumulus Media, Inc. v. Clear Channel Communications, Inc., 304 F. ed 1167, 1176 – 1177 (11th Cir. 2002).

❹ JONATHAN B. SCHWARTZ. Less is more: why a preponderance standard should be enough for trademark abandonment [J]. UC Davis Law Review, 2009 (42): 1372.

❺ § 20 (15 U.S.C. § 1070), § 21 (15 U.S.C. § 1071) of the US Trademark Law.

❻ Oromeccanica, Inc. v. Ottmar Botzenhardt GmbH, 223 USPQ 63 (TTAB 1983); MARK B. HARRISON. How to maintain a United States Trademark Registration without use in commerce: section 8 and registrations under section 44 [J]. The Trademark Reporter, 1984, 74: 254.

❼ Smith international, Inc. v. Olin Corp., 209 USPQ 1033, 1046 fn 4 (TTAB 1981); Brinkmann Corp. v. Optronics, Inc., 211 USPQ 653 (TTAB 1981).

❽ Exxon Corp. v. Humble Exploration Co., Inc., 695 F. 2d 96, 100.

第二章　TRIPS 协定下主要成员的注册商标使用要求制度之比较

属于真诚使用。❶（3）商标被运用到注册相关的商品或服务上。事实上，裁判机构对商标使用的评估，是一个对众多相关变量进行细致而复杂的分析过程。在商标放弃案件中，裁判者会从商标使用的"数量"（quantity）和"质量"（quality）两方面进行考察，且对后者进行评估的重要性远甚于前者。❷

在商标使用的"数量"评估上，法院通常考虑的因素包括带有商标标识的商品的销售数量和销售金额、商标使用的持续时间、许可使用、广告促销使用、使用的地域程度等。首先，商品的销售数量、金额和持续时间是判定商标使用存在与否的重要因素。一般而言，商标使用必须是"有意的、持续的、非散见的、非偶然的、非暂时的"❸，商标使用应"足以维持公众对该商标与其所有人之间关系的确认"。❹ 其次，被许可人对商标的使用在一定条件下也可构成有效使用。《兰哈姆法》第 5 节对特定情形下的他人合法使用予以认可；❺ 美国《反不正当竞争法重述（三）》要求许可人对被许可人提供的商品或服务的性质和质量施加合理的控制。❻ 为了防止被许可人的误导性使用，美国司法实践也要求商标所有人保持质量控制。❼ 再次，对于服务商标的使用，法院将广告和促销中的商标使用作为判定使用的一个考量因素。❽ 最后，商标使用的地域程度也是一个衡量因素。法院认为，商标注册的放弃必须满足全国范围内的不使用，即要求在美国任何地方均未使用该商标。❾

在商标使用的"质量评估"上，法院要求商标使用必须是通常贸易过程中的真诚使用，而非仅为了维持商标权。这里强调商标的真实商业性使用，而

---

❶ La Societe Anonyme des Parfums Le Galion v. Jean Patou, Inc., 495 F. ed 1265, 1272（2d Cir. 1974）.

❷ CHRISTOPHER T. MICHELETTI. Preventing Loss of trademark rights: quantitative and qualitative assessments of use and their impact on abandonment determinations [J]. The Trademark Reporter, 2004, 94（3）: 639.

❸ La Societe Anonyme des Parfums Le Galion v. Jean Patou, Inc., 495 F. ed 1265, 1271（2d Cir. 1974）.

❹ Stetson v. Howard D. Wolf & Assoc., 955 F. 2d 847, 851（2d Cir. 1992）.

❺ §5（15 USC §1055）. 该节规定："注册商标可以由相关公司合法使用，这种使用应该有利于注册者的利益，这种使用不应影响商标注册的效力……"

❻ Restatement（third）of Unfair Competition, §33（1995）.

❼ Star-Kist Foods, Inc. v. P. J. Rhodes & Co., 769 F. 2d 1393, 1396（9th Cir. 1985）.

❽ Money Store v. Harriscorp Finance, Inc., 689 F. 2d 666, 675-676（7th Cir. 1982）; First Federal Savings and Loan Assoc. of Council Bluffs v. First Federal Savings and Loan Association of Lincoln, 929 F. 2d 382, 385（8th Cir. 1991）.

❾ Dawn Donut Co. v. Hart Food Stores, Inc., 267 F. 2d 358, 363（2d Cir. 1959）.

非象征性使用。Silverman 案❶和 Marshak 案❷就是基于商标商业性利用的分析进而判定商标使用有无中止的两个典型案例。在 Silverman 案中，Silverman 公司仅证明其实施了非商业性许可的努力，法院认为，这种非商业性使用在商标使用的持续性分析中无足轻重，长时间内未进行商业性使用仍会导致商标的放弃。Marshak 案正好相反，虽然该公司已停止录制新歌，但其仍在发行带有商标标识的旧歌并收取版税，因此被认定为商业性使用仍然存在，从而避免了商标放弃的风险。关于象征性使用的典型案例是 Snob 商标案，该案二审法院认为，Patou 公司在 20 年间仅销售了 89 瓶 Snob 香水，总计销售额为 600 美元，这种销售行为并非旨在获得商标保护的真诚使用，其真实目的是通过销售使竞争者无法使用该商标，这种纯粹的、防御性的象征性使用不足以维持其商标注册。❸

第三节 欧盟及其主要成员国的注册商标使用要求制度

一、作为 WTO 成员的欧盟及其成员国的商标制度间的关系

欧盟的商标立法主要有两项：《指令》❹ 和《条例》❺。前者旨在协调欧盟成员国的国内商标立法，促进各成员国的法律趋同；❻ 而后者规制的是在整个欧盟内部具有法律效力的欧共体商标。可见，欧盟各成员国的国内商标与欧共体商标并存于欧盟商标体系下，两者互不排斥，但在商标的效力范围上存在差

---

❶ Silverman v. CBS, Inc., 870 F. 2d 40 (2d Cir. 1989).

❷ Marshak v. Treadwell, 240 F. 3d 184, 198 (3d Cir. 2001).

❸ La Societe Anonyme des Parfums Le Galion v. Jean Patou, Inc., 495 F. ed 1272 – 1274 (2d Cir. 1974).

❹ Directive 2008/95/EC of the European Parliament and the Council of 22 October 2008 to approximate the laws of the Member States relating to trade marks，英文文本见 OHIM 网：http://eur – lex. europa. eu/LexUriServ/LexUriServ. do? uri = OJ：L：2008：299：0025：0033：en：PDF，其前身为《欧共体议会和理事会第 89/104 号协调成员国商标立法的一号指令》(First Council Directive of 21 December 1988 to approximate the laws of the Member States relating to trade marks (89/104/EEC).)

❺ Council Regulation (EC) No 207/2009 of 26 February 2009 on the Community trade mark，英文文本见 OHIM 网：http://eur – lex. europa. eu/LexUriServ/LexUriServ. do? uri = OJ：L：2009：078：0001：0042：EN：PDF，其前身为《欧共体商标条例 (40/94)》[Council Regulation (EC) No. 40/94 of 20 December 1993 on the Community trade mark].

❻《指令》序言第 4 条规定。

第二章　TRIPS 协定下主要成员的注册商标使用要求制度之比较

异，前者仅及于一国内部，而后者则扩展至整个欧盟。截至目前，欧盟及其 28 个成员国❶都是 WTO 成员，因此，在商标制度上均须履行 TRIPS 协定下的相关义务。作为 WTO 的成员之一，欧盟应保证调整其区域内欧共体商标的《条例》符合 TRIPS 协定的规定，而欧盟各成员国也应确保其国内商标法与 TRIPS 协定不相违背。

另一方面，欧盟作为一个国际组织，其还负有对其成员国国内商标立法进行协调的职责。为避免欧盟成员国在商标法上的差异阻碍商品的自由流动和服务提供的自由度、进而扭曲欧共体市场的竞争秩序，《指令》在促进各成员国的商标法律趋同方面发挥了显著作用，但这种商标法的趋同并非全方位的接近，而是在那些直接影响内部市场功能发挥的规定上的趋同。❷ 因此，在欧盟境内，各成员国的国内商标法仍继续存在，但成员国有义务使其法律符合《指令》的规定。❸ 可见，《指令》的调整对象为国内注册商标❹，这显然不同于《条例》所适用的欧共体商标。

在注册商标的使用要求上，《指令》序言第 9 条明确了立法主旨——为了减少注册商标的总体数量以及减少商标之间的冲突，注册商标必须被真实地使用，这是基本原则。《指令》在商标注册阶段并未设定使用要求，而将该方面的立法自由留给了各成员国。❺ 具体而言，《指令》第 3 条第 1 款关于商标注册的拒绝理由中未提及使用要求，第 3 条第 2 款（d）项允许成员国将商标注册申请时的恶意作为拒绝注册的理由，这说明《指令》授予各成员国根据国情自行决定是否设定商标注册阶段的使用或意向使用要求。《指令》第 10 条❻

---

❶ 欧盟作为一个单一关税同盟于 1995 年 1 月 1 日加入 WTO 并成为其中一员，而其 28 个成员国也相继加入 WTO，相关信息见 WTO 网站：http：//www.wto.org/english/thewto_e/whatis_e/tif_e/org6_e.htm。

❷ 《指令》序言第 4 条规定。

❸ 《指令》序言第 14 条规定。

❹ 《指令》第 1 条明确其使用范围：适用于成员国内注册或申请的商标、向比荷卢知识产权办公室注册或申请注册的商标或者基于国际注册在成员国内产生效力的商标。

❺ 《指令》序言第 6 条。

❻ 《指令》第 10 条规定：(1) 如果在注册程序完成的 5 年内，商标所有人在成员国内没有将商标投入与其注册的商品或服务相联系的真正使用，或者这种使用在连续 5 年的时间内中止，那么该商标应受到制裁，除非存在不使用的正当理由。

如下情形应构成第 1 款的使用：(a) 与注册商标注册时的样式在具体要素上存在不同，但这种变形使用并未改变注册商标的显著性；(b) 在成员国内仅为出口目的将商标附着在商品或者包装上。

(2) 经过商标所有人同意的商标使用或者有权使用集体商标或者保证或者证明商标的主体使用商标的行为应当被认为构成商标所有人的使用。

— 75 —

| TRIPS 协定下注册商标的使用要求

以及第 12 条第 1 款❶对商标使用的概念以及注册商标维持阶段的使用要求作出规定,但《指令》对注册商标权利行使上的使用要求未进行协调。

二、欧盟的注册商标的使用要求制度

由于本书是在 TRIPS 协定下研究欧盟的注册商标使用要求制度,故调整欧共体商标的《条例》将成为本章探讨的重点,而旨在协调成员国国内商标法的《指令》则不在本章研究之列。但鉴于欧盟法院对《指令》中商标使用含义的解释和适用对理解欧盟《条例》以及欧盟各成员国国内法上的商标使用概念具有重要意义❷,故对 ECJ 解释《指令》的相关案例也会在本章中一并探讨。

为了促进欧共体内经济活动的和谐发展,推进欧共体作为一个内部市场持续、平衡的扩张,消除阻碍货物或服务自由流动的障碍,并建立起相应的体制和安排,从而保障竞争秩序不被扭曲,在整个欧共体内建立欧共体商标制度显得十分必要❸,而《条例》便是规制欧共体商标的法律。根据《条例》规定,欧共体商标通过注册取得❹,以《条例》设定的条件为依据,一旦获准注册,在整个欧盟内部具有同等效力和单一特性。❺ 因此,在商标权取得上,《条例》采取的是注册取得制,其调整对象为注册商标。正如某学者指出的,商标注册的概念,作为一项依赖于实际需求的权利,在欧盟体制中已经成为一个主导型因素。❻

尽管注册在欧盟商标法上地位显著,但商标所有人在商标注册后并不能一劳永逸,商标权的维持还有赖于商标使用。在欧盟法上,如果注册商标所有人希望从商标注册中享有排他性权利,那么该商标必须被真正使用,这是一项基

---

❶ 《指令》第 12 条第 1 款规定:如果在连续 5 年期间内,商标未在成员国内投入与注册相关的商品或服务上的真正使用,且不存在不使用的正当理由的,则该商标应当被撤销。然而,如果在 5 年期限届满后、撤销申请提出前的间隙,商标已经开始或重新被投入使用,则此种情形下,没人可主张该商标所有权人的商标权利被撤销。如果开始或重新使用发生在商标撤销申请提出前的 3 个月内,而该撤销申请是在 5 年不使用的期限届满后提出,且商标所有人已经意识到该撤销申请可能被提出,则这种使用将不被考虑。

❷ 欧盟《条例》第 15 条、《指令》第 10 条以及欧盟主要成员国英国、德国、法国商标立法均将商标使用界定为"真正使用"。

❸ 《条例》序言第 2 条。

❹ 《条例》第 6 条。

❺ 《条例》第 1 条。

❻ CORNISH W, LLEWELYN D. Intellectual property: patents, copyright, trade marks and allied rights [M]. London: Sweet & Maxwell, 2003: 689.

本原则。《条例》序言第 10 条规定，欧共体商标只有被真正使用，对其保护才具有正当性。如果欧共体商标在注册后没有被投入真正使用，那么经过 5 年期限，该商标将面临被撤销的风险，且该商标所有人对在后商标注册享有的异议权和宣告无效权也会受到剥夺，这是欧盟的注册商标使用要求制度的基本内容。

（一）商标注册阶段未设定使用要求

欧盟《条例》第 6 条规定，欧共体商标应通过注册取得，而在商标注册阶段，《条例》未设定使用要求。在《条例》关于拒绝商标注册的绝对理由❶和相对理由❷的规定中，商标使用未被列为拒绝注册的理由；《条例》第 26 条关于商标注册申请的条件仅规定，欧共体商标申请应当包含如下内容：注册申请、申请者信息、申请注册商标相关的商品或服务的列表、商标的样式，但未要求提交商标使用或意向使用的声明或证据。内部市场协调局（OHIM）❸和国内法院在审理实践中也明确表达，在欧共体商标注册中没有使用或意向使用的要求。❹

（二）商标使用的含义

1. 商标使用的立法规定

《条例》第 15 条的标题为"欧共体商标的使用"，具体内容为：

（1）如果在商标注册后的 5 年内，商标所有人未将欧共体商标在欧盟内投入与其注册相关的商品或服务上真正使用（genuine use），或者这种使用在不间断的 5 年期间内中止，那么该欧共体商标应受到制裁，除非具有不使用的正当理由。

下述情形应构成第 1 款中的商标使用：

（a）欧共体商标在使用时与其注册的形式在某些要素中存在区别，但这种差别不会改变该商标的显著性；

（b）仅为了出口目的将欧共体商标在欧共体内附着在商品或者包装上。

---

❶ 《条例》第 7 条。
❷ 《条例》第 8 条。
❸ The Office of Harmonization for the Internal Market.
❹ Susie Middlemiss, Jeremy Phillips. Bad faith in European trade mark law and practice [J]. European Intellectual Property Review, 2003: 25 (9): 403.

（2）经过所有人同意的欧共体商标的使用应被视为构成所有人的使用。❶

可见，《条例》未对商标使用的内涵作出过多限定，仅要求商标使用是"真正的"（genuine），而该修饰词对理解《条例》中商标使用的含义至关重要。因立法未作明确，下文将结合欧盟商标实践探讨"真正使用"的含义。

此外，《条例》还列举了构成商标使用的三种情形——变形使用、出口目的使用以及经商标所有人同意的使用，其中，变形使用条款基本重申了《巴黎公约》第 5 条 C 款第（2）项的规定，要求变形使用未改变注册商标的显著性。针对他人使用商标的问题，《条例》采纳了"商标所有人同意"的标准，这与 TRIPS 协定第 19 条第 2 款规定的"控制"标准有所不同。以出口目的进行的商标使用尽管在使用的最终地域上指向他国，但将其规定为有效使用显然有利于保护出口商的商标权利。鉴于《巴黎公约》和 TRIPS 协定未穷尽商标使用的具体形式，因此，欧盟《条例》将商标的出口使用纳入有效使用范畴并未违反上述国际条约的规定。

2. 商标使用的认定

《条例》将商标使用概括为"真正使用"的法理基础在于：商标注册机构不能成为战略的、静态的存储机构，授予那些不能动的商标所有人无期限的法律垄断权；注册机构必须真诚地反映经济生活中市场主体实际使用商标的情况。❷ 然而，欧盟商标立法史并不能为理解"真正使用"的内涵提供多大帮助，对该概念的正确解读只能依赖于相关理论和司法实践。下文将结合欧盟内相关案例，尝试对注册商标真正使用的含义进行解析。

（1）真实的使用，而非象征性使用

Ansul 案❸是 ECJ 第一次不得不考虑"真正使用"问题的案件，该案来自荷兰的司法程序。Ansul 是"Minimax"这一文字商标在灭火器等商品上的商标所有人，该商标在比荷卢国家注册。Ansul 自 1989 年之后未再出售过带有上述商标的灭火器，但在 1989～1994 年，Ansul 向其负有维护责任的商家销售了带有该商标的零件和灭火物质，还维修、检查了带有 Minimax 商标的设备，并

---

❶ 《条例》第 15 条。
❷ In case C-259/02, La Mer Technology [2004] ECR I-1159, para. 18-22.
❸ In C-40/01, Ansul BV v. Ajax Brandbeveilinging BV, [2003] ECR I-2439.

在发票及灭火器的标签上使用了该商标。Ajax 以商标不使用为由向法院提出撤销 Ansul 的上述商标。该案被上诉至荷兰最高法院,该法院鉴于涉案的《条例》和《指令》解释问题而请求 ECJ 就《指令》第 12 条第 1 款中"真正使用"的含义作出"初步裁决"(preliminary ruling)[1]。ECJ 认为,"真正使用"的含义应当在欧盟内部作统一解释,由于"真正使用"同时出现在《条例》和《指令》中,应该对该两部立法中的"真正使用"给出同一解释。在决定"真正使用"的含义时,ECJ 参考了各成员国对《指令》撤销规定的各种官方翻译,并得出结论:"真正使用"必须是真实的使用,而意在维持注册商标权的象征性使用不构成"真正使用"。[2]

从 ECJ 对 Ansul 案所作的初步裁决可知,"真正使用"排除了象征性使用。这似乎在考察商标使用客观事实的基础上,又考察了商标所有人使用商标的意向,在这个意义上,"真正使用"还蕴含了"真诚使用"之义。在 La Mer 案[3]中,ECJ 指出,对真正使用的判定是基于诸多情形的考查,法院应通过综合评估各种因素来决定相关期间的商标使用究竟构成了真正使用,还是仅反映了商标所有人反击撤销诉讼的意图。换言之,商标所有人使用商标的意图将影响到法院对真正使用的判断。即使在特定期间内商标使用较为有限,但只要该注册商标所有人的行为是"真诚的"(sincere),与相关商品或服务的通常市场行为方式相符,那么法院将视这种使用为真正使用。[4] 正如判决所载,"只要涉案商标下的交易没有人为的虚假因素,即应被视为真实的使用"。[5]

(2)符合商标基本功能的使用

对于什么样的真实使用才满足"真正使用"的要求,欧盟司法实践作了进一步明确。在 Ansul 案中,ECJ 认为,商标使用必须与商标的基本功能相一致,能够使消费者对商品或服务的商业来源进行区分,这要求商标与已投入或即将投入市场的商品或服务相关联,商标使用者采取步骤来吸引消费者。[6] 在

---

[1] 根据《欧共体条约》的规定,欧盟各成员国法院在案件审理中,如果涉及对欧盟法律的理解或适用上的问题,可以请求欧盟法院作出"初步裁决",解释相关的欧盟法律,然后再根据该解释作出案件的判决。

[2] In C-40/01, Ansul BV v. Ajax Brandbeveiling BV, [2003] ECR I-2439, para. 36.

[3] In case C-259/02, La Mer Technology [2004] ECR I-1159.

[4] BELINDA ISAAC. Use for the purpose of resisting an application for revocation for non-use [M] // JEREMY PHILLIPS, ILANAH SIMON. Trade mark use. New York:Oxford University Press, 2005:235.

[5] In case C-259/02, La Mer Technology [2004] ECR I-1159, para. 29.

[6] In C-40/01, Ansul BV v. Ajax Brandbeveiling BV, [2003] ECR I-2439, para 37.

其后的 Sunrider 案中，法院对商标使用的判定运用了与 Ansul 案相同的规则，"商标的真正使用必须是符合商标基本功能的使用，而该基本功能是保障商品或服务来源的确认"❶，"这种使用还必须足以维持或创设商标保护的相关商品或服务的市场份额。"❷ 显然，符合商标基本功能的使用反映了商标使用的本质，通过保障商品或服务来源的确认，一方面保护了消费者的市场辨认权利，另一方面也推进了经营者对相关商品或服务的销售，同时还划清了"真正使用与象征性使用间的界限，将后者排除在商标使用之外"。❸

（3）与注册商标相关的商品或服务上的公开的、外向的使用

注册商标的使用必须是在该商标注册指定的商品或服务的相关市场中的使用，公司的内部使用被排除在外。❹ 商标"在市场中使用"（used in markets）❺的要求意味着商标使用应是"公开的、外向性的"（public and outward）❻，不包括仅仅在商标所有人机构中的内部使用。❼ 在 CGMA 案件中，商标所有人在一年中三次将商标使用在信息简讯的封面上，外界可以获得该信息简讯，但其主要针对市场的中间商。这种商标使用是否构成真正使用？法院认为，商标使用必须是外部使用，使消费者或者最终用户能够意识到该商标，并且知道该商标是商品来源的标志。因此，商标使用必须为了维持或创造相关商品的市场份额，且相关市场必须针对最终用户，而母公司与子公司间或者与代理商间或者与分销商间的内部使用均不构成真正使用。在该案中，由于信息简讯针对中间商而非潜在消费者，故 CGMA 商标在信息简讯中的使用不构成真正使用。❽

（4）对诸多因素的综合评估

尽管 ECJ 在 Ansul 和 La Mer 两个里程碑意义的案件中解释了注册商标

---

❶ In case C-416/04 P Sunrider [2006] ECR I-4237, para. 70.

❷ In case C-416/04 P Sunrider [2006] ECR I-4237, para. 71.

❸ In case T-514/10, Fruit of the Loom, Inc. v. OHIM (office for harmonization in the internal market) (trade marks and designs) - Blueshore Management SA, judgment of the general court (fifth chamber) of 21 June 2012, para. 47.

❹ In C-40/01, Ansul BV v. Ajax Brandbeveiling BV, [2003] ECR I-2439, para. 37.

❺ Case C-149/11, Leno Merken BV v. Hagelkruis Beheer BV, on 5 July 2012, para. 44.

❻ In Case T-30/09, Engelhorn v. OHIM - The Outdoor Group (peerstorm), [2012] ECR II-3803, para. 28.

❼ CLAIRE HOWELL. No marks for internal promotion - use it or lose it at Covent Garden Market [J]. Communications Law: Journal of Computer, Media & Telecommunication, 2006, 11 (2): 49.

❽ OMEGA application to revoke 11 Jan 2005; CLAIRE HOWELL. No marks for internal promotion - use it or lose it at Covent Garden Market [J]. International Journal of Communication, 2006, 11 (2): 49.

第二章　TRIPS 协定下主要成员的注册商标使用要求制度之比较

"真正使用"的含义，但考虑到现实中商标使用情形的千变万化，ECJ 在"真正使用"的判断上并未确立固定、划一的判断标准。相反，在欧盟商标实践中，ECJ 多次重申"真正使用"的判定必须建立在综合评估所有相关因素的基础上，将商标在商业中真正使用的"所有相关事实和情形"（all the relevant facts and circumstances）都考虑进去。❶ 因此，在注册商标"真正使用"的判断上，并不存在一个单一的商业测试模式。❷

法院在商标使用判定中通常考虑如下因素：商标使用的性质、使用程度、使用地域、使用的频率、期间以及商标所有人经营的性质和规模、商品或服务的性质、市场特点等。这种全方位的评估还要求考虑各种因素间的"相互依赖性"（interdependence）❸，如商标使用的数量不大可能为使用的广度和经常性所抵消。❹ 同时，注册商标的"真正使用"不能通过可能性或猜测来推断，其必须由商标有效、充分使用的"坚实的、客观的证据"（solid and objective evidence）来证实。❺ 下文将以使用程度和使用地域为例，考察法院判定真正使用的评估过程。

A. 使用程度

在使用程度的考量上，La Mer 商标案❻可被奉为经典。该案中，注册商标所有人 Goemar 公司对 La Mer 公司提出的商标注册申请提出异议，后者要求前者提交 5 年内真正使用的证据，前者证明了其对注册商标的使用，但使用的规模非常小，仅在第 5 类商品上存在 600 法郎的销售额（这部分还存在争议），

---

❶ In case T-418/03, La Mer Technology v. OHIM - Laboratoires Goemar (La Mer), Judgment of the General Court of 27 September 2007, para. 53-55; In C-40/01, Ansul BV v. Ajax Brandbeveiliging BV, [2003] ECR I-2439, para. 39; Centrotherm Systemtechnik GmbH v. Office for Harmonisation in the Internal Market (Trade marks and designs) (OHIM), Case T-434/09, Judgment of the General Court (Sixth Chamber) of 15 September 2011, para. 27; Case T-30/09, Engelhorn v. OHIM - The Outdoor Group (peerstorm), [2012] ECR II-3803, para. 25, 27.

❷ CLAIRE HOWELL. No marks for internal promotion - use it or lose it at Covent Garden Market [J]. International Journal of Communication, 2006, 11 (2): 48.

❸ In case T-418/03, La Mer Technology v. OHIM - Laboratoires Goemar (La Mer), Judgment of the General Court of 27 September 2007, para. 57.

❹ In case T-30/09, Engelhorn v. OHIM - The Outdoor Group (peerstorm) [2012] ECR II-3803, para. 27.

❺ In case T-418/03, La Mer Technology v. OHIM - Laboratoires Goemar (La Mer), Judgment of the General Court of 27 September 2007, para. 59; Case T-30/09, Engelhorn v. OHIM - The Outdoor Group (peerstorm), [2012] ECR II-3803, para. 29.

❻ In case T-418/03, La Mer Technology v. OHIM - Laboratoires Goemar (La Mer).

在第 3 类商品上存在 800 法郎的销售额,所有产品的销售额大约在 6000 法郎(包括非第 3 类和第 5 类产品)。尽管如此,欧盟初审法院❶澄清了真正使用的门槛问题,其指出,判定真正使用构成与否时,不能设置"最低数量规则",因为该规则将阻碍法院去评估有关争议的所有相关情形。❷ 只要证明商标使用是为了保留或者创造特定商品或服务的市场份额,❸ 基于这种真实商业目的的使用,即使数量很小,也足以构成真正使用。❹

B. 使用地域

ONEL 案❺是考察欧共体商标的使用地域因素的典型案件。《条例》第 15 条第 1 款设定了欧共体商标"在欧共体内真正使用"的要求,但未对"在欧共体内"的含义作进一步解释。根据《条例》规定,欧共体商标在整个欧盟领域内有效,这是否意味着维持这种商标的注册效力必须在欧共体内所有成员国或大多数成员国中进行商标使用?荷兰法院就此问题请求 ECJ 作出初步裁决。❻

ECJ 认为,"在欧共体内真正使用"的要求,旨在确保商标注册机构排除那些不能促进市场竞争反而起到阻碍作用的商标,因为这些商标不具备商业使用目的,无法在相关市场内发挥商品或服务来源的区分功能,还限制了他人注册使用相关标志的范围。❼ 因此,"在欧共体内真正使用"是一个不可分割的概念,这意味着"真正使用"和"在欧共体内"不是必须分开考察的累加条件。❽ 使用的地域范围仅是判断商标真正使用的诸多因素之一,并非决定真正使用的"单一或主导型"(sole or dominant)因素。❾ 欧共体商标在某一成员国内的使用不必然构成该商标的真正使用,❿ 决定是否构成在欧共体内的真正使用,必须考量该商标在内部市场上的各种使用形式,相关市场的地理界定应为整个欧共体内,成员国间的边界以及其各自地域的大小与审查无关,存在关联

---

❶ Court of First Instance,随着欧盟一体化进程的推进,欧共体法院(现称"欧盟法院")的审理工作日益繁忙,1989 年,欧共体又设立了初审法院来分担欧共体法院的工作。
❷ In case T-418/03,para. 25.
❸ In case T-418/03,para. 21.
❹ In case T-418/03,para. 27.
❺ Case C-149/11,Leno Merken BV v. Hagelkruis Beheer BV,on 5 July 2012.
❻ Case C-149/11,Leno Merken BV v. Hagelkruis Beheer BV,on 5 July 2012,para. 29.
❼ Case C-149/11,Leno Merken BV v. Hagelkruis Beheer BV,on 5 July 2012,para. 32.
❽ Case C-149/11,Leno Merken BV v. Hagelkruis Beheer BV,on 5 July 2012,para. 37.
❾ Case C-149/11,Leno Merken BV v. Hagelkruis Beheer BV,on 5 July 2012,para. 38.
❿ Case C-149/11,Leno Merken BV v. Hagelkruis Beheer BV,on 5 July 2012,para. 39.

的应是被该商标所覆盖的商品或服务在内部市场中的商业存在。❶因此，对欧共体商标而言，应重在考虑整个内部市场上的使用情形及其产生的影响，至于该欧共体商标是否在一个或多个成员国使用则并不相关。❷

综上，通过对欧盟相关立法和实践的考察，欧盟商标法上商标使用的含义是：与商标基本功能相符的、真实的、外向的、公开的使用，排除仅为维持注册商标权的象征性使用。而在评估是否构成真正使用时，需对商标使用相关的所有事实和情形予以综合考量。因此，在欧盟法上，判断商标使用并无绝对化的标准，而应根据个案的具体案情作出准确而灵活的认定，避免采用划一标准僵化商标使用的判断，这是一种极为重要的方法论。

（三）注册商标维持阶段的使用要求

在欧盟内，不断增加的注册商标数量以及商标间的冲突是设定注册商标维持阶段使用要求的现实要求。如某学者所言，有用或有价值的商标数量是有限的，撤销程序能够确保不使用的注册商标被循环使用。❸撤销不使用的注册商标，可以限制商标注册所获得的保护，避免商标被没有真实使用意图的商人所利用，防止给社会经济带来商标使用上的不便利、高成本以及混乱。这些强烈的公众利益需求是不使用的注册商标被去除的根本原因。❹欧盟《条例》规定，如果欧共体商标在注册后5年内或连续5年期间内未被投入真正使用，则该商标将面临撤销，除非存在不使用的正当理由。具体体现在《条例》第51条第1款（a）项中：

1. 欧共体商标所有人的权利将基于向OHIM的申请以及侵权程序中的反诉而被宣布撤销：

（a）如果在连续5年内期间内，商标未在欧共体内于该标志注册相关的商品或服务上投入真正使用，且不存在不使用的正当理由；然而，如果在5年期限届满后撤销申请或反诉提出前的间隙，商标已经开始或重新被投入使用，此种情形下，无人可主张欧共体商标所有权人的商标权利被撤销；如果撤销申请或反诉在5年不使用的期限届满后被提出，而注册商标开始或重新使用是在该撤销申请或反诉提起之前的3个月内发生，且商

---

❶ Case C-149/11, Leno Merken BV v. Hagelkruis Beheer BV, on 5 July 2012, para. 48.
❷ Case C-149/11, Leno Merken BV v. Hagelkruis Beheer BV, on 5 July 2012, para. 50.
❸ STEPHEN CARTER. The trouble with trademarks [J]. The Yale Law Journal, 1989-1990, 99: 759.
❹ In La Mer Technology Inc v. Laboratoires Goemar, [2002] ETMR 34, para. 19 (a).

| TRIPS 协定下注册商标的使用要求

标所有人已经意识到撤销申请或反诉可能被提起，这种使用将不被考虑。

上述立法条款用了"应当"（shall），说明在欧盟法上注册商标维持阶段的使用要求是强制性的，一旦违反使用要求，注册商标将受到法律制裁。因 TRIPS 协定第 19 条对商标维持阶段的使用要求设定了选择性义务，故对选择设立该制度的成员而言，必须遵守 TRIPS 协定。下文将以《条例》第 51 条第 1 款（a）项为出发点，对欧盟在注册商标维持阶段的使用要求进行考察，并分析其对 TRIPS 协定的实施情况。

1. 不使用的期间

在注册商标不使用的期间上，欧盟《条例》第 15 条第 1 款规定了两种情形：其一，自注册完成之日起 5 年内未开始使用；其二，连续 5 年内中止使用。看似类似的情形事实上具有不同含义，第一种情形是指商标注册后 5 年内未投入使用，强调商标从未被使用过，该情形下不使用期间的计算起点为商标注册完成之日；而第二种情形是指商标曾被使用过，但后来又发生了连续 5 年的中止使用，该期间计算不以注册完成日为起点，注册后任何连续 5 年期间内不使用均可。上述两种情形尽管在期间计算上存在一定差别，但其共同特征是 5 年期间内注册商标未被投入使用，基于此，《条例》第 51 条第 1 款（a）项在规定撤销程序时没有再对上述两种情形予以细分，仅以"连续 5 年期间内未投入使用"来概括。

然而，上述"连续 5 年"的期间并非绝对，其因《条例》的另一项规定被事实上延长了。《条例》第 51 条第 1 款（a）项规定，在 5 年期间届满后、撤销申请提出前的间隙，若欧共体商标已经开始或重新被使用，则无人可主张该商标权利被撤销。这意味着商标虽已连续 5 年不使用，但只要在撤销前又开始使用则可挽救该商标被撤销的命运，使得不使用期限的规定基本被架空。有学者指出，"若这种规定对重新再使用的情形尚可行得通，但对于初次使用的情形则实在难以令人信服"。[1] 同时，《条例》还规定，撤销申请提出前 3 个月内的使用将不能豁免商标的不使用，这是对注册商标权人突击使用行为的规制，一定程度上平衡了上述立法规定。

由于 TRIPS 协定在不使用的期间上仅要求"不少于 3 年"，因此，欧盟《条例》中关于 5 年期间、不使用期间的豁免以及突击使用的应对等规定均未

---

[1] JEREMY PHILLIPS, ILANAH SIMON. Trade mark use [M]. New York: Oxford University Press, 2005: 22.

违反 TRIPS 协定下的条约义务。

2. 不使用的理由

根据欧盟《条例》第 51 条第 1 款（a）项，欧共体商标因连续 5 年不使用将面临撤销风险，除非这种不使用存在正当理由。这说明欧盟立法认可特定情形可构成欧共体商标所有人不使用商标的豁免理由，但《条例》对"正当理由"的含义及具体情形未作规定，也未提及 TRIPS 协定明文规定的构成不使用有效理由的情形，将该问题的具体认定留给了审理机构。另外，需注意，欧盟《条例》对不使用理由的措辞是"适当理由"（proper reasons），这与《巴黎公约》第 5 条 C 款第（1）项规定的"其不使用的正当性"（justify his inaction）以及 TRIPS 协定第 19 条第 1 款中的"有效理由"（valid reasons）存在一定差异，判断该立法是否符合 TRIPS 协定还有赖于欧盟商标实践对该问题的认定态度。

3. 不使用的法律后果

根据《条例》第 51 条第 1 款（a）项，商标不使用撤销程序的启动可基于第三人向 OHIM 提出的撤销申请或商标侵权程序中的反诉。《条例》第 56 条对撤销申请主体资格未作限定，任何自然人或法人以及任何为了代表制造者、生产者、服务供应者、贸易商或消费者而设立的团体或机构均可以自己名义提出撤销申请。若注册商标不满足《条例》规定的使用要求，则该商标应被"撤销"（revocation）。需注意，《条例》第 51 条规定的撤销对象是"欧共体商标所有人的权利"，而《条例》第 55 条规定被撤销的"欧共体商标"将自撤销申请或反诉之日起失去效力。这说明撤销的法律后果是欧共体商标和商标权同时丧失，且失效时间可追溯至撤销申请或反诉提出之日。商标撤销决定由 OHIM 的"撤销处"（Cancellation Divisions）作出；该部门的决定仅具有暂时效力，对其决定不服可上诉至"上诉委员会"（Board of Appeal）；再不服的，可上诉至 ECJ，该法院可撤销或变更上诉委员会的决定。❶

4. 举证责任

TRIPS 协定对撤销程序中的举证责任分配未作规定，欧盟《条例》对此也未涉及。但《执行关于欧共体商标 40/94 条例的 1041/2005 号规则》❷（以下

---

❶ 《条例》第 58 条、第 64 条、第 65 条。

❷ Commission Regulation (EC) No 1041/2005, of 29 June 2005, amending Regulation (EC) No 2868/95 implementing Council Regulation (EC) No 40/94 on the Community trade mark，其前身是《2868/95 号规则》。

简称《规则》)第 40 条第 5 款规定:"根据《条例》第 51 条第 1 款(a)项申请撤销商标,OHIM 应当邀请商标所有人在规定时限内举证证明其商标的真正使用,如果这种证明未在规定时限内提供,那么该欧共体商标将被撤销。"该规定说明欧共体商标撤销案件中的举证责任在于商标所有人。《规则》第 40 条第 5 款还明确,《规则》第 22 条第 2~4 款中有关举证的规定不仅适用于商标异议程序,还同样适用于商标撤销程序。《规则》第 22 条第 2 款规定了举证时限,第 3 款规定商标使用的证据内容应当包括使用的地点、时间、程度以及使用的性质,第 4 款规定具体应提交的证据原则上包括包装、标签、价格表、商品目录、发票、照片、报纸广告以及书面陈述等文件材料。

(四) 注册商标所有人程序性权利行使上的使用要求

欧共体商标在 5 年内不使用不仅会面临撤销风险,还会使该注册商标所有人本应享有的对在后商标注册的异议权以及宣告无效权受到限制。《条例》第 8 条规定,如果在后申请的商标在相同或类似商品或服务上与在先注册的商标相同或近似且存在混淆可能性等情形时,在先注册的商标所有人有权对在后的商标注册申请提出异议,使得在后申请的商标不能被注册。但在先注册商标所有人的上述"异议权"会因其在 5 年内不使用注册商标而被拒绝行使。《条例》第 42 条第 2 款规定:"如果在先商标于在后商标注册申请公布之日前注册已至少满 5 年,在先注册商标所有人对他人商标注册提出异议,应另一方申请人的要求,在先注册商标所有人应当举证证明,其于在后商标申请公布之日前的 5 年内已将商标在欧盟内与注册相关的商品或服务上投入了真正使用,或证明存在不使用的正当理由。若缺乏这种证明,则其提出的异议应被拒绝。如果在先注册商标仅在注册核准的部分商品或服务上使用,则在审理异议时该商标应被视为仅在该部分实际使用的商品或服务上注册。"

此外,基于同样的理由注册商标所有人对在后商标注册享有宣告无效的权利,但该权利的行使也会因商标 5 年不使用而受到限制。《条例》第 57 条第 2 款规定,在先欧共体商标的所有人作为无效程序的一方当事人,应另一方商标所有人的要求,其应当证明在其提出宣告商标无效申请之日前的 5 年内已将其商标在与注册相关的商品或服务上投入欧共体内的真正使用,或者存在不使用的正当理由,前提是无效申请提出之日前该在先欧共体商标已经至少注册满 5 年。如果在先欧共体商标于在后欧共体商标申请公布之日前已注册满 5 年的,那么在先注册商标权人应该另外证明满足第 42 条第 2 款的条件,否则其宣告无效的申请将被拒绝。

第二章　TRIPS 协定下主要成员的注册商标使用要求制度之比较

可见，欧共体商标所有人享有的异议权、宣告无效权会因为该注册商标 5 年不使用而受到限制。《条例》对上述程序性权利的行使设定使用要求，基于如下法理：若允许一个因不使用本应被撤销而尚未被撤销的注册商标，来阻止在后商标的注册或影响在后商标注册的效力，就相当于赋予了没有价值且行将就木的注册商标阻碍他人合法使用该商标的权利，这将与不使用撤销制度相悖；而上述使用要求制度的建立则不仅能够促进商标的真正使用，发挥商标在市场中的应有功能，也能够为他人提供更多的商标使用机会。

三、欧盟主要成员国的注册商标的使用要求制度

（一）英国的注册商标的使用要求制度

在英国，商标权最初产生于使用，但商标注册制度的发展也由来已久，1875 年英国颁布了《商标注册法案》[1]，1905 年起开始建立完备的商标保护体制，但在商标权取得方面仍实行使用原则，商标注册也以使用为前提。而 1938 年的商标法则根本上改变了英国的商标注册制度，该法允许基于使用意向的商标注册，自此，英国在商标注册阶段的使用要求发生了根本性变化。目前，英国采用复合式商标保护模式，即基于使用的普通法保护与基于注册的制定法保护相结合的方式。[2] 制定法方面适用的是《商标法（1994 年）》[3]（以下简称《英国商标法》）。该法明确了注册商标是通过商标注册取得的一项财产权，[4] 其所有人享有各项法定的权利和救济；该法还废除了原 1938 年商标法上的联合商标和防御商标制度。为更好地实施《英国商标法》，《商标规则 2000 年》（SI 2000/136）应运而生。该规则几经修改，目前适用的是 2008 年 10 月 1 日生效的《商标规则 2008 年》[5]。

随着《商标条例（2004 年）》[6] 的生效，2004 年 5 月 5 日，《英国商标法》将欧盟《指令》下的注册商标不使用撤销制度引入该国国内法，该项立法旨在减少商标间的冲突，使注册商标因不使用而受到全部或部分的撤销。由于

---

[1] Trade Mark Registration Act (1875).
[2] 王春燕. 商标保护法律框架的比较研究 [J]. 法商研究，2001 (4)：13.
[3] Trade Marks Act 1994, 2008 年 5 月 10 日最新修改，英文文本来自网站：http://www.ipo.gov.uk/tmact94.pdf，书中所涉条款为笔者参考英文所译。
[4] Article 2. – (1) A registered trade mark is a property right obtained by the registration of the trade mark under this Act and the proprietor of a registered trade mark has the rights and remedies provided by this Act.
[5] The Trade Marks Rules 2008, 2008 No. [1797].
[6] The Trade Marks Regulations 2004, SI 2004 No 946.

| TRIPS 协定下注册商标的使用要求

《英国商标法》基本上照搬了欧盟《指令》的规定,因此英国法上的不使用撤销制度被认为是对欧盟《指令》没有必要的重写。❶

1. 商标注册阶段的使用要求

《英国商标法》第 32 条第 3 款规定:"商标申请应当陈述该商标在相关商品或服务上正在被商标申请者使用或经其同意进行使用,或者申请者具有这种使用的真诚意图。"可见,商标使用者或意向使用者均可在英国申请商标注册,这说明在商标注册申请阶段英国未设立使用要求。但商标注册的最终获准是否以商标的实际使用为前提?对此,《英国商标法》在商标的定义❷、商标的构成❸、商标注册的绝对拒绝理由❹和相对拒绝理由❺以及商标注册程序❻中均未明确将商标使用或意向使用作为商标注册的前提条件。但《英国商标法》第 3 条第 6 款规定:"当商标申请提出时存在恶意,则该标志不应被注册。"❼那么缺乏第 32 条第 3 款所要求的"商标使用的真诚意图"是否构成第 3 条第 6 款中的"恶意"?亦即商标的使用意向是否为商标注册的必要条件?该问题的解答有赖于对"恶意"含义的考察,但《英国商标法》对此概念未作界定,只能从商标实践中寻找答案。

在 China White 案中,主审法官奥尔德斯(William Aldous)认为:"'恶意'是一种思想状态,法院必须以他人的正常标准来进行判断,在判断注册申请是否属于恶意时,所有情形均是相关的。"❽ 在 Gromax 案中,林赛(Lindsay)法官对"恶意"的判定方法是:"'恶意'包括那些不诚实的、在特定领域内有经验的理性人看来属于缺乏可接受性商业行为的一些做法。至于何种行为构成'恶意',则应由法院根据立法规定和所有相关情形作出判断。"❾ 可见,"恶意"并非是一个界限确定的概念,对于"商标注册申请时缺乏真诚使用意向"是否构成"恶意"的判断,需对案件的所有相关情形进行考察,没

---

❶ La Mer Technology Inc v. Laboratoires Goemar, [2002] ETMR 34.
❷ 《英国商标法》第 1 条。
❸ 《英国商标法》第 4 条。
❹ 《英国商标法》第 3 条。
❺ 《英国商标法》第 5 条。
❻ 《英国商标法》第 37~40 条。
❼ Article 3 Grounds for refusal of registration, (6) A trade mark shall not be registered if or to the extent that the application is made in bad faith.
❽ Harrison's Trade Mark Apllication (CHINA WHITE), [2004] EWCA Civ 1028; [2005] FSR 10 (CA), at 26.
❾ Gromax Plasticulture Ltd. v. Don & Low Nonwovens Ltd., [1999] RPC 367 (Ch), at 379.

第二章 TRIPS 协定下主要成员的注册商标使用要求制度之比较

有是或否的简单回答。在司法实践中，一些法官不愿意判定不满足《英国商标法》第 32 条第 3 款的情形是否构成第 3 条第 6 款中的"恶意"。[1] 某些学者甚至指出，违反了该法第 32 条第 3 款的情形不是商标注册的绝对拒绝理由，也不是注册后无效的特定理由，该款的正确解读须与英国注册机构设定的商标注册申请的其他行政要求一并考虑；由于第 32 条其他款项的规定是关于申请表中必须包括的基本信息（如名字、地址、商品类别、商标标识、费用等），因此，第 32 条第 3 款的规定仅是商标注册的程序性要求。[2] 该学者还认为，其他欧盟国家在商标申请时均未设立意向使用要求，为缩小英国与其他欧盟国家立法上的差异，在判断使用意图和恶意的关系时，应当赋予"使用意图"最宽泛的含义。[3]

然而，英国商标注册实践中却存在与上述观点完全相反的做法，将缺乏使用意向的商标注册申请直接认定为"恶意"，从而拒绝商标注册，即在商标注册申请时商标使用的意图不真实或实质性虚假的，将被认定为构成《英国商标法》第 3 条第 6 款规定的"恶意"。[4] 雅各布（Jacob）法官指出，如果关于使用意向的陈述不真实，那么这种注册将易受到恶意的攻击。[5] 例如，在 Demon Ale[6] 和 Kinder[7] 案中，商标申请者在注册相关的商品或服务上绝对没有商标使用意向，这种注册申请将被拒绝。前案中，商标申请者在其申请的啤酒上并无商标使用意向，注册申请仅为了阻止其他酒精饮料生产商使用该标志；后案中，商标注册申请者申请了 60 多个与 Kinder 相关的商标，但在注册后的多年内只使用过其中 6 个商标，由于其无法证明新申请注册的商标与先前注册的商标存在何种差别，因此，其商标注册申请被认定为缺乏使用意图而遭到拒绝注册。

---

[1] For example, Knoll AG's Trade Mark [2003] RPC 10 (Ch), per Neuberger J at 33 – 34; REEF Trade Mark [2002] RPC 19, per Pumfrey J at 7 – 9; CHINA WHITE, per Arden LJ at 40 – 41.

[2] Anna Carboni, Wilberforce Chambers. Bad faith and public morality [A]. ITMA London International Meeting. 2 – 4 April 2008.

[3] Anna Carboni, Wilberforce Chambers. Bad faith and public morality [A]. ITMA London International Meeting. 2 – 4 April 2008.

[4] DEMON ALE Trade Mark [2000] RPC 345 (Appointed Person, Geoffrey Hobbs QC) at 356; Ferrero SpA's Trade Marks (KINDER) [2004] RPC 29 (Appointed Person, David Kitchin QC) at 23; Robert McBride Ltd's Trade Mark Appn [2005] ETMR 85 (Appointed Person, Richard Arnold QC) at 44.

[5] Laboratoire de la Mer Trade Marks [2002] FSR 51 (Ch), per Jacob J at 797.

[6] DEMON ALE Trade Mark [2000] RPC 345 (Appointed Person, Geoffrey Hobbs QC).

[7] Ferrero SpA's Trade Marks (KINDER) [2004] RPC 29 (Appointed Person, David Kitchin QC).

| TRIPS 协定下注册商标的使用要求

对于英国法上商标注册申请时的使用意图属于程序性规定还是实体性规定，尽管在理论上尚存争议，但英国商标注册的实践已表明，商标使用的真诚意图是决定商标注册与否的一个重要因素。在 South 案件中，反对 Reef 商标注册的理由便是申请者没有使用该标识的真实意向，其注册申请属于恶意。❶ 在 Mickey 案中，英国登记官列举了三种可能构成"恶意"的情形，其中包括申请者没有意向使用商标。❷ 可见，根本不具有使用意图的商标最终将无法得到注册。当然，在判断申请者的使用意图上，不能仅凭申请者所作的陈述，而应结合申请者在案件中的其他行为予以综合认定。英国的商标注册实践也表明，注册机构或法院对商标注册申请时的使用意图设定了较低的要求，即申请者在申请时不必具有非常明确的、真实的使用意图，模糊的使用意向即可满足善意的标准。例如，关于使用意向的"诚实但却错误的陈述"（honest but mistaken statement）不属于恶意，注册机构不会像关注"恶意"的通常事项那样关注特定陈述的精确性。❸

2. 商标注册维持阶段的使用要求

《英国商标法》第 46 条第 1 款（a）(b) 项规定：

(1) 基于如下理由，商标的注册可以被撤销：

(a) 自注册程序完成之日起 5 年内，商标未在英国被商标所有人或经其同意投入与注册相关的商品或服务上的真正使用，且没有不使用的适当理由；

(b) 上述使用在连续 5 年的期间内被中止，且没有不使用的适当理由；

……

上述条款内容看似与《指令》第 10 条第 1 款一致，但事实上，两者存在本质差别。在英国商标法上，注册商标在 5 年内不使用"可以"（may）被撤销，言下之意，注册商标不使用不必然导致其被撤销。而《指令》第 10 条和第 12 条均使用了"应当"（shall），《指令》在序言中也明确，为减少注册商标的整体数量和商标间的冲突，基本要求是注册商标必须被使用，否则"应

---

❶ South Incorporated v. Bessant and others (trading as Reef) [2002] R. P. C. 387 (an appeal against this decision was allowed on other grounds sub nom. REEF Trade Mark [2003] R. P. C. 101).
❷ Mickey Dee's nightclub trade mark [1998] R. P. C. 359.
❸ N. M. DAWSON. Bad faith in European trade mark law [J]. Intellectual Property Quarterly, 2011, 3: 253.

第二章　TRIPS协定下主要成员的注册商标使用要求制度之比较

当"被撤销，❶ 这显然属于使用要求的强制性规定。

在注册商标的维持上，《英国商标法》列举了两种有效情形：（1）实际使用的商标与注册商标存在某些要素上的不同，但这些不同并没有改变注册商标的显著性；（2）仅以出口为目的，在英国将商标附着在商品或商品的包装上。❷ 关于变形使用问题，英国商标法经历了从严格到宽松的转变。在 Elle❸ 以及 Penguin❹ 商标案中，该商标法中第46条第2款的商标变形使用规定被严格地解释，不同字体的使用被认定为不同于注册商标的使用。而百威啤酒案❺ 则偏离了上述严格解释的原则。该案审查官认为，标识的显著性体现在"百威"（Budweiser Budbrau）上，对"百威"商标字体大写并采用不同的艺术字体，消费者对此的反应不会有所不同，因此，使用不同的字体或下划线不会减少或者增加该标识的核心信息。自该案后，在注册商标的变形使用问题上英国采取了更为宽松的态度。

在注册商标不使用的理由上，《英国商标法》仅认可了不使用的正当理由，但对正当理由的构成情形未作进一步规定。对于注册商标不使用的期间，《英国商标法》设定为5年，同时还规定了与欧盟《条例》类似的期间豁免以及突击使用的应对等内容。❻

在注册商标维持阶段的使用要求的程序上，《英国商标法》就申请撤销的主体、受理机构、举证责任、法律后果等问题作出了相应规定。在注册商标撤销的申请主体上，该法规定任何人均可提出❼，未设定任何限制条件。撤销申请的受理机构包括商标注册机构和法院，申请者可在两者间自行选择，但这种选择权受到如下两个条件的限制：（1）该注册商标的有关程序在法院处于未决状态，则撤销申请必须向该法院提出；且（2）在向注册机构提出撤销申请的其他任何案件中，申请者可以在该程序的任何阶段将该申请提交法院。❽ 对于注册机构的决定以及法院的判决，当事人均可上诉；在实践中，法院判决仍

---

❶ 《指令》序言第9条。
❷ 《英国商标法》第46条第2款。
❸ [1997] R. P. C. 529.
❹ United Biscuits (UK) Ltd v. Asda Stores Ltd [1997] R. P. C. 513.
❺ Anheuser – Busch Inc v. Budejovicky Budvar Narodni Podnik (Application for Revocation), [2002] EWCA Civ 1534; [2003] R. P. C. 25 (CA (Civ Div)).
❻ 《英国商标法》第46条第3款。
❼ 《英国商标法》第46条第4款。
❽ 《英国商标法》第46条第4款。

是最为常见的撤销途径。

在商标使用的证明上，《英国商标法》规定商标所有人负有举证责任。[1]对此，《商标规则2008》第38条进一步明确，注册商标所有人在收到注册机构向其发送的由申请者提出的撤销申请后的2个月内，应提交反驳声明和注册商标使用或存在不使用适当理由的证据。如果在上述期限内商标所有人未能提交证据，注册机构可再延长2个月期限；如果商标所有人未能在2个月内提交反驳声明以及在4个月内提交相关证据的，则注册机构"应当"（shall）撤销其商标注册。需注意，这里规定的商标不使用的法律后果为"应当"，与商标法中的"可以"有所不用，但由于该规则是商标法的实施细则，因此其规定对当事方也有约束。在这个意义上，英国的注册商标维持阶段的使用要求似乎也是强制性的。

最后，在撤销的法律后果上，《英国商标法》规定，商标注册在某种程度上被撤销，其所有人享有的商标权也应被视为相应终止，具体商标权丧失的日期为：（a）申请撤销之日；或者（b）如果注册机构或法院认为撤销理由存在于更早的日期，则应以该日期为准。[2] 同时，《英国商标法》还承认部分撤销。当撤销的理由仅存在于注册商标相关的部分商品或服务上，则撤销应仅限于该部分商品或服务。[3] 部分撤销的规定体现了公平理念，注册商标对应的商品或服务类别应受到限制，法院在决定撤销部分商品上的商标时，应考虑贸易性质和消费者感知使用的程度，[4] 而注册过宽的商品或服务类别，会使商标所有人更易受到部分撤销的起诉。

3. 注册商标程序性权利行使上的使用要求

同欧盟《条例》规定类似，英国的注册商标如果连续5年不使用，重则其商标注册会遭到撤销，轻则其对在后商标注册的异议权和宣告无效权会遭到限制。（1）异议权。在后商标注册申请公布后，在先注册商标所有人可基于一定理由提出异议，但这种异议权会因在先注册商标连续5年无适当理由不使用而受到限制。[5]（2）宣告商标注册无效权。对于在后商标注册完成之后，在

---

[1] 《英国商标法》第100条。
[2] 《英国商标法》第46条第6款。
[3] 《英国商标法》第46条第5款。
[4] REBECCA POWELL, MATTHEW HARRIS. Trade marks – partial revocation for non use – application of s. 46 (5) of Trade Marks Act 1994 – dealing with subsets of wide general specifications [J]. European Intellectual Property Review, 2003, 25 (4): 59.
[5] 《英国商标法》第6A条第2款和第3款。

第二章　TRIPS 协定下主要成员的注册商标使用要求制度之比较

先注册商标所有人仍可基于特定理由宣告此类注册无效，但该权利也会因为其不满足商标使用要求而被拒绝行使。❶

（二）德国的注册商标的使用要求制度

在商标权取得方面，德国采用了混合制模式，《德国商标与其他标志保护法》❷（以下简称《德国商标法》）承认商标保护来源于商标注册或者商业中的使用❸，取得商标保护意味着授予商标所有人排他性权利。❹ 使用要求在基于使用取得的商标权中其重要性不言自明，因此，《德国商标法》的使用要求主要是针对注册商标而设。德国学者费则（Fezer）认为，商标法上的"使用义务"（the obligation of use）代表着商标法的基本原则，过去的几十年里在几乎所有国家中被证明为有效。❺

《德国商标法》第 26 条❻是商标使用的核心条款，其对商标使用的本质、适用范围、使用情形等问题予以了明确。该条第 1 款规定："注册商标的请求权主张或商标注册的维持有赖于商标使用，商标所有人必须在该国在注册相关的商品或服务上将该商标投入真正使用，除非存在不使用的合法理由。"可见，商标使用的本质特征是真正使用，若注册商标在一定期限内不使用且不存在不使用的合法理由，则基于商标注册的请求权主张和商标注册的效力均会受到影响。同时，第 26 条还规定了注册商标的使用主体、变形使用以及出口目的的使用等问题，因这些规定与欧盟《条例》的规定如出一辙，故在此不再赘述。《德国商标法》在商标注册阶段未设定使用或意向使用要求，该国的注

---

❶ 《英国商标法》第 47 条第 2A 款。
❷ 《德国商标法》德文文本见 WIPO 网站：http：//www.wipo.int/wipolex/en/details.jsp? id = 9994；英文文本见德国司法部网站：http：//www.gesetze – im – internet.de/englisch_ markeng/index.html；中文文本见：德国商标法（德国商标与其他标志保护法）[M]. 范长军，译. 北京：知识产权出版社，2013. 本书译文是笔者参考上述中、英文文本所译。
❸ 《德国商标法》第 4 条第 1 款、第 2 款。
❹ 《德国商标法》第 14 条第 1 款。
❺ JEREMY PHILLIPS, ILANAH SIMON. Trade mark use [M]. New York：Oxford University press，2005：11.
❻ 《德国商标法》第 26 条规定：（1）注册商标的请求权主张或商标注册的维持有赖于商标的使用，商标所有人必须在该国与注册相关的商品和服务上将该商标投入真正的使用，除非存在不使用的适当理由。（2）经过商标所有人同意的商标使用应被视为构成商标所有人的使用。（3）商标实际使用的形式与注册时不一致，只要不同的要素没有改变商标的显著性，那么仍应被视为构成注册商标的使用。该款规定也适用于以其先前投入使用的形式注册的商标。（4）仅为了出口目的而在本国将商标附着在商品或者它们的包装上的行为应被视为构成本国的使用。（5）当自注册之日起 5 年内的使用被要求时，如果注册遭到异议时，则注册之日应被替代为异议程序结束之日。

— 93 —

| TRIPS 协定下注册商标的使用要求

册商标使用要求制度集中体现在注册商标的维持和商标权的行使上。

1. 注册商标维持阶段的使用要求

在注册商标维持阶段，德国建立了较为完备的使用要求制度。根据《德国商标法》第 49 条第 1 款❶，商标自注册日后的连续 5 年期间内未按照第 26 条的规定被投入使用，该商标注册应根据"撤销"（revocation）申请而"被取消"（be cancelled）。注意到《德国商标法》对"撤销"和"取消"在立法上予以了区分，而许多国家的商标法对此未作辨别，为更好理解《德国商标法》中注册商标连续 5 年不使用的法律后果，有必要先对注册商标不使用撤销制度在整个德国商标法中的地位予以简述。在《德国商标法》上，"撤销"概念的外延小于"取消"。"撤销"与"放弃""无效"被一并纳入"注册商标的取消"章节中，说明上述三种情形的法律后果均为商标注册的取消，不同的是商标注册失去效力的时间基于不同理由而不一致。此外，在"商标撤销"制度中，商标不使用与商标成为通用名称、误导公众等原因并列成为商标撤销的具体情形，故商标不使用仅是注册商标被撤销的理由之一。德国商标立法的严谨度不仅体现在注册商标维持阶段的使用要求的章节安排上，更体现在其详尽的内容规定上。

（1）实体性规定

在《德国商标法》上，连续 5 年不使用的注册商标应被撤销，说明使用要求在注册商标维持阶段属于强制性规定。在 5 年期间的计算上，德国立法明确计算起点为商标注册之日，同时还规定，如果商标注册遭到异议时，则注册之日应被替代为异议程序结束之日。❷ 与欧盟《条例》相同，5 年期间在德国法上也非绝对。即使 5 年期间内注册商标未被使用，但如果在 5 年期限届满后、撤销申请提起前，商标又被按照第 26 条的规定开始使用或重新使用，则没有人可主张撤销商标所有人的商标权。该规定充分体现了对商标权人利益的

---

❶ 《德国商标法》第 49 条第 1 款规定，自注册日后的连续 5 年期间内，商标没有按照第 26 条的规定被投入使用，该商标的注册可以应申请基于撤销（revocation）而被取消（be cancelled）。然而，如果在 5 年期限届满后、撤销申请被提起之前，商标又被按照第 26 条的规定开始使用或重新使用，则没有人可以主张商标所有人的商标权被撤销。但如果这种开始或重新使用是 5 年期限届满后、撤销申请提起前的 3 个月内发生的，且在商标所有人已经意识到撤销申请可能被提起才开始准备使用，则这种使用将不被认定为使用。如果取消申请是根据第 53 条第 1 款向专利局提起的，且在第 55 条第 1 款提起的取消诉讼是在收到第 53 条第 4 款中的通知后的 3 个月内提出的，则向专利局提起的申请对于计算第三句话中的 3 个月具有决定性意义。

❷ 《德国商标法》第 26 条第 5 款。

第二章 TRIPS 协定下主要成员的注册商标使用要求制度之比较

考量。但是，如果这种开始或重新使用是在 5 年期限届满后、撤销申请提起前的 3 个月内发生，且商标所有人已经意识到撤销申请可能被提起，则这种使用不能使注册商标的撤销得以豁免。因为此种突击使用会对该商标的实际使用人造成不公平，也会使不使用撤销制度的立法目的落空。

（2）撤销程序

因不使用引起的商标注册撤销程序必须以第三方的申请而启动，不能由商标注册主管机构依职权提起。至于申请主体，《德国商标法》未作限定，任何人均可提出撤销申请。❶ 这也从另一个侧面凸显出德国法对注册商标所有人施加的使用要求较为严格。在受理机构上，第三人可向专利商标局提出商标撤销申请，专利商标局将书面通知商标所有人，若注册商标所有人在接到通知后的 2 个月内未对撤销提出反对意见，则专利商标局可以撤销该注册商标；若注册商标所有人反对该撤销，则专利商标局不能再采取任何行动，只能告知申请者至民事法院提起撤销诉讼。❷ 专利商标局中的"商标部"负责作出商标撤销方面的决定，该决定并非终局。一方面，对上述决定可提出反对，如果作出决定的官员认为反对成立，则其应该修改其决定；❸ 另一方面，当事人可在上述决定送达之日起 1 个月内上诉至专利法院。❹ 对于专利法院作出的判决，当事人就其中的法律问题还可提起上诉，上诉至联邦法院。❺ 最后，在注册商标不使

---

❶ 《德国商标法》第 55 条第 2 款。

❷ 《德国商标法》第 53 条规定：（1）尽管根据第 55 条可以向法院提起诉讼，基于第 49 条撤销的取消申请可以向专利局提出；（2）专利局应将该请求通知注册商标所有人，并要求其通知专利局是否反对该取消申请；（3）如果注册商标所有人未能在接到通知后的 2 个月内反对取消，则该商标应该被取消；（4）如果商标所有人反对该取消，则专利局应该相应地通知申请者，并告诉他取消申请必须根据第 55 条的规定向法院提起诉讼。

❸ 《德国商标法》第 64 条规定，对由高级中等民事服务官员或者相对应的雇佣者签发的商标处和商标部的决定可提出反对。反对应在决定送达之日起 1 个月内向专利局提出，如果作出决定的官员认为反对成立，则其应该修改其决定。反对决定应由专利局成员作出。

❹ 《德国商标法》第 66 条规定：（1）对商标处和商标局作出的决定可上诉至专利法院；（2）应当在决定送达之日起 1 个月内向专利局提交书面上诉状。

❺ 《德国商标法》第 67 条第 1 款规定，由专利法院中的上诉委员会（a Board of Appeal）审理上诉。第 82 条第 2 款规定，对专利法院的决定根据法律规定在某种程度也可以上诉。第 83 条规定：（1）就法律问题可以上诉至联邦法院。（2）出现下列情形时，就法律问题的上诉应该被允许：①具有根本意义的法律问题需要裁决；或者②发展法律或统一司法实践要求联邦法院作出判决。（3）如果程序出现问题，则就法律问题的上诉不应被允许。第 84 条规定，就法律问题的上诉权应当属于当事方，上诉的基础是判决被发现违反了法律。第 89 条规定，对法律问题的上诉应该作出判决，该判决应基于原先判决查明的事实作出。如果推翻了原先的判决，则案件将被发回专利法院重审，专利法院应当受联邦法院判决中的法律意见的约束。

TRIPS 协定下注册商标的使用要求

用的法律后果上,当注册商标基于撤销而在某种程度上被取消时,注册的效力将被视为自提起取消诉讼之日起已经停止;在应任何当事方的要求下,撤销的理由如果出现在更早的日期,则该日期将会在判决中载明。❶

综上,《德国商标法》在注册商标维持阶段的使用要求设计上,其不同环节的具体规定充分考虑了商标所有人利益和社会公众的利益,使该制度在实施过程中更能体现出利益平衡和公平正义,确保了不使用撤销制度的有效性和可行性。

2. 注册商标的权利行使上的使用要求

在注册商标权利行使的使用要求上,《德国商标法》的规定最为全面和具体,其使用要求的适用范围不仅涵盖了欧盟《条例》所涉及的对在后商标注册的异议权和宣告无效权等程序性权利,还包含注册商标所有人向第三人主张商标侵权的实体性权利。

《德国商标法》第 25 条的标题为:"因不使用导致请求权主张的排除",该条第 1 款规定:"在商标注册已满 5 年的情况下,如果注册商标所有人在根据第 14 条以及第 18 条至第 19C 条的规定向第三方主张相应的权利之前的 5 年内,未将该注册商标投入使用至与注册相关的商品或服务上的,则该注册商标所有人不应针对第三人主张上述请求权。"第 14 条是关于商标所有人的排他权、发布禁令权、损害赔偿权,第 18 条是关于请求销毁带有非法标识的侵权产品和专门用于或几乎专门用于非法制作侵权产品的设备的请求权,第 19 条是关于要求侵权者提供侵权产品来源、经销渠道等相关信息的权利,第 19A 条是关于出示与检查请求权,第 19B 条是关于损害赔偿请求权的保障,第 19C 条是关于判决公告的权利。

第 25 条第 2 款继续对注册商标所有人的证明责任作出规定:"当原告向被告主张第 14 条、第 18 条至第 19C 条下的权利时,被告提出反对,则原告应举证证明其在提起诉讼之前的 5 年内将该商标投入了真正使用,前提是该商标在起诉前已经注册至少满 5 年。如果不使用的 5 年期间是在诉讼提起后才届满的,那么原告应被告的反对,其应当证明在口头程序结束前的 5 年内其已将该商标投入了真正使用。在判决时仅考虑那部分已被证明使用的商品或服务。"可见,对于连续 5 年不使用的注册商标,其上的侵权救济权利已事实上被否定。德国立法上述规定的理由在于,注册而不使用的商标不仅没有发挥商标的

---

❶ 《德国商标法》第 52 条第 1 款。

来源区分功能，还占用了有限的商标资源、阻碍了他人使用相同或近似商标的权利。对注册商标所有人实体权利的行使设定使用要求，有利于消除商标闲置现象，对商标不使用起到威慑作用，与不使用撤销制度具有相同的法理基础。

此外，《德国商标法》对商标注册所有人的异议权和宣告无效权等程序性权利也设定了与欧盟《条例》类似的使用要求。所不同的是，欧共体商标的异议权应当在他人的商标注册被授予前提出，而德国法上异议权的对象是注册授予后的商标。根据《德国商标法》第42条第1款，商标注册应当公布，在公布之日起3个月内，在先注册的商标所有人可以对在后商标注册提出异议。但这种异议权会因在先注册商标的不使用而被驳回。该法第43条第1款规定，在先注册的商标所有人对在后商标注册提出异议，如果在先商标在被异议商标注册公布之日前已注册至少5年，相对人抗辩该在先商标的使用，则该在先商标的所有人应当证明其在异议提出之前的5年内根据第26条的规定将商标投入了使用。当在先注册的商标在被异议商标注册公布之后才满5年，则在先商标所有人应证明其在异议决定作出之前的5年内将该商标投入了使用。另外，宣告他人在后注册商标无效的权利❶也受到商标使用要求的影响，具体使用要求的规定与异议程序中的类似。❷

《德国商标法》在注册商标权利行使上的使用要求立法走在了世界各国商标立法的前列，其对注册商标权的保护规定了最为严厉的使用要求，使商标使用成为德国商标注册制度中的核心概念。不使用的注册商标会因他人申请而遭到撤销，即使幸免未被撤销，与该注册商标相关的权利行使也将遭到根本性限制或贬损，苟且存活的商标同样无法得到商标法的保护，从而使商标保护实际上只被授予应当得到保护的"活"商标。

（三）法国的注册商标使用要求制度

在历史上，法国制定了第一部现代意义的商标法，也是第一个规定商标注册制度的国家，但法国当时的注册制度❸与现今世界上大多数国家采用的注册取得制存在本质差别，在商标权取得制上其仍属于使用取得的立法模式，注册仅是对基于使用而取得的商标权的确认。法国在1964年颁布的新商标法中明确规定：单纯将一个标记作为商标使用，对商标使用人而言不产生任何权利。

---

❶ 《德国商标法》第51条第1款。
❷ 《德国商标法》第51条第4款。
❸ 1857年的《关于以使用原则和不审查原则为内容的制造标记和商标的法律》。

TRIPS 协定下注册商标的使用要求

自此，法国商标法彻底放弃了沿用 100 多年的使用取得原则，转而采纳纯粹的商标权注册模式。❶ 目前，法国仍采用着严格的商标权注册取得制度，《法国知识产权法典》❷ 第 712 条之一规定，商标所有权通过注册取得，注册效力自申请提出之日开始。

如同大多数欧盟国家那样，在商标注册阶段法国未设定使用或意向使用要求；在注册商标维持阶段，其根据欧共体《第 89/104 号指令》❸ 的要求在 1994 年 2 月❹将注册商标不使用撤销制度引入其国内立法。《法国知识产权法典》立法部分第 714 条之五第 1 款❺规定，若注册商标所有人未将其商标在不间断的 5 年内投入与注册相关的商品或服务上的真正使用，且没有"合适理由"（good reason），那么该商标注册应被撤销。需注意，这里未设定 5 年期间的起算点，也即以注册完成之后的任何时间为起点的连续 5 年不使用均满足要求。该条第 2 款列举了三种构成商标使用的具体情形：商标所有人同意的商标使用、不改变注册商标显著性的变形使用以及专为出口目的将商标附着在商品或包装上的使用；第 4 款为关于突击使用的应对。因这些规定与欧盟《条例》的相关内容基本一致，故不作详述。

在注册商标不使用撤销制度的程序方面，《法国知识产权法典》对撤销主体的规定与英、德商标立法略存差异，其将撤销主体限定为"任何相关人员"（any concerned person），至于何为"相关"则未予明确。《法国知识产权法典》还规定撤销程序为诉讼程序，从而排除了行政撤销的途径，这与英、德立法也有显著不同。此外，法国立法也贯彻"部分不使用，部分撤销"的原则，将商标使用的举证责任也施加在注册商标所有人身上。但在撤销的法律效力上，《法国知识产权法典》第 714 条之五第 6 款规定，撤销应在商标不使用的 5 年期限届满日发生效力，且应该具有绝对的效力，这与英国和德国规定不同，英国和德国立法以提起撤销申请之日为原则，而法国的规定使得商标注册的失效时间大大提前。

---

❶ 彭学龙. 论商标权的原始取得 [J]. 中南财经政法大学学报, 2007 (4): 133.

❷ 英文文本（France Intellectual Property Code）见 WIPO 网站：http://www.wipo.int/wipolex/en/text.jsp?file_id=180336；中文文本见：黄晖. 法国知识产权法典 [M]. 北京：商务印书馆，1999：133. 书中所涉条款是笔者参考上述中英文文本所译。

❸ 该指令是《第 2008/95 号指令》的前身。

❹ Act No. 94-102 of 5 February 1994 Art. 32 Official Journal of 8 February 1994.

❺ Intellectual Property Code (Legislative Part) Article L714-715.

第二章 TRIPS 协定下主要成员的注册商标使用要求制度之比较

第四节　注册商标的使用要求制度之比较

本书选取的 WTO 欧美发达成员的相关制度表明，不论采取商标权使用取得制还是注册取得制，这些成员均对注册商标设定了不同程度的使用要求。虽然在注册商标使用要求的适用范围、宽严程度、具体程序等方面存在差异，但在注册商标维持阶段都无一例外地规定了使用要求。鉴于在商标注册阶段设定使用要求的成员不具有广泛代表性，故本节的比较重点将集中于美国、欧盟及其主要成员国英国、德国、法国在注册商标维持阶段的使用要求制度上。这对于中国进一步建立健全相关商标制度，具有重要借鉴意义。

一、商标使用界定之比较

对于商标使用概念，欧美各主要 WTO 成员在立法模式上尽管存在差异，但都倾向于将商标使用概念统一适用于不同阶段的使用要求制度中；在商标使用的界定上，各主要成员商标法都趋于对商标使用的内涵不作过多限定，而留待商标实践予以具体认定；在商标实践中，各主要成员对商标使用的内涵认定趋于一致，即商标使用应反映商标区分商品或服务来源的基本功能。

（一）不同之处

在商标使用概念的立法上，部分欧美 WTO 成员在商标法中用专门条款对"商标使用"予以规定，如美国[1]、德国[2]；而部分成员则没有就此设立专门条款，而是将其放在注册商标使用要求的相关制度中予以提及，如欧盟《条例》和英国商标法。

在具体立法模式上，有的成员对商标使用的内涵从正反两方面予以模糊界定，与此同时还对商标使用的具体方式作出列举。例如，美国《兰哈姆法》第 45 节规定商标使用必须是在通常贸易中的真诚使用，而不仅仅为了保留商标权利；同时，还对商品和服务上的不同商标使用方式分别作出规定。而有的成员则宽泛地界定了商标使用的内涵，并列举了构成商标使用的具体情形。如欧盟《条例》以及英国、德国、法国商标法均采取了此种立法模式：真正使

---

[1] 《兰哈姆法》第 45 节。
[2] 《德国商标法》第 26 条。

TRIPS 协定下注册商标的使用要求

用+三种具体使用情形。

（二）相同之处

首先，商标使用概念在欧美主要 WTO 成员的商标立法中具有适用的统一性。凡是专门设定商标使用条款的 WTO 成员都将其置于商标法的总论或法律概念的定义章节，统一适用于不同的使用要求制度中，如美国❶、德国❷；即使没有专门设定商标使用条款的 WTO 成员也都在不同阶段的使用要求制度中援用了相同的"商标使用"表述。可见，在商标注册、注册维持、权利行使等阶段的使用要求制度上，各主要成员倾向于适用同一的商标使用概念。

其次，虽然欧美各主要 WTO 成员对商标使用含义的规定侧重点各有不同，但都趋于尽可能少地限定商标使用的内涵，将商标使用的判定更多地留给商标实践的裁判者，由裁判者根据具体案情作出个案判断，从而使商标使用概念更符合不断变化、发展的商业实践。如美国联邦商标法将商标使用限定为"正常商业中的真诚使用"，而欧盟《条例》❸ 以及英国❹、法国❺、德国❻商标法均仅规定商标使用为"真正使用"。

最后，欧美各主要成员方对商标使用认定的实践表明，商标使用的本质内涵为来源区分性使用。如在美国联邦商标放弃制度的实践中，法院认为，商标使用必须满足能够确认和区分商品或服务来源的功能，且被运用到注册指定或相关的商品或服务上；❼ 欧盟各主要成员国的司法机构在商标使用的判断中也强调，商标使用须是符合商标基本功能的、公开的、外部的、真正的使用，并排除了仅为了维持商标权的象征性使用。❽

---

❶ 《兰哈姆法》第 45 节。
❷ 《德国商标法》第 26 条。
❸ 《条例》第 15 条。
❹ 《英国商标法》第 46 条第 1 款第（a）项。
❺ 《法国知识产权法典》立法部分第 714 条之五。
❻ 《德国商标法》第 26 条。
❼ Exxon Corp. v. Humble Exploration Co., Inc., 695 F. 2d 96, 100; La Societe Anonyme des Parfums Le Galion v. Jean Patou, Inc., 495 F. ed 1265, 1272 (2d Cir. 1974); Ambrit, Inc. v. Kraft, Inc., 805 F. 2d at 994 – 995 (11th Cir. 1986), etc.
❽ Ansul BV v. Ajax Brandbeveilinging BV（C40/01），[2003] RPC 40, March 11, 2003; La Mer Technology Inc v. Laboratoires Geomar, [2004] ETMR 640; Case C – 416/04, P Sunrider [2006] ECR I – 4237, para 70; Case T – 514/10, Fruit of the Loom, Inc. v. OHIM（office for harmonization in the internal market）(trade marks and designs) – Blueshore Management SA, judgment of the general court (fifth chamber) of 21 June 2012, para. 47, etc.

二、商标注册阶段的使用要求制度之比较

从本书选取的 WTO 欧美成员来看，在商标注册阶段规定使用或意向使用要求的国家均具有普通法传统，如美国、英国。在普通法上，商标权源自使用，即使这些国家后来也建立了商标注册制度，但商标使用在商标法上的重要地位仍难以撼动。例如，美国在联邦商标注册阶段仍秉承着严格的商标使用要求，尽管其在商标注册申请时摈弃了使用要求，引入了意向使用要求，但商标注册的最终取得仍以实际使用为前提。而同样具有普通法传统的英国虽已承认注册取得制，商标权的取得不以使用为必要前提，商标注册的授予也不以使用为强制性条件。然而，商标使用也绝非无足轻重，在商标注册申请阶段，英国仍要求申请者提供商标使用意向的声明，否则该注册申请可能被认定为构成"恶意"而遭驳回。

对于采取商标权注册取得制和混合取得制的 WTO 成员而言，由于其认可注册授权模式，故在商标注册阶段一般均未设定商标使用要求。如欧盟《条例》、法国和德国的商标立法都未要求商标注册申请或注册的取得以使用为条件。

三、注册商标维持阶段的使用要求制度之比较

通过上述考察，不难发现，本章选取的 WTO 成员都设定了商标注册维持阶段的使用要求，这凸显出商标使用在商标权维持中的重要性。各主要成员在该阶段的使用要求的法律后果、使用主体、不使用理由以及举证责任等方面制度趋同，同时，鉴于它们在商标法传统、立法取向、经济发展水平上的不同，它们在商标注册阶段的使用要求制度方面仍存在着一些差异。

本书拟通过总结欧美各主要 WTO 成员在注册商标的使用要求制度上的相同之处，考察 TRIPS 协定对使用要求协调的实际效果和后续协调的可能性，明晰国际协调的总基调，从而探索中国相关立法的实施和今后修法走向；而通过比较相关成员制度上的不同之处，发现注册商标的使用要求在国际发展上的新动向，进而为中国相应制度的完善提供借鉴可能。

（一）注册商标维持阶段的使用要求之相同之处

1. 都设定了注册商标维持阶段的使用要求

根据 TRIPS 协定第 19 条，注册商标维持阶段的使用要求并非成员的普遍强制性义务，而是选择性义务；成员在具体实施 TRIPS 协定时可选择设定该阶

段的使用要求，也可选择不设定。但本书考察结果显示，欧美各成员不约而同地在商标立法中规定了该阶段的使用要求，如美国《兰哈姆法》第45节中的商标放弃制度，欧盟《条例》❶以及英国❷、德国❸、法国❹等国的商标立法规定的注册商标连续5年不使用撤销制度。

上述立法表明，商标使用是商标注册得以维持的必不可少的前提，"使用"维系着商标权的生命，商标使用在商标法上举足轻重的地位已为诸多WTO成员的商标立法所认可。

2. 都以撤销作为注册商标不使用的法律后果

TRIPS协定第19条关于注册商标不使用的法律后果的英文表述为"cancel"，该词的中文翻译通常包含"取消"之意。❺《巴黎公约》第5条C款第（1）项英文版也用了"cancel"，但官方中文文本中的对应词为"撤销"。从本书考察的WTO成员的商标立法来看，除美国《兰哈姆法》使用了"cancel"外，其余成员均未使用该词汇。如欧盟、英国、德国、法国等成员的立法均使用了"revocation"，而该词汇的通常中文翻译也包含"撤销、取消"之意。❻因此，尽管各主要成员的商标法对注册商标不使用的法律后果在措辞上有所不同，但因上述词汇均有使注册商标失去效力之意，故可被视为具有同样的法律效果。

在撤销对象上，欧美各主要WTO成员的立法表述也有所不同。有的成员规定撤销对象为"商标注册"，如美国❼、英国❽、德国❾；而有的成员立法规定撤销对象为"商标权"，如欧盟《条例》❿、《法国知识产权法典》⓫；欧盟

---

❶ 《条例》第51条。
❷ 《英国商标法》第46条。
❸ 《德国商标法》第49条第1款。
❹ 《法国知识产权法典》立法部分第714条之五。
❺ 例如，李大琦等编《现代新·英汉词典》（外文出版社2002年出版）第91页中cancel的中文翻译为"划掉、删去、取消、注销、抵销"等；肖坤学、李石基主编《实用简明英汉词典》（中南工业大学出版社1994年出版）第75页中cancel的中文翻译为"取消、把……作废、删去、划掉"。
❻ 李大琦等编《现代新·英汉词典》（外文出版社2002年出版）第485页中，485（第1版），revoke的中文翻译为"撤回、撤销、废除、取消"；金山词霸网络词典的翻译为："撤销、取消；废除等"。
❼ 《兰哈姆法》第14节。
❽ 《英国商标法》第46条第1款。
❾ 《德国商标法》第49条第1款。
❿ 《条例》第51条。
⓫ 《法国知识产权法典》立法部分第714条之五。

第二章 TRIPS 协定下主要成员的注册商标使用要求制度之比较

《指令》❶则规定了撤销对象为"商标"。然而,除了美国法下的商标注册与商标权无法完全等同外,在其他成员的商标法下商标经过注册即被授予商标权,因此,上述撤销对象尽管存在差异,但结果都是导致商标、商标注册、商标权三者的同时消亡。而美国的商标放弃制度也规定了商标3年不使用视为对商标权放弃的推定,故当该商标注册被撤销后,其商标权自然也随之消灭。

3. 都认可不使用的豁免理由

TRIPS 协定第19条第1款规定,那些独立于商标所有人且构成商标使用障碍的情势应当被认为不使用的有效理由,商标注册可免于被撤销。对于设定商标注册维持阶段使用要求的成员而言,该条款所涉的内容属于应遵守的条约义务。

考察情况表明,欧美各主要 WTO 成员均在立法中认可了注册商标不使用的特定理由。如欧盟《条例》❷《指令》❸ 以及《英国商标法》❹ 将不使用的理由表述为"proper reasons";《法国知识产权法典》❺ 英文文本使用的词汇为"good reason";《德国商标法》❻ 规定了"合法理由";美国尽管在商标放弃制度中没有规定不使用的理由,但在商标注册阶段的使用声明要求和使用宣誓书制度中都提及了商标不使用的特殊情形,且其司法实践对特定情形造成的商标不使用豁免也予以认可。❼ 另一个立法相似点是:各主要成员都未在立法上对不使用的理由作详述,均留待商标实践对不使用的客观情形予以个案判断。

虽然上述成员的商标立法对不使用理由的表述有所差异,但取得的立法效果相同,都是充分考虑到了引起注册商标不使用的特殊情形,体现了立法对商标使用判定的灵活性和合理性。

4. 在商标使用主体上都认可他人使用

在现代经济生活中,注册商标为他人合法使用的情形越来越多,如合法的授权使用,经销商、加工方等主体对商标的使用。这些并非来自注册商标所有人的他人商标使用行为在注册商标维持阶段能否被视为有效使用呢?根据 TRIPS

---

❶ 《指令》第12条第1款。
❷ 《条例》第15条。
❸ 《指令》第10条。
❹ 《英国商标法》第46条第1款(a)项、(b)项。
❺ 《法国知识产权法典》立法部分第714条之五。
❻ 《德国商标法》第26条第1款,其司法部网站公布的英文本的措辞为"legitimate grounds"。
❼ Imperial Tobacco Limited v. Philip Morris, Inc., 899 F. 2d 1575, 1581, 14 USPQ2d 1390, 1395 (Fed. Cir. 1990).

协定第 19 条第 2 款，当他人使用注册商标的行为处在该商标所有者控制之下时，这种使用应被视为具有维持商标注册目的的商标使用。因此，WTO 成员在商标立法或司法实践中应将 TRIPS 协定所列的他人使用行为认定为有效使用。

本书考察的 WTO 成员的立法现状显示，各方都认可满足一定条件的他人使用可以构成商标注册维持的有效使用，但都并没有照搬 TRIPS 协定的上述规定。如美国《兰哈姆法》第 5 节规定，"注册商标可以由相关公司合法使用，这种使用应有利于注册者的利益，这种使用不应影响商标注册的效力……"❶；欧盟《条例》❷ 以及英国❸、德国❹、法国❺等成员的立法则都规定了经注册商标所有人同意的商标使用构成商标所有人的使用。

5. 都认可不改变注册商标显著性的变形使用

为了迎合市场需求，注册商标所有人在实际使用商标过程中有时会对其形式作出一定的改变，但只要这种增加或减少或改变没有使注册商标的显著性发生变化，那么这种变形使用仍将被视为维持商标注册的有效使用。对此，《巴黎公约》第 5 条 C 款第（2）项已明确认可不改变注册商标显著性的变形使用。鉴于《巴黎公约》的上述条款已被纳入 TRIPS 协定，故 WTO 成员有义务对上述注册商标的变形使用予以认可。

考察结果显示，大多数成员都在立法上明确规定了不改变注册商标显著性的变形使用属于维持商标注册的有效使用。如欧盟《条例》第 15 条规定，注册商标在使用时与其注册的形式在某些要素中存在区别，但这种差别不会改变该标志显著性的，则这种使用构成维持商标注册的使用。欧盟成员国英国❻、德国❼、法国❽对此都作出了类似规定；美国《兰哈姆法》对变形使用问题未作规定，但在司法实践中也曾作出过肯定的判决。❾

6. 都将商标使用的举证责任分配在商标所有人身上

在注册商标不使用撤销案件中，申请人基于注册商标所有人不使用该商标

---

❶ §5（15 USC §1055）of the US Trademark Law.
❷ 《条例》第 15 条。
❸ 《英国商标法》第 46 条第 1 款（a）项。
❹ 《德国商标法》第 26 条第 2 款。
❺ 《法国知识产权法典》立法部分第 714 条之五第 2 款（a）项。
❻ 《英国商标法》第 46 条第 2 款。
❼ 《德国商标法》第 26 条第 3 项。
❽ 《法国知识产权法典》立法部分第 714 条之五第 2 款（b）项。
❾ Ilco Corp. v. Ideal Security Hardware Corp., 527 F. 2d 1221, 188 USPQ 485（CCPA 1976）; Van Dyne–Crotty, Inc. v. Wear–Guard Corp., 926 F. 2d 1156, 17 USPQ2d 1866（Fed. Cir. 1991）.

第二章 TRIPS 协定下主要成员的注册商标使用要求制度之比较

而提出撤销申请，根据"谁主张谁举证"的通常举证规则，理应由撤销申请主体证明被申请人不使用注册商标的事实，但由于该事实属于消极事实，证明难度较大，而由商标所有人证明其使用的事实则相对容易。若一味严守举证规则，会使不使用撤销制度被架空，因此，上述被考察的 WTO 成员均对举证规则进行了变通，将商标使用或存在不使用正当理由的举证责任分配至注册商标所有人身上，而申请人的举证责任则较轻。

例如，美国《兰哈姆法》第 45 节规定，在商标放弃程序中由主张商标放弃的申请人首先证明注册商标已经 3 年不使用，由此形成放弃的初步证据后，举证责任便转移至商标所有人，其应提出商标使用的证据来反驳上述放弃的推定。欧盟《条例》未对举证责任作出规定，但《执行关于欧共体商标40/94条例的1041/2005 号规则》第 40 条第 5 款规定，商标所有人负有在规定时限内举证证明其商标被投入真正使用的责任，该《规则》还对举证时限、证明内容以及具体的证据材料作出了详细规定。❶ 此外，英国❷、法国❸等国也在立法中规定，商标所有人在不使用撤销案件中应当证明其注册商标被投入使用的事实或存在相应不使用的特殊情形，否则其注册商标将被撤销。

（二）注册商标维持阶段的使用要求之不同之处

1. 注册商标不使用期间的长短

在注册商标不使用的期间上，欧美各主要 WTO 成员的规定有所不同。美国《兰哈姆法》❹规定不使用的期间为 3 年，而欧盟《条例》及其主要成员国的商标立法规定不使用的期间为 5 年。TRIPS 协定第 19 条要求"至少 3 年"，这说明上述成员方的立法规定均符合 TRIPS 协定的要求。

然而，不使用期间设定的长短一定程度上反映了成员对注册商标的不同保护力度。如欧盟《条例》及其主要成员国商标法都设定了 5 年的不使用时间，长于 TRIPS 协定设定的最低限，而允许商标不使用的期间越长，相当于对该注册商标保护的时间越长，说明欧盟立法更倾向于维护商标注册的稳定，不轻易因短时间的不使用而撤销该注册商标。而美国的联邦商标立法则不然，《兰哈姆法》强调商标在商业中的使用，使用被视为维持商标注册以及商标权的根基，因此，其对注册商标不使用的容忍度较低，对商标不使用的期限设定较

---

❶ 《执行关于欧共体商标40/94条例的1041/2005 号规则》第 22 条第 2~4 款。
❷ 《英国商标法》第 100 条、《商标规则 2008》第 38 条。
❸ 《法国知识产权法典》立法部分第 714 条之五。
❹ 《兰哈姆法》第 45 节。

短,3 年连续不使用将被视为商标放弃的初步证据。

2. 注册商标不使用期间的计算

在注册商标不使用期间的计算上,有的 WTO 成员规定了商标不使用的起算点,如欧盟《条例》第 15 条规定,商标被撤销的情形包括商标注册之日起 5 年内不使用;有的成员商标立法没有规定期间计算的起点,不管从何时开始或何时结束,只要注册商标在连续 3 年或 5 年的期间内不使用,就会遭受商标撤销的风险,如美国❶和法国❷的规定。

然而,在一些 WTO 成员的商标立法上,不使用期间的计算还存在例外,即注册商标不使用虽已达到法定期限,但仍可以使注册商标免于被撤销。如欧盟《条例》第 51 条规定,在 5 年期限届满后撤销申请或反诉提出的间隙,商标已经开始或重新投入使用的,此种情形下无人可主张该商标权利被撤销。德国商标法❸、英国商标法❹对此也作出类似规定。与此相反,美国《兰哈姆法》未作出此类规定,且在其商标放弃案件中,3 年不使用期满后的再使用被认定为构成新的商标使用,不能挽救商标被放弃的命运。❺ 上述不同立法和实践说明,采取注册取得制的国家更倾向于保护商标注册的有效性,在允许商标不使用的期间方面的要求远低于强调商标使用的美国。

3. 突击使用的应对

如上文分析,部分 WTO 成员虽然规定注册商标在一定期间内不使用将被撤销,但同时还规定了不使用期间的例外,即在撤销申请提出前注册商标又被重新使用,可使商标免于被撤销。此类规定诱发了一些闲置商标的突击使用行为,不少注册商标所有人在商标权转让或授权使用的交涉过程中或者在商标侵权纠纷中,察觉到对方有可能提起商标撤销申请时,为了挽救其商标被撤销的厄运,在撤销申请即将被提起前突击使用该商标,从而达到了规避立法的目的。

为有效规制上述突击使用现象,对不具有真实使用意向的商标使用行为进行制裁,一些 WTO 成员还制定了商标突击使用的应对措施。如欧盟《条例》

---

❶ 《兰哈姆法》第 45 节。
❷ 《法国知识产权法典》立法部分第 714 条之五第 1 款。
❸ 《德国商标法》第 49 条第 1 款。
❹ 《英国商标法》第 46 条第 3 款。
❺ CHRISTOPHER T. MICHELETTI. Preventing loss of trademark rights: quantitative and qualitative assessments of use and their impact on abandonment determinations [J]. The Trademark Reporter, 2004, 94 (3): 636.

第 51 条第 1 款（a）项规定，若撤销申请或反诉在 5 年不使用的期限届满后提出，而商标开始或重新使用是在该撤销申请或反诉提起之前的 3 个月内发生，且注册商标所有人已经意识到申请或反诉的提出，则这种使用将不予考虑。欧盟主要成员国英国❶、德国❷、法国❸的商标立法都作出了与《条例》类似的规定。由于美国对不使用期间没有规定重新使用的例外，因此，在立法上也未有对突击使用行为的规制。

4. 程序启动的主体

在注册商标因不使用被撤销的程序启动上，上述考察的 WTO 成员无一例外地规定了依申请启动，而没有规定行政机构可以依职权提起撤销程序。这说明，成员对注册商标权属于一项私权利已经达成共识，即使商标所有人消极行使该权利——不使用注册商标，行政机构亦不宜主动对该权利进行制裁，而应由市场主体决定该注册商标的命运，进而对注册商标权人的权利行使作出适当限制。这种立法规定充分体现了商标权的私权属性。

但在撤销申请的主体上，各主要成员的规定仍存在差异，有些成员对申请主体施加一定的限制，只有满足条件的主体才能提起商标不使用撤销程序。如《法国知识产权法典》❹规定的申请主体为"任何相关人员"，美国《兰哈姆法》❺要求撤销申请人为："认为其权益因商标注册而受到或将受到损害的任何主体"。此类立法说明，在上述 WTO 成员中只有当注册商标不使用而保有商标权的状态影响到了特定主体的利益时，这些利益主体才被赋予提起撤销注册的权利。尽管对申请主体设定了限制，但美国的司法实践仍倾向于尽可能宽松地界定申请者的资格。❻而有些成员则对申请撤销的主体没有进行任何限制，允许"任何人"提起商标撤销程序，如英国❼、德国❽。这种对申请主体不加限制的规定说明，立法者已意识到闲置的注册商标不仅损害了相关经营主体的利益，还有损于社会公共利益，鼓励社会公众一同参与到不使用注册商标的清除工作中来。

---

❶ 《英国商标法》第 46 条第 3 款。
❷ 《德国商标法》第 49 条第 1 款。
❸ 《法国知识产权法典》立法部分第 714 条之五。
❹ 《法国知识产权法典》立法部分第 714 条之五第 3 款。
❺ §14 (15 U. S. C. § 1064).
❻ Lipton Industries, Inc. v. Ralston Purina Co., 670 F. 2d at 1029 – 1030 (1982).
❼ 《英国商标法》第 46 条第 4 款。
❽ 《德国商标法》第 55 条第 2 款。

此外，美国《兰哈姆法》还规定联邦贸易委员会"可以"基于商标的放弃提出商标撤销申请。但需注意，这里的联邦贸易委员会并非商标撤销案件的审理机构，因此其不属于依职权撤销；且立法仅规定该委员会"可以"申请撤销商标注册，并非出现上述放弃情形必须提起撤销程序。不管如何，美国联邦商标法允许公主体作为申请者提起商标撤销申请的规定还是与众不同的。

四、注册商标权利行使上的使用要求之比较

上述考察的 WTO 成员的商标立法显示，美国、法国在注册商标权利行使上均未设定使用要求，而欧盟以及英国、德国在这方面则走在了世界前列。欧盟《条例》以及《英国商标法》对连续 5 年不使用的注册商标上的程序性权利作出限制，而《德国商标法》不仅对不使用的注册商标的程序性权利作出限制，还在此基础上对注册商标所有人的实体权利作出实质性的剥夺，德国立法开创了注册商标权利行使上的使用要求立法的历史先河。

欧盟《条例》授予欧共体商标的在先注册人对在后的商标注册申请提出异议的权利[1]，同时，《条例》还规定，如果在先商标权人不能证明其于在后商标注册申请公布之日前的 5 年内，将商标在欧共体内于注册相关的商品或服务上投入了真正使用或存在不使用的适当理由，则其提出的异议应被驳回[2]。对于注册商标权人宣告在后商标注册无效的权利，《条例》也作出了类似的使用要求规定。[3] 可见，连续 5 年不使用的欧共体商标即使未被他人申请撤销，但该注册商标所有人所享有的部分程序性权利也会因不使用而受到限制。《英国商标法》[4] 作出了与《条例》基本一致的规定。

值得一提的是德国商标立法的规定，其除了对注册商标所有人的程序性权利设定了与《条例》类似的使用要求，还用专门条款规定了注册商标所有人 5 年不使用注册商标将导致其上请求权主张的丧失。[5] 具体被剥夺的实体性权利包括：向第三人主张商标侵权的权利、禁令请求权、损害赔偿请求权、销毁带有非法标识的侵权产品和侵权设备的请求权以及要求侵权者提供侵权产品来源、经销渠道等相关信息的权利。德国的上述立法体现了使用要求对商标保护

---

[1] 《条例》第 8 条。
[2] 《条例》第 42 条第 2 款。
[3] 《条例》第 57 条第 2 款。
[4] 《英国商标法》第 6A 条第 2 款和第 3 款、第 47 条第 2A 款。
[5] 《德国商标法》第 25 条。

第二章　TRIPS 协定下主要成员的注册商标使用要求制度之比较

的限制，连续 5 年不使用且尚未被撤销的注册商标得不到商标法的保护，也不能阻止他人对该商标的注册和使用。这从另一个角度弥补了商标不使用撤销制度的被动性，完善了注册商标的使用要求制度，在国际商标立法上具有先导性意义。

综上，欧美主要 WTO 成员在注册商标的使用要求制度上的相同之处大多属于 TRIPS 协定已协调的范畴，而不同之处则多为 TRIPS 协定未明确规定或未予协调的事项。这一方面体现了 TRIPS 协定对使用要求进行国际协调所取得的成果，另一方面也反映出了 TRIPS 协定协调的局限性和进一步协调的可能性。

本章小结

本章从比较法角度对 WTO 主要成员的注册商标使用要求的立法和实践进行了较为系统的介绍和评析，选取的代表性国家和组织有：美国、欧盟及其主要成员国英国、德国、法国。这些国家或地区的注册商标立法与实践历史悠久，对于 TRIPS 协定有关条款的达成具有决定性影响。对其展开比较研究，有助于理解 TRIPS 协定有关义务的性质、范围等。同时，作为中国两个最大的贸易伙伴，美国和欧盟的注册商标使用制度的比较研究，对解决有关贸易争端也不无裨益。

通过比较发现，欧美各主要 WTO 成员在注册商标使用要求的适用范围、商标使用的含义、具体程序等方面既存在相同之处，也存在不同之处。主要体现在如下四个方面：其一，在商标使用概念上，尽管各主要成员的立法规定存在差异，但商标使用的认定实践对其本质内涵的认识趋于一致，即发挥商标区分来源功能的使用。其二，在商标注册阶段，采用商标权使用取得制的美国规定了使用要求，具有使用立法传统的英国设定了意向使用要求，而其他成员均未设定该阶段的使用要求。其三，在商标注册的维持阶段，被考察的 WTO 成员均规定了使用要求，主要相同之处为：都以撤销作为商标不使用的法律后果、都认可不使用的正当理由、在商标使用主体上都认可他人的使用、都认可不改变注册商标显著性的变形使用、都将商标使用的举证责任分配在商标所有人身上；而在不使用期间的长短及计算、突击使用的应对、撤销程序的启动主体等方面存在不同。其四，在注册商标权利行使上，欧盟《条例》以及《英国商标法》在注册商标所有人的异议权、宣告无效权的行使上设定了使用要求；而德国商标立法不仅在上述程序中设定了使用要求，还在商标所有人实体权利的行使上也设定了使用要求；其他成员的商标立法在这方面未作明确规定。

通过对 WTO 主要成员注册商标的使用要求制度的考察，可发现大部分成员的使用要求制度的立法时间早于 TRIPS 协定的签订时间，如美国、欧盟、法国等。这在一定程度上反映出 TRIPS 协定对使用要求的国际协调是对各主要发达成员现有制度的巩固。当然，在 TRIPS 协定生效后，也有部分成员对其国内立法进行了修改，如英国在 2004 年引进了不使用撤销制度。这体现了 TRIPS 协定在使用要求的国际协调上所取得的效果。此外，一些 WTO 成员的立法规定远远走在了 TRIPS 协定的前面，超出了 TRIPS 协定协调的范畴，如欧盟、英国等针对注册商标权人的程序性权利设定了使用要求，德国法就注册商标实体权利的行使规定了使用要求制度。上述现象也印证了 TRIPS 协定对使用要求的国际协调的局限性，其协调很大程度上体现了国际条约"自下而上"的立法特征，故其协调的意义更在于巩固现有制度，而非"自上而下"的规则统一。因此，TRIPS 协定的国际协调成就仅是在其签订当时而言的最高成就。通过对上述 WTO 主要成员的注册商标使用要求制度的异同分析，可以发现，在该制度上国际社会仍有诸多进一步协调的可能和空间。

第三章　TRIPS 协定下注册商标的使用要求之理论探讨

在前述两章围绕 TRIPS 协定的条约分析及该协定义务下制度比较的基础上，本章将提炼出 TRIPS 协定下注册商标使用要求制度的相关理论。首先，通过分析注册商标使用要求的制度成因，考察该制度为何出现在 WTO 成员的国内法上，凸显出该制度在商标法中的重要地位，进而明确 TRIPS 协定对此进行国际协调的原因和必要性。其次，解析注册商标使用要求制度中的重要概念，明晰 TRIPS 协定相关条款中的核心概念含义。一方面，基于前文考察的 TRIPS 协定立法史，明确 TRIPS 协定下的"注册"含义应取广义之说；另一方面，通过总结 WTO 欧美主要成员对相关概念的立法与实践，归纳出 TRIPS 协定未界定的商标"使用"以及"不使用"的含义，进而为下一章我国立法的完善提供理论支持，也为使用要求制度的后续国际协调奠定概念基础。最后，对使用要求制度所反映出的两对核心关系进行辨析，折射出注册商标使用要求制度的立法趋势和制度本质，不仅可加深对注册商标使用要求制度的理解，还有利于我国相应制度完善时把握公平与效率以及公益与私益间的平衡关系。

第一节　TRIPS 协定下注册商标的使用要求之原因分析

一、商标资源的合理配置是设定注册商标使用要求的直接动因

（一）可注册商标资源的稀缺性

"稀缺性"是经济学上的一个重要概念。正是因为资源的稀缺性，人们才可能对资源利用产生冲突，财产权的界定才显得必要。财产权是"当事人之

TRIPS 协定下注册商标的使用要求

间相互作用的革命性产品,该产品后来通过法律得到规制"。❶ 财产权的核心因素是稀缺性。❷ 而知识产权的客体是"特定的有用信息"❸,由于信息可以无限复制和传播、不因使用而消耗、可由不同主体同时拥有,故而不具有稀缺性,属于人类共享的资源❹,因此,知识产权不具备有形财产的静态稀缺特征。❺ 而在经济学上,稀缺性是财产权合法化的中心。无怪乎有人认为,知识产权没有合法的道德依据,❻ 知识产权的财产权是人创造的产物,是一种法定的稀缺。❼

就商标权而言,商标权的客体是商标所传递的商品来源、质量、信誉等商业信息,这种商业信息可被无数消费者在消费选择时利用,且不会因为利用而导致信息减少,可以说商标所蕴含的上述信息不具有稀缺性。然而,商标作为市场中促进商品销售和服务提供的信息载体,其不属于商标权的客体范畴,也不具有信息的共享性特征。加之法律对商标,特别是商标注册构成要件的限定,使"可注册商标资源"成为彻头彻尾的稀缺资源。

首先,商标是由文字、图形、字母、数字、颜色等要素或要素组合构成,尽管这些要素的排列组合看似无穷无尽,但事实上这些要素本身在数量上是有限的。以汉字为例,其存在的数量是恒定的,商务印书馆出版的《现代汉语词典》收录了13000多个汉字;而英文字母只有26个,"图形按其描绘的内容和形式可分为29类共1394个要素"❽。加之人类认识和表达所受的时代局限性,理论上无限的商标资源无法在实际中被完全利用。

其次,作为商标必须满足一定的条件。TRIPS 协定第 15 条第 1 款规定,能够将一企业的商品或服务与另一企业的商品或服务区别开来的任何标志或标志组合,应能构成商标。从该规定上看,商标从本质上应当具有区分商品或服

---

❶ TOM PALMER. Intellectual property: a Non – ponserian legal and economic aspect [J]. Hamline Law Review, 1989, 12: 278.
❷ 冯晓青. 财产权经济学理论与知识产权制度的正当性 [J]. 法律科学(西北政法学院学报), 2003 (2): 90.
❸ 粟源. 知识产权的哲学、经济学和法学分析 [J]. 知识产权, 2008 (5): 6.
❹ 粟源. 知识产权的哲学、经济学和法学分析 [J]. 知识产权, 2008 (5): 12.
❺ 冯晓青. 财产权经济学理论与知识产权制度的正当性 [J]. 法律科学(西北政法学院学报), 2003 (2): 90.
❻ TOM G. PALMER. Justifying intellectual property: the philosophy of property and ideal objects [J]. Harvard Journal of Law and Public Affairs, 1990, 13: 301.
❼ 粟源. 知识产权的哲学、经济学和法学分析 [J]. 知识产权, 2008 (5): 12.
❽ 刘淑琴. 商标资源利用与拓展 [J]. 中华商标, 2000 (11): 17.

务来源的特征,这是"商标表彰自己的商品以与他人商品相甄别之固有属性"❶,因此,商标必须具备显著性这一基本条件,从而排除那些不具有显著性的符号资源,如产品通用名称、通用符号、计量单位等。

再次,在各WTO成员的商标立法中,商标注册的条件远不止显著性这一项,还需满足众多的积极与消极条件。如我国《商标法》第9条、第10条、第11条、第12条、第13条均是对注册商标设定的各项条件,这进一步限制了可注册商标资源的范围。然而,在商标注册实践中,即使具备了法律所规定的各项商标注册条件,商标资源也不一定会被实际选用为商标,因为经营者还会关注商标本身具有的美感和商业可接受度等问题。

最后,可注册商标资源的外延还受到商标权、著作权、外观设计权等在先权利的限制。由于商标权具有排他性,一旦商标被他人注册或使用而获得商标权后,其他主体就不能够在相同或类似商品上使用相同或近似的商标,再加上驰名商标的跨类保护以及联合商标、防御商标的现实存在,使可注册商标资源的范围又受到进一步侵蚀。此外,受其他法律所保护的著作权、外观设计权等也在一定程度上排除了特定符号资源的可商标性,加剧了可注册商标资源的稀缺性。

(二)注册取得制下商标资源的不当配置

商标法所保护的并非商标符号本身,而是商标背后隐藏的有价值的商业信息。但是,如果没有商标,没有商标与商品或服务的结合,也就不可能产生商标指示的信息,"皮之不存,毛将焉附?"从这个意义上讲,正是由于商标资源的稀缺性,商标权的设立才具有了经济学上的正当性,因为"对财产权的法律保护是为了创造有效的资源使用激励"❷。然而,在注册取得制下,注册商标权的创设产生了诸多不当注册,浪费了有限的商标资源,被称为"商标圈地运动"❸。

商标抢注便是商标注册取得制下出现的一种特有商业现象。商标抢注可分为广义和狭义,前者是指未经在先权益人许可,将其享有财产或人身权益的标识申请商标注册的行为;而后者指未经在先商业标识的使用者许可,将其商业标识申请商标注册的行为❹。在商标注册取得制下,商标权的取得以注册申请

---

❶ 曾陈明汝. 商标法原理 [M]. 北京:中国人民大学出版社,2003:131.
❷ 波斯纳. 法律的经济分析(上) [M]. 蒋兆康,译. 北京:中国大百科全书出版社,1997:40.
❸ 邓宏光. 商标圈地运动的法律规制 [J]. 甘肃社会科学,2008 (1):41.
❹ 李扬. 我国商标抢注法律界限之重新划定 [J]. 法商研究,2012 (3):76.

TRIPS 协定下注册商标的使用要求

在先为原则,这就为商标抢注提供了法律依据,故不能一概否认之。一般而言,商标抢注者在取得商标专用权后,并不将该商标投入真实的商业使用进而使其发挥商标应有的作用,而是将该商标储备起来待价而沽,使真正想要使用该商标的经营者不得不高价购买。恶意的商标抢注作为一种权利寻租现象,不仅违背了商标权保护的本意,还占用了有限的商标资源,增加了其他竞争者使用商标的成本,属于不当注册。

伴随商标注册取得制的另一个商标资源浪费现象便是商标的闲置。商标注册后在较长时间内未被投入实际使用,但这种"注而不用"的闲置商标却能依据注册商标专用权排斥他人在相同或类似商品或服务上使用相同或近似的商标,这限制了竞争者使用商标的权利❶,大大增加了竞争者的准入障碍。❷ 闲置商标的存在还增加了商标注册申请前商标检索的负担,造成商标审查效率低下和商标管理成本增加。可见,商标注册不当或不使用致使商标资源低效配置,增加了社会管理成本,违反了经济学上"追求利益最大化"的效益理论。

(三) 注册商标的使用要求使商标资源达到合理配置

在财产权的经济学理论中,财产法的经济目标是最佳利用有限资源、最大限度地扩大产出、最终实现效益最大化。因此,财产权的行使不仅要讲究个人效用,还需考虑社会中资源的有效利用和最优配置。财产权的形成和发展与财产权的收益和成本息息相关,故应以资源的稀缺性以及资源的有效配置来矫正财产权。商标资源的稀缺性决定了商标财产权设立的必要性,然而,注册取得制下商标权行使的"负外部性"❸ 导致了商标资源的不合理配置和低效利用。为了克服上述商标权的负外部性,在"可注册商标资源"稀缺的背景下,重新优化商标资源配置,最大限度促进商标资源的有效使用,就必须对注册制下的商标权进行矫正,引入使用要求制度。

商标的生命在于使用,注册商标制度的出现并未否定商标使用存在的意义。任何将注册商标据为己有而又不加实际使用的行为都是对"可注册商标资源"的浪费,属于商标权的不当使用,需要通过注册商标的使用要求予以

---

❶ DANIEL C. SCHULTE. The Madrid Trademark Agreement's basis in registration based systems: does the protocol overcome past biases [J]. Journal of the Patent and Trademark Office Society, 1995, 77: 607.

❷ STEPHEN L. CARTER. The trouble with trademark [J]. The Yale Law Journal, 1990, 99: 760.

❸ 从经济学上讲,"外部性"是指个人追求私益对于他人的效用或福利有外溢性影响。外部性分为积极和消极的外部性,也称为正外部性和负外部性,经济行为的上述外部性不仅影响经济制度的选择,也会影响法律制度的选择。

第三章 TRIPS 协定下注册商标的使用要求之理论探讨

纠正。为了应对商标资源浪费产生的不良后果,采用商标权注册取得制的国家一般都会采纳商标注册维持阶段的使用要求制度——撤销一定期限内无正当理由不使用的注册商标,而控制注册商标总量、减少闲置商标数量、优化商标资源配置是设定注册商标使用要求的直接原因。

在商标注册阶段,使用要求使未使用的商标无法取得商标注册,这将有效遏制商标抢注等权利寻租现象。在注册商标维持阶段,使用要求会使无正当理由不使用的注册商标在一定期限后被撤销,从而将注册商标释放至公共领域使其再次进入"可商标资源"范畴,为其他经营者提供商标使用的准入机会。在注册商标权利行使阶段,使用要求将限制甚至剥夺不使用的注册商标所有人的权利,使他人的商标注册或使用行为合法化。可见,注册商标的使用要求制度将从商标的注册、使用、保护等多个方面对商标资源进行二次分配,使商标流向最具使用意图的主体,从而实现商标资源的合理配置。因此,使用要求制度是商标资源稀缺环境下对注册商标权的调整和分配,是注册商标权符合经济学正当性不可或缺的制度配套。

概言之,"可商标资源"是稀缺的,有限的商标资源应当进行合理配置;没有使用意向的主体占有商标资源,对社会上的消费者、其他市场经营者,甚至对注册商标所有人本身而言,都是一种财产秩序上的不公正和不正义。在商标权取得上,尽管使用取得制逐渐遭到各国立法的摒弃,注册取得制日益成为主流,但如法律经济学代表人物波斯纳所言,"在商标权的初始分配上,使用要求比其他任何潜在分配方式都更为高效"[1]。因此,对于目前采用商标权注册取得制的国家而言,"商标使用要求体现了对商标权以正义为基础的限制,有效使用使初始商标所有人从商标权中获益,同时,也允许后来者在初始商标所有人因不使用而丧失商标权时进行商标权的再分配。"[2]

而本书第二章所考察的 WTO 主要成员的注册商标使用要求制度显示,欧美各主要成员在使用要求制度上的立法宗旨也是为了更有效地配置商标资源,促进注册商标的真实使用,推进公平竞争秩序的建立。例如,美国联邦商标法上强调的"防止商标囤积"的立法目的[3],欧盟《指令》序言中明确的"减

---

[1] WILLIAM M. LANDES, RICHARD A. POSNER. The economics of trademark law [J]. The Trademark Reporter, 1988, 78: 267, 280.

[2] WENDY J. GORDON. On owning information: intellectual property and the restitutionary impulse [J]. Virginia Law Review, 1992, 78: 149, 167.

[3] Imperial Tobacco, Ltd. v. Philip Morris, Inc., 899 F. 2d 1575, 1581 (Fed. Cir. 1990).

少注册商标总体数量"的立法主旨。❶ 而使用要求蕴含着贸易精神（第一章已详述），这使该制度所主张的商标使用与 WTO 所要推动的国际贸易不谋而合，因此，上述立法旨趣也成为 TRIPS 协定对注册商标的使用要求进行国际协调的原因所在。

二、商标保护的正当性是设定注册商标使用要求的内在机理

（一）商标保护的本源在于使用

商标的发展史也是一部商标使用史。商标作为一种社会经济现象，早在商标法形成之前就已长期存在。商标的最早期使用可追溯至远古时期，当时人们在商品上使用区分性标识，如将各种图样使用在牛、羊等牲畜上❷，用来表明对商品的所有权。在我国战国时期，"物勒工名"制度下的标记则是一种产品质量标记。中世纪时，商标根据使用情形可被分为两类：所有权标记和生产标记，前者是为了区分商品的所有权❸，后者是为了表明商品的来源❹，因此，前者从本质上讲离现代商标概念已非常遥远，后者则更接近于现代商标作为来源识别标记的本质。工业革命时期，随着工业的发展，现代生产方式代替了古代的手工作业，生产资料的集中和经销方式的发展，使消费者更易获取商品。随着广告的增加，体现商品来源标记这一现代功能的商标使用也在增长。❺ 在标记向商标的演化过程中，商标经历了一个"从'辨人'到'辨物'的记号阶段"❻，现代商标的本质是确认商品并区分生产或销售来源❼，而承载商标功能飞跃的重要载体便是商标使用。没有商标的商业性使用，商标就无法具备区分商品来源的功能。换言之，商标是标记使用于商品之上产生的结果。因此，商标的本源在于使用。

---

❶ 《指令》序言第 9 条。

❷ DANIELS L E. The history of the trade - mark [J]. TM Bull, 1911, 7: 239, 240 - 241.

❸ FRANK I. SCHECHTER. Historical foundations of the law relating to trade - marks [J]. Columbia Legal Studies, 1925, 147: 20 - 21.

❹ DANIEL M. MCCLURE. Trademarks and unfair competition: a critical history of legal thought [J]. The Trademark Reporter, 1979, 69: 310.

❺ SIDNEY A. DIAMOND. The historical development of trademarks [J]. The Trademark Reporter, 1975, 65: 280 - 281.

❻ 孙英伟. 商标权保护正当性的历史分析：基于第三次商标法修改 [J]. 河北大学学报：哲学社会科学版, 2011（5）: 117.

❼ SIDNEY A. DIAMOND. The historical development of trademarks [J]. The Trademark Reporter, 1975, 65: 288.

第三章 TRIPS 协定下注册商标的使用要求之理论探讨

尽管商标在不断发展，但保护商标的法律却姗姗来迟。被视为商标保护的第一权威案例是 1618 年的 Southern v. How 案❶。该案并非涉及商标侵权，而是有关假冒珠宝的销售。❷ 该案之后过了 100 多年才出现新的商标案例——1742 年的 Blanchard v. Hill 案。该案是基于商标保护而发布禁令的首个有记载案例。❸ 可见，早期关于商标保护的案件都属于为防止欺诈的普通侵权法。❹ 在当时的理论和实践中，被欺诈的受害方是购买者而非商标所有人❺，如在伊丽莎白统治时期，享有禁止他人冒用商标起诉权的是受欺诈的消费者而非商标所有人。❻ 在 19 世纪初，英美普通法上发展了防止欺诈的"禁止假冒诉讼"（passing off）原则，其后又出现了商标侵权诉讼判定中的"消费者混淆"测试。这些商标保护制度都反映出商标保护的本质是"消费者保护"，消费者保护被视为普通法上商标保护的根基。然而，没有商标所有人的在先使用，就不会产生侵权者使用商标的混淆，消费者保护也将失去意义。因此，在普通法上"商标保护的前提是商标使用"。❼

随着商标法律制度的不断演进，商标保护的本质也有了新的发展。但将商标作为财产进行保护的案件一直到 1838 年才出现，Millington v. Fox 案是首个基于商标侵权而被授予禁令救济的诉讼。❽ 自此，商标权才作为商标所有人的一项权利被认可，法院不仅保护消费者免受混淆，还保护商标所代表的品牌价值或商誉。❾ 商标法发展至今，商标保护主要包含两个方面：保护商誉和保护

---

❶ KENNETH R. PIERCE. The trademark law revision act: origins of the use requirement and the overview of the new federal trademark law [J]. Florida Bar Journal, 1990, 64: 35, 36.

❷ FRANK I. SCHECHTER. Historical foundations of the law relating to trade – marks [M]. New York: Columbia University Press, 1925: 7.

❸ DANIEL M. MCCLURE. Trademarks and unfair competition: a critical history of legal thought [J]. The Trademark Reporter, 1979, 69: 312.

❹ ZECHARIAH CHAFEE, Jr.. Unfair competition [J]. Harvard Law Review, 1940, 53: 1289, 1294 – 1296.

❺ FRANK I. SCHECHTER. Historical foundations of the law relating to trade – marks [M]. New York: Columbia University Press, 1925: 152.

❻ ROBERT J. SHAUGHNESSY. Trademark parody: a fair use and first amendment analysis [J]. The Trademark Reporter, 1987, 77: 177, 181 (n. 14).

❼ RODOLF RAYLE. The trend towards enhancing trademark owner's right – a comparative study of U. S. and German trademark law [J]. Journal of Intellectual Property Law, 2000, 7: 227, 243.

❽ Millington v. Fox, 3 Myl & Cr 338 (1838). Kenneth R. Pierce. The trademark law revision act: origins of the use requirement and the overview of the new federal trademark law [J]. Florida Bar Journal, 1990, 64: 36.

❾ United Drug Co. v. Theodore Rectanus Co., 248 U. S. 90, 97 (1918).

消费认知。❶ 然而，这两项商标保护均离不开商标使用，没有使用就没有商誉，更没有消费者认知的混淆。因此，商标保护的本源也在于使用。

（二）洛克的财产权劳动学说诠释了商标保护的正当性

目前，在知识产权正当性的探讨上存在洛克的劳动学说、黑格尔的人格理论、边沁的功利主义等诸多理论，但在商标保护的正当性方面，洛克自然法学说中的财产权劳动理论最为契合，已成为商标保护正当性的主流理论基础。正如德拉豪斯（Peter Drahos）所言，"洛克的财产权劳动学说已被视为一个理论图腾"。❷

洛克的财产权劳动学说的起点是自然共有状态。其提出，地上的一切为全人类所共有，每个人对自己的人身拥有所有权，所以劳动属于个体自己；当人们将其劳动与处于共有状态的某物混合时，该物即脱离了自然状态，成为劳动者的财产；在取得财产的同时还应该留给他人足够多且好的东西。❸ 洛克劳动学说的核心观点是：个人因对某物付出了劳动而被赋予财产权，这是"关于劳动的道德优势理论"❹，使财产权的获得顺理成章。其后的学者发现，洛克的劳动学说在劳动及于全部物的财产权上解释困难，便对其理论进行修正，将劳动所获得的财产权限缩在由劳动所增加的那部分价值上。❺ 修正后的劳动增值论在劳动与财产权取得间建立了一种更为精准的对应关系，同时也将公共领域的东西排除在财产权之外，印证了知识产权制度中公知知识不受保护的规定，使劳动学说与知识产权保护制度具有更强的匹配性。尽管洛克的上述财产权学说当时仅针对有形财产而言，但作为无形财产的知识产权从本质上与有形财产并无不一致的地方，❻ 而智力成果的形成无不蕴含着劳动者的辛勤劳动，因此，财产权劳动学说也能为知识产权的保护提供正当性理论基础。

洛克的财产权劳动学说具体运用到商标领域，则应当遵循下列逻辑：各种

---

❶ ADAM MOSSOFF. What is property? Putting the pieces back together [J]. Arizona Law Review, 2003, 45: 371, 422.

❷ PETER DRAHOS. A philosophy of lntellectual property [M]. Sudbury: Dartmouth Publishing Company Ltd., 1996: 32.

❸ 洛克. 政府论（下篇）[M]. 叶启芳, 瞿菊农, 译. 北京: 商务印书馆, 1995: 21.

❹ 冯晓青. 知识产权的劳动理论研究 [J]. 湘潭大学社会科学学报, 2003 (5): 25.

❺ EDWIN C. HELLINGER. Justifying intellectual property [M] //Adam D. Moore Intellectual property: moral, legal, and international dilemmas. Boston: Rowman & LittleField Publishers, Inc., 1997: 17 - 36; 贾斯汀·休斯. 知识产权哲学 [M]. 杨才然, 张萍, 译//刘春田. 中国知识产权评论（第二卷）. 北京: 商务印书馆, 2006.

❻ 理查德·波斯纳. 法律的经济分析 [M]. 蒋兆康, 译. 北京: 中国大百科全书出版社, 1997: 47.

文字、数字、图案等符号要素或其组合属于共有的商标资源，个体在其上付出劳动和努力，从而对其价值增值部分取得商标权。根据该逻辑推演，"劳动"应是获得商标保护的正当性基础。但这里的"劳动"不同于著作权或专利领域的，著作权或专利权形成过程中的劳动都体现在对共有知识的加工和创新上，而商标权的获得不在于商标选用或设计上所付出的劳动，因为商标的具体图案或设计如符合一定标准，则由著作权或外观设计的相关法律给予保护，而非由商标法进行保护。因此，商标保护意义上的"劳动"，是指该商标与特定商品或服务相联系的实际使用，这是商标使用人长期投资、大量投入的市场经营过程，凝结着使用人巨大而艰辛的劳动。通过这种商标使用，消费者凭借商标区分了商品或服务的来源，作出了合理消费选择；而商标使用人则通过持续不懈的商标使用，获得了市场认可，积累了商誉。如果说，商标的来源区分功能是使用人留给他人的好处，那么商誉无疑是商标使用人通过劳动而获得的价值增值，其因此而获得商标保护也就自然水到渠成了。

（三）注册取得制下商标保护正当性的缺失

商标权使用取得制很好地顺应了洛克的财产权劳动学说。在使用取得制下，商标权的取得源自使用，是对商标使用这种劳动方式的确认，体现了对使用者劳动的尊重和保护。这种制度下的商标注册机制也以使用为前提，商标注册的取得也有赖于商标在商业中的真实使用，因此，使用取得制下的商标保护具有正当性基础。然而，在注册取得制下，商标权直接由国家机关通过行政注册程序授予，在商标权取得之前注册申请者不需要将该商标投入使用，也即没有付出任何劳动即获得了商标权，这与劳动赋权理论相悖，也与商标保护的本质背道而驰。注册取得制下商标保护的正当性因此受到诸多质疑，如刘春田教授指出的，没有使用过的注册商标不能算是商标，更谈不上商标权。[1] 然而，商标注册授权制一定程度上体现了知识产权的法定主义，与卢梭的社会契约理论较为契合（见本章第三节详述）。

在注册取得制下，商标保护正当性基础的缺失产生了严重后果，使商标保护的本质发生异化。商标仅是"标"，而商标之"本"在于其与商品或服务相联系的使用过程中建立的一种关系，这种关系使消费者得以区分商品或服务的来源，使经营者通过商标所指向的商品或服务的营销获得商誉。因此，"任何

---

[1] 刘春田. 商标与商标权辨析 [J]. 知识产权，1998（1）：12.

TRIPS 协定下注册商标的使用要求

文字、图案或符号不与特定商品或服务相联系，就不是商标"。❶ 注册授权制显然割裂了商标保护与商标本质间的联系，使商标权异化为对特定符号的财产权，而非对使用产生的商誉所进行的保护，使商标保护与商标价值来源相脱节。劳动是创造财富的最优途径，不劳而获的授权模式不利于鼓励劳动，也折射出立法的不公平。功利主义法学家杰米里·边沁按照功利标准将法律分为良法和恶法。❷ 恶法虽然具有合法性，但不符合正当性。❸ 对于注册取得制，尽管不能将其称之为恶法，但其对商标保护产生的不良后果证明，该制度下的商标保护是缺乏正当性的。

从商标的本源到商标保护的发展，再到商标保护的正当性理论支持，商标使用始终是商标受保护的根源，这是不争的社会现实，属于第一性范畴。而法律作为第二性范畴，应当反映出社会现实。恰如马克思的观点，"法律是由社会经济生活所创造，应当以社会为基础"。❹ 注册取得制忽视了商标使用的现实，因此，必须通过建立注册商标的使用要求来使注册授权得以正当化，这也体现了国家公权力对商标权这一私权的合理规制。在制度的具体选择上，可以通过设立商标注册前的使用要求或者商标注册后商标权维持或行使阶段的使用要求来实现。正如欧盟商标《条例》序言中所规定的："除非商标被真实使用，否则保护欧共体注册商标不具有正当性。"❺ 而美国联邦商标法上强调的保护商标在先使用者在先权的立法主旨，则更凸显了商标注册阶段的使用要求所追求的商标保护正当性的法理。❻ 可见，唯有通过商标使用，商标的来源区分、质量保障等社会功能才能得以发挥，商品或服务上的商业信誉才能得以积累，商标保护的正当性也才能获得重新建立。

总之，合理配置商标资源、正当化商标保护不仅是 WTO 成员在国内层面设置注册商标使用要求的制度动因，也是 TRIPS 协定对该制度进行国际协调的价值所在。TRIPS 协定在序言中明确承认了国家体制在知识产权保护中的公共政策目标，而保障商标资源的有效配置和商标保护的正当性恰好反映了各 WTO 成员在商标制度中所追求的公共利益。

---

❶ 刘春田. 商标与商标权辨析 [J]. 知识产权，1998（1）：11.
❷ 杨思斌. 功利主义法学 [M]. 北京：法律出版社，2006：64.
❸ 鄂振辉. 自然法学 [M]. 北京：法律出版社，2005：140.
❹ 马克思恩格斯全集（第6卷）[M]. 北京：人民出版社，1965：291-292.
❺ 欧盟《条例》序言第10条。
❻ Imperial Tobacco, Ltd. v. Philip Morris, Inc., 899 F. 2d 1575, 1581 (Fed. Cir. 1990).

第三章　TRIPS 协定下注册商标的使用要求之理论探讨

第二节　TRIPS 协定下注册商标的使用要求之基本概念解析

一、注册商标的使用要求之"注册"

(一) 注册的源起

"注册",顾名思义,是指在注册机构将商标登记备案,进而获得商标权的保护或证明,起到一种公示效果。最早的商标注册可追溯到中世纪的欧洲。当时行会力量强大,控制着行会内的工匠们,行会普遍要求工匠们在商品上使用标记❶,为了记载行会成员对标记的使用,各种商标注册制度开始发展。❷纽伦堡(Nuremberg)金搅拌行会在 1619 年建立了针对最古老标记的注册制度,该标记的最初使用可追溯至 1590 年❸,注册的内容为标记的真实印记以及最早使用的日期,该注册制度一直维持到 1757 年。❹ 然而,当时的商标注册不是为了保护商标,而是为了追溯工匠们生产次品的责任。❺

随着商品经济的发展和社会经济结构的变动,商业活动的范围逐渐扩展,基于使用产生商标权的方式渐渐无法满足商业模式发展的需求,商品经营者希望能通过固定的法律手续确定商标专用权,从而对其使用的商标形成合理的"权利预期",商标注册法律制度应运而生。1857 年,法国颁布了第一部现代意义上的商标法——《关于以使用原则和不审查原则为内容的制造标记和商标的法律》。该法第一次在法律层面建立了商标注册制度,但在商标权取得方面其仍采取使用在先原则,"注册制度仅为商标使用提供了证据,对已经存在

---

❶ FRANK I. SCHECHTER. Historical foundations of the law relating to trade – marks [M]. New York:Columbia University Press,1925:11.

❷ SIDNEY A. DIAMOND. The historical development of trademarks [J]. The Trademark Reporter,1975,65:278.

❸ LEON E. DANIELS. Trade – Marks – Their Origin and Development [J]. Trade – Mark Bull,1941,36:58,60.

❹ SIDNEY A. DIAMOND. The historical development of trademarks [J]. The Trademark Reporter,1975,65:278.

❺ Peter F. Gräser, Bernd Peter Rüster. World Intellectual Property Guidebook:Federal Republic of Germany, Austria, Switzerland [M]. New York:Matthew Bender,1991:§5B.

的商标权起到宣告和推定作用"。❶ 其后,英国在 1875 年建立了第一部商标注册立法——《商标注册法案》❷。在该法下,商标注册亦不产生财产权利,也仅是对基于使用产生的商标权的确认,❸ 其立法目的在于为注册商标提供诉讼程序和证据方面的有利条件。❹ 由于商标权取得制度并未得到根本性改变,该法中注册的效力仅限于对现存商标权的证明。美国、加拿大如今的商标注册制度就承袭了英国当时的立法模式。因此,"注册"在产生之初仅是对商标权利的一种宣告,其本身不产生商标权,也不给商标创设新的权利,其授予的权利并不比没有注册的商标多。❺

而在欧洲的另一块国土上却建立起了真正现代意义上的商标注册取得制度。德国在 1874 年创设了商标申请在先制度并颁布了德国第一部商标法。在该部法律下,商标权的取得只依赖于注册,并不要求商标的实际使用,第一个商标注册申请者可以对抗在先使用人❻,这无疑是对先前商标权取得制的一种根本性变革。日本也紧随德国的步伐,于 1884 年建立了商标权注册取得制度。❼ 当时的德国和日本作为欧洲和亚洲的落后国家,希望通过建立中央集权的商标授权体制,使商标所有人不会因为在先使用而遭受商标权的丧失或侵权诉讼,从而达到保护和促进商业发展的目的。❽ 目前,世界上大多数国家的商标注册制度均是以德国和日本立法为模板而确立的。在这种立法模式下注册具有直接的商标授权意义。显然,该种注册制度与最初产生的注册制度在法律效果上存在本质差异。

---

❶ 彭学龙. 寻求注册与使用在商标确权中的合理平衡 [J]. 法学研究,2010(3):151.

❷ Trade Marks Registration Act 1875.

❸ DANIEL M. MCCLURE. Trademarks and unfair competition: a critical history of legal thought [J]. The Trademark Reporter, 1979, 69: 313.

❹ 李艳. 论商标法与反不正当竞争法的关系 [M] //中国社会科学院知识产权中心,中国知识产权培训中心.《商标法》修订中的若干问题. 北京:知识产权出版社,2011:161.

❺ RUDOLPH CALLMANN. Trademark registration and use – comparative national requirements [J]. Section of International and Comparative Law Bulletin, 1957, 1: 16.

❻ Gesentz ber den Markenschutz (Trademark Act), v. 30. 11. 1874 (RGB1 s. 143) (enacted Nov. 30, 1874). See Friedrich – Karl Beier. Basic features of Anglo – American, French and German trademark law [J]. International Review of Industrial Property and Copyright law. 1975, 6: 285, 299.

❼ MASAYA SUZUKI. The trademark registration system in Japan: a firsthand review and exposition [J]. Marquette Intellectual Property Law Review, 2001, 5: 133.

❽ RODOLF RAYLE. The trend towards enhancing trademark owner's right – a comparative study of U. S. and German Trademark law [J]. Journal of Intellectual Property Law, 2000, 7: 242; Kenneth L. Port. Japanese trademark jurisprudence [M]. London & Boston: Kluwer Law International, 1998: 31.

第三章 TRIPS 协定下注册商标的使用要求之理论探讨

(二) 两种商标权取得制下"注册"的不同含义

在商标法理论中，商标权取得制度总体上可分为两类："使用在先制"(the first-to-use system) 和"申请在先制"(the first-to-file system)。❶ 前一种制度又被称为"使用取得制"，后一种制度又被称为"注册取得制"。随着两种商标体系的融合，使用取得制中也规定了商标注册制度，但两种商标权取得制下的"注册"具有不同的含义和法律效果。

1. 使用取得制下的"注册"

使用取得制下，商标权的取得来源于商标使用，商标注册并非授予商标权的条件。由于商标使用的对外公示性不强，再加上使用地域的间隔，在后商标使用人往往无法了解到在先商标使用的存在，商标间的冲突时有发生。鉴于商标权使用取得制度在确权举证、商标搜索和管理以及投资风险控制等方面的弊端，为了增强商标权的公示效力，采用使用取得制的国家也规定了商标注册制度。但这里的注册仅是对基于使用产生的商标权的推定或证明，起到对外公示的效果，不具有授权意义。而且，在使用取得制下，商标注册的取得与维持均有赖于使用，这说明注册仅是商标权的外在保障机制，与商标权不产生直接联系。

例如，美国是目前世界上采用严格使用取得制的代表。在其商标普通法上，商标权产生于使用，仅商标注册并不产生商标权。❷ 美国联邦注册也不授予商标权，仅为商标注册者向公众或潜在竞争者主张商标权提供了一种证据机制。❸ 美国《兰哈姆法》第 7 节规定，主注册簿上的商标注册是注册商标以及注册有效性的初步证明，也是商标所有权以及商标所有人在商业中对该注册商标拥有排他性使用权的初步证明。❹ 可见，在使用取得制下，商标注册的功能不在于授权，而在于为商标权主张提供通知和证明作用，起到公示效果。然而，随着法律制度的变迁，使用取得制下的注册效力得到了进一步扩张（见下文使用与注册融合部分详述），但由于商标注册的取得和维持仍基于使用，因此，强化后的商标注册所授予的权利也有赖于商标使用。❺

---

❶ J. THOMAS MACARTHY. MaCarthy on Trademarks and Unfair Competition [M]. 4th ed. 2001：§ 16：1；曾陈明汝. 商标法原理 [M]. 北京：中国人民大学出版社，2003：29.

❷ Am. Express Co. v. Goetz 515 F. 3d 156, 161 (2d Cir. 2008).

❸ KENNETH L. PORT. The congressional expansion of American trademark law: a civil law system in the making [J]. Wake Forest Law Review, 2000, 35：827, 856 – 66.

❹ 15 U.S.C. § 1057 (b).

❺ J. THOMAS MACARTHY. MaCarthy on Trademarks and Unfair Competition [M]. 4th ed. 2001：§ 19：1.75.

2. 注册取得制下的"注册"

注册取得制，是指商标权经注册产生，商标权授予申请在先的主体，当注册商标与在先使用的商标发生冲突时，注册商标优先，即商标注册具有绝对的对抗效力。目前，世界上绝大多数采用注册取得制和混合取得制的国家和地区都实行了上述注册原则。这种商标权取得制的设立初衷是为了保护商标权人利益和促进产业经济的发展，而防止消费者对产品来源的混淆只是该制度的副产品。❶ 因此，注册取得制下，商标权直接来源于商标注册程序，使用并非商标权取得的依据，即使未在商业中使用的商标也能获得注册，从而获得商标法的排他性保护。可见，注册取得制下的"注册"功能远不在于对外公示和通知，其主要功能是商标权的授予，这与使用取得制下的"注册"迥然不同。

采取单一注册取得制的国家或地区，其商标立法均明确规定了注册的授权效力。如《法国知识产权法典》第712条之一规定，商标所有权通过注册取得；《日本商标法》第18条也规定，商标权来源于注册；我国现行《商标法》第3条也明确，经商标局核准注册的商标为注册商标，商标注册人享有商标专用权。即便在采取混合取得制的德国，其也在商标法中承认商标保护来源于商标注册或者商业中的使用❷，取得商标保护意味着授予商标所有人排他性权利。❸ 可见，注册取得制下的"注册"具有授权效力，这使商标权的取得更为简便，商标权利的界限更为清晰，商标确权也更为容易，充分体现了现代商标立法的高效。

（三）TRIPS 协定下"注册"的含义

随着经济全球化的发展，商标权取得规则一体化的进程也在加速。当前，这种一体化的成果主要体现在协调各成员方商标注册制度的国际或区域性条约上。作为知识产权领域中最为全面的全球性实体法条约，TRIPS 协定对商标权取得制的协调作出了突出贡献。在其协调下，不管是采用单一注册取得模式还是混合取得模式的成员都设定了注册商标的使用要求。而在历史上，商标注册制的初衷是为了保障商标的有效使用，不管商标注册制度如何发展和演变，世界上均不存在完全无视商标使用的注册制度。

在注册商标的使用要求上，考虑到目前世界上存在两种不同法律意义的注

---

❶ KENNETH L. PORT. Japanese trademark jurisprudence [M]. London & Boston: Kluwer Law International, 1998: 31 – 32.

❷ 《德国商标法》第4条第1款、第2款。

❸ 《德国商标法》第14条第1款。

册制，TRIPS协定没有对"注册"含义作出明确界定。然而，TRIPS协定不仅在第15条第3款中规定了商标注册可以使用为条件，还在第19条中规定了使用可以成为商标注册维持的条件，这两个阶段的使用要求说明TRIPS协定已充分考虑到两种商标权取得制下"注册"制度的差异。由于该协定英文本中的措辞是"Registration"，其对应的中文翻译为"注册"，结合第一章所分析的条约立法史和上下文，应当对上述注册的含义作广义理解，即TRIPS协定下的"注册"不仅包含注册取得制下的"注册"，还涵盖美国、加拿大等WTO成员采取的使用取得制下的"注册"。因此，本书对注册商标使用要求的研究并不局限于注册取得制下的商标使用要求，还包括对使用取得制下相关制度的考察。

二、注册商标的使用要求之"使用"

使用是商标权的核心，贯穿商标权的产生、维持、行使等各个阶段。使用在商标法上占据着举足轻重的地位，商标使用的概念已触及商标法的核心。[1] 所有知识产权都需要以某种方式被运用到商业中，然而，商标权的保护与执行如此依赖于使用，并作为一项制度被明确地规定在商标法中，这个事实足以引起我们对商标使用的重视。过去人们会认为商标使用是个显而易见且不值一提的概念，但如今，这种小觑商标使用的观念却显得不合时宜。"使用"和"不使用"作为注册商标的使用要求制度中的核心概念，是"非常复杂的法律问题"[2]。TRIPS协定对商标使用概念未予明确，但前文考察的WTO主要成员在TRIPS协定协调下的相关立法与实践对这一基本概念的解读具有重要的参考价值，而正确剖析商标使用的含义对使用要求制度的后续国际协调以及我国相应制度的完善都具有关键性意义。

（一）商标使用的内涵

商标使用的内涵决定了使用的性质，进而规范着使用的外延。要准确把握商标使用的含义，必须先明确其内涵。

1. 立法与实践

TRIPS协定在协调国际商标立法时，为凸显商标使用在商标法中的重要地位，对商标注册和维持阶段的使用要求都作出了规定，但遗憾的是该协定对商

---

[1] JEREMY PHILLIPS, ILANAH SIMON. Trade mark use [M]. London：Oxford University Press, 2005：4.

[2] JEREMY PHILLIPS, ILANAH SIMON. Trade mark use [M]. London：Oxford University Press, 2005：12.

标使用的内涵未予提及。WTO 主要成员的商标立法对商标使用内涵的规定也不甚明确。例如，美国《兰哈姆法》对商标使用的定义是："通常贸易中的真诚使用，而非仅仅为了保留商标权。"❶ 欧盟及其主要成员国（如英国❷、德国❸、法国❹、丹麦❺等）均规定商标使用必须是"真正使用"。综观上述 WTO 主要成员的商标立法，商标使用的内涵在立法上是模糊的、具有弹性的。

尽管商标使用的内涵在立法上不甚明确，但 WTO 主要成员的商标实践对其认定却极为一致，"区分来源性使用"成为诸多成员衡量商标使用的标准。美国法院在放弃制度实践中，认为维持商标注册的商标使用应当是确认并区分商品或服务来源的使用，即商标使用过程中商标须发挥来源指示器的角色。❻ 在欧盟的注册商标撤销案件中，ECJ 也澄清，商标的真正使用必须允许消费者能够区分商品的商业来源❼，真正使用应该是商标符合基本功能的使用。❽ 在加拿大，只有以区分为目的的使用，才能满足商标注册阶段的"使用"要求。❾ 发挥识别机能的使用也为日本诸多裁判所支持。❿

2. 学界观点

对于商标使用的内涵，学界也众说纷纭。有学者倾向于概括界定商标使用的含义，认为商标使用是指"商标法意义上的公开、真实、合法的使用"。⓫ 有学者则将使用的内涵与外延不作区分地一并纳入商标使用的定义，如张德芬教授指出，商标使用须满足下列条件：在中国真实使用、注册人的使用或在注册人控制之下的使用、在注册指定的商品（服务）上使用、注册商标的使用。⓬ 还有

---

❶ § 45 (15 U. S. C. § 1127)。

❷ 《英国商标法》第 46 条第 1 款 (a) 项、(b) 项。

❸ 《德国商标法》第 26 条。

❹ 《法国知识产权法典》立法部分第 714 条之五。

❺ 《丹麦商标法》第 25 节。

❻ Exxon Corp. v. Humble Exploration Co., Inc., 695 F. 2d 96, 100.

❼ Ansul BV v. Ajax Brandbeveilinging BV, (C40/01) (March 11, 2003, ECJ, [2003] E. C. R. I – 2439 (ECJ))。

❽ In case C –416/04, P Sunrider [2006] ECR I –4237, para. 70.

❾ Clairol International Corp. v. Thomas Supply & Equipment Co. Ltd., 55 CPR 176 (1968) (Ex Ct).

❿ 日本东京高等裁判所 1993 年（行政诉讼案件）第 168 号裁判书；日本东京知识产权高等裁判所 1997 年（行政诉讼案件）第 1008 号裁判书，转引自李扬. 注册商标不使用撤销制度中的"商标使用"界定：中国与日本相关立法、司法之比较 [J]. 法学，2009 (10)：97 –100.

⓫ 胡刚. 商标法意义上的使用：公开、真实、合法：近期司法判例解读 [J]. 中国专利与商标，2012 (3)：83.

⓬ 张玉敏. 论使用在商标制度构建中的作用：写在商标法第三次修改之际 [J]. 知识产权，2011 (9)：6 –7.

第三章　TRIPS 协定下注册商标的使用要求之理论探讨

部分学者在商标使用概念中明确使用的内涵,如王莲峰教授认为,商标使用是指商标使用者在商业活动中连续和真实的使用,以该商标得以区分商品或服务来源为目的的使用;❶ 文学将商标使用界定为:"将符号用于商业活动中并起到区分商品来源的作用";❷ 李扬教授则明确商标撤销制度中的使用是指发挥识别机能的使用。❸ 笔者认为,商标使用的内涵应该体现商标使用的本质,符合注册商标使用要求制度的立法本意,并具有包容性,可被适用于商标使用的所有情形,而"区分商品或服务来源"满足了商标使用内涵的上述所有要求,构成商标使用的核心要素。

至于学者们提出的关于商标使用的其他特征,并不适合作为商标使用的内涵。这些特征,有的可为区分来源性使用所涵盖,如"公开性使用"❹"与注册指定的商品或服务相结合的使用"❺,具体理由下文将详述;有的过于宽泛,无法准确把握其内涵,如"真实的使用"❻"善意的使用"❼;还有部分特征不具有普适性,适合在商标外延中探讨,但不宜作为商标使用的内涵。如"商业中的使用"并不能适用于非营利性机构对其商标的使用情形。欧共体法院就曾针对非营利性组织的商标的真正使用问题作出裁决。其认为,若非营利性组织在相关商品或服务上注册了商标,则其会员在募集和发放善款的过程中佩戴含有该商标标志的组织徽章的行为,应视为商标的真正使用。❽ 再如,"本国的使用"在解释网络中的商标使用时显得捉襟见肘。在互联网环境下,在 A 国服务器上就商品或服务发布的广告可能辐射到了 B 国甚至全世界的消费者,那么这种使用能否被视为他国的"本国使用"呢?再针对"合法使用"的特征,在"康王"案❾中法院认为,违反其他行政法的商标使用不满足使用要

---

❶ 王莲峰. 论商标的使用及其认定:基于《商标法》第三次修改［J］. 公民与法, 2011 (3): 3.
❷ 文学. 商标使用和商标保护研究［M］. 北京: 法律出版社, 2009: 19.
❸ 李扬. 注册商标不使用撤销制度中的"商标使用"界定:中国与日本相关立法、司法之比较［J］. 法学, 2009 (10): 97.
❹ 黄保勇. 论"商标使用"［J］. 华南理工大学学报:社会科学版, 2012 (6): 60.
❺ 朱凡. 商标使用样态及认定研究［D］. 北京:中国政法大学(硕士学位论文), 2011: 13.
❻ 田晓玲. 注册商标三年不使用撤销制度研究［J］. 学术论坛, 2010 (3): 174.
❼ 孙英伟. 商标权保护正当性的历史分析:基于第三次商标法修改［J］. 河北大学学报:哲学社会科学版, 2011 (5): 119.
❽ C‐442/07Radetzky‐Orden 案判决书第 20 段,转引自李明德,等. 欧盟知识产权法［M］. 北京:法律出版社, 2010: 485.
❾ 参见北京市第一中级人民法院 (2006) 一中行初字第 1052 号行政判决书、北京市高级人民法院 (2007) 高行终字第 78 号行政判决书、最高人民法院 (2007) 行监第 184‐1 号驳回再审申请通知书。

求；而在"卡斯特"案❶中，法院却颠覆了这种观点，对"合法使用"作出限制。因此，在实践中尚存争议的"合法使用"标准也不适合作为商标使用的内涵。

3. 区分来源性使用

将区分来源性使用界定为商标使用概念的内涵，由商标本质以及商标的基本功能决定。现代商标法上，商标是用以区分商品或服务来源的显著性标记❷，商标旨在确认和区分经营者的产品。❸ 尽管商标还承载经营者的信誉，体现商品或服务的价值，反映消费者对商品或服务的心理认同，但这些都建立在商标的来源区分之上。若商标不能区分商品或服务的来源，消费者就无法凭借商标来选购商品，更不可能对某品牌产生信赖，商标之上的商誉价值也无从形成。因此，商标最基本的功能是识别❹，其他如品质保证、广告功能均是在识别功能基础上强化和衍生而来的。❺ 然而，上述商标本质的反映和功能的发挥均有赖于商标使用；反之，商标使用也必须体现来源区分这一商标本质和基本功能。如李琛教授所言，"如果使用的符号在消费者眼中与商品或服务的出处无关，使用的对象就是单纯的符号而非商标。"❻

将区分来源性使用作为商标使用的内涵，还与注册商标使用要求的立法主旨密不可分。不管是在商标注册阶段，还是注册维持阶段，抑或权利行使上，注册商标的使用要求制度都试图通过使用来使商标保护得以正当化。可以说，商标使用主导着商标权的产生、维持和保护，决定着商标权的生死存亡，但并非任何使用均具有如此大的威力，商标权的性质决定了只有区分来源性使用才属于使用要求中"适格"的使用。TRIPS 协定规定，注册商标所有人应当具有排他性权利，以阻止他人未经其同意在相同或类似商品或服务上使用相同或近

---

❶ 参见北京市第一中级人民法院（2008）一中行初字第 40 号行政判决书、北京市高级人民法院（2008）高行终字第 509 号行政判决书。

❷ 张玉敏. 维护公平竞争是商标法的根本宗旨 [J]. 法学论坛，2008（2）：31；王莲峰. 商标法学 [M]. 北京：北京大学出版社，2007：2；张耕，等. 商业标志法 [M]. 厦门：厦门大学出版社，2006：23.

❸ J. THOMAS MACARTHY. MaCarthy on trademarks and unfair competition [M]. 4th ed. 2001：ch. I, § 3.1.

❹ 张玉敏. 论使用在商标制度构建中的作用：写在商标法第三次修改之际 [J]. 知识产权，2011（9）：3.

❺ 李扬. 注册商标不使用撤销制度中的"商标使用"界定：中国与日本相关立法、司法之比较 [J]. 法学，2009（10）：99.

❻ 李琛. 商标权救济与符号圈地 [J]. 河南社会科学，2006，14（1）：68.

似商标，以致引起混淆可能性。❶ 如果商标所有人自身未对商标进行识别性使用，那么消费者便无法通过该商标来辨别其商品或服务，他人在相同或类似商品或服务上使用相同或近似商标也就不会造成市场混淆，注册商标所有人就该商标取得独占性的垄断权就不具有正当性。

所谓区分来源性使用，是指商标与注册相关的商品或服务相结合从而起到指示该商品或服务来源效果的使用。区分来源性使用是一种以消费者为视角的客观效果判定型使用。因此，区分来源性使用至少蕴含如下两要素。

一是公开性。公开性是对商标使用所面向的主体提出的要求。区分来源性使用要求商标使用须向不特定公众公开，这意味着商标使用应当具备"通知功能"（notice‐providing），消费者透过商标使用的行为能够将该商标与商标所有人联系起来进而形成对商品或服务来源的确认与区分。商标所有人必须以足够的可视度来展现给潜在竞争者和公众其拥有该商标的事实。美国法上"真诚使用"以及欧盟法上"真正使用"的司法认定中均要求使用满足公开性特征。❷ 下列情形因缺乏公开性而被排除在有效使用之外：商标仅在公司内部的文件或商业文书上使用；以试验或研究为目的的公司内部交易；❸ 秘密的、未披露的内部运输等。❹

二是与注册商品或服务相结合。商标是商品或服务的标记，它依附于商品或服务而存在。❺ 区分来源性使用要求通过使用建立起商标与特定商品或服务间的联系，"只有联系才是商标的本质"。❻ 而只有与注册指定的商品或服务相结合的使用，才能在该注册商标与注册指定的商品与服务间建立对应关系。可见，区分来源性使用必须满足商标与现实的商品或现存的服务相联系的要求❼，而单纯的商标许可、转让行为因未与商品或服务相结合，不能发挥商标的识别功能，故不满足商标使用要求。

---

❶ TRIPS 协定第 16 条第 1 款。
❷ General Business Services, Inc. v. Rouse, 495 F Supp 526, 208 USPQ 893, 900（ED Pa 1980）; Liqwacon Corp. v. Browning‐Ferris Industries, Inc., 203 USPQ 316（TTAB 1979）; CAPIO, paragraph 43; Case T‐30/09 Engelhorn v. OHIM – The Outdoor Group（peerstorm），[2012] ECR II‐3803, para. 28; La Mer Technology Inc v. Laboratoires Geomar，[2002] FSR 51.
❸ Standard Pressed Steel Co. v. Midwest Chrome Process Co., 183 USPQ 758, 765（TTAB 1974）.
❹ Blue Bell, Inc. v. Farah Mfg. Co., 508 F2d 1265, 185 USPQ 1（CA 5 1975）.
❺ 刘春田. 知识产权法 [M]. 2 版. 北京：高等教育出版社，2002：238.
❻ 郑其斌. 论商标的本质 [M]. 北京：人民法院出版社，2009：27.
❼ Weight Watchers International v. Rokeach & Sons, Inc., 211 USPA 708‐09（TTAB 1981）.

（二）商标使用的外延

商标使用的内涵反映了商标使用的本质特性，而商标使用的外延则囊括了商标使用的所有具体情形。在涉及商标使用要求的案件中，最棘手的就是对商标使用的认定，而这些千变万化的商标使用情形便属于商标使用的外延。商业活动纷繁复杂，商标使用媒介也不断更新，这决定了商标使用的外延具有无限性和不确定性。对各种商标使用情形均予以考察并不现实，因此，本书将结合TRIPS 协定关于商标使用类型的规定，关注一些基本的或在实践中争议较多的使用情形。

1. 商标使用的主体

在注册商标的使用要求制度中，被允许的商标使用主体有两类：注册商标所有人以及注册商标权所有人之外的他人。因后者对商标的使用在实践中争议颇多，故下文将以商标的他人使用问题为重点展开论述。

使用要求制度之所以认可一定条件下的他人使用，这与商标使用的实践发展以及人们对商标功能的观念转变息息相关。早期的商标使用以商标、商标所有人以及商标所附的商品间的三角关系为特征。在这个纯粹的关系中，商标发挥的功能是区分商品来源。随着商业经济的不断发展，商标所有人之外的第三方被授权使用商标的情形日益增多，这对商品的生产和销售是有利的。从历史上讲，第一个利用商标许可的产业是美国的软饮料产业。为了使偏远地区的装瓶商能够在同一个商标下生产和销售产品，各个装瓶商被授予使用商标的权利。[1] 在被许可人使用商标的情况下，商标、物理区分来源以及商品间的联系遭到破坏，被许可人取代商标所有人成为真正的物理来源[2]，商标使用的三角关系似乎已被打破。然而，人们对商标功能的观念转变在一定程度上推动了他人使用商标的实践发展。人们渐渐地意识到商标除了发挥商品来源识别功能外，还代表着稳定的产品质量，而这是购买者最为关注的。在这种观念下，商标所有人被视为质量保证的代表，而商品的物理来源反而显得不那么重要了，他人使用商标的现象也逐渐被接受和认可。

他人使用商标的情形比较复杂，满足何种条件的他人使用才能被视为有效的商标使用呢？对此，TRIPS 协定第 19 条第 2 款规定："在商标所有者控制之

---

[1] See eg Coca Cola Bottling Co v. Coca‐Cola Co, 269 F 796 (D Del 1920).

[2] The position was given judicial expression in England: Bowden Wire v. Bowden Brake (1913) 30 PRC 45 CA; (1914) 31 PRC 385 (HL). A similar approach was taken in the USA: Macmahan Pharmacol Co v. Denver Chemical Mfg Co 113 F 468 (8th Cir 1908).

第三章 TRIPS 协定下注册商标的使用要求之理论探讨

下的他人使用商标的行为,应当被视为旨在维持注册的商标使用。"细读上述条文可发现,这里的"商标使用"概念是不周延的,在法律逻辑学上,不能推导出所有的他人使用必须受到商标所有人的控制。因此,不能得出结论:TRIPS 协定在他人使用的判定上引入了"控制"标准。换言之,TRIPS 协定对不受商标所有人控制的他人使用行为是否满足使用要求未作判断。

在他人使用商标是否满足使用要求的判定标准上,WTO 各主要成员的立法规定也不一致。例如,美国《兰哈姆法》强调,要维持商标注册的有效性,他人使用必须有利于商标注册人的利益;❶ 而美国的商标实践还要求商标注册人对他人使用施加质量控制,法院认为,只有这种使用才是无懈可击的并有利于商标注册人的利益。❷ 而欧盟商标《条例》《指令》❸ 则以"同意"作为界定他人使用行为是否构成有效使用的依据。通过上述立法比较可发现,对于他人使用商标的行为在何种情形下构成有效使用,尚无统一的规定和做法,国际立法都仅肯定了某类情形下的他人使用行为。

现实中,他人使用商标的情形复杂多变,在商标使用外延的判断上试图采用划一的标准是不现实也是徒劳的,正确的判定方法应是根据商标使用的内涵结合个案具体情形逐案认定。但在理论上,可以对某类他人使用的情形予以归纳,得出一定的结论进而指导实践。我们暂且以"注册商标所有人的同意"作为划分标准来对他人使用商标的行为进行探讨。

(1) 未经注册商标所有人同意的他人使用

一般而言,未经注册商标所有人同意,在相同或类似商品或服务上使用与注册商标相同或近似的商标,且易产生混淆性后果的,这种他人使用商标的行为侵犯了商标权,不应被视为满足使用要求的有效使用。而在一些情形下,商标所有人对未经其同意的他人使用进行了追认,这种情况下他人使用能否被认定为有效使用? 笔者认为,注册商标所有人的追认通常而言仍不能为这种他人使用"正名",因为商标使用起到的效果是将商标注册人与其经营的商品或服务相联系,而未经同意的他人使用建立的是他人与商标间的联系,商标所有人的事后追认无法恢复消费者先前的误认效果。

---

❶ § 5 (15 U.S.C. § 1055). 具体规定为:"被注册的商标或者寻求登记的商标被或可以被相关公司合法使用,这种使用应当有利于注册人或者申请注册人的利益,这种使用不应该影响商标或者商标注册的有效性,只要这种商标没有以欺骗公众的方式使用。"

❷ 289 F. 3d 589, 595-598 (9th Cir. 2002).

❸ 欧盟《指令》第 10 条和《条例》第 15 条。

(2) 经过注册商标所有人同意的他人使用

经过注册商标所有人同意的他人使用主要有许可使用、经销商的使用以及生产加工方的使用等情形。在商标许可使用下，许可人对被许可人的使用一般会进行必要的监督和控制，此时被许可人对注册商标的使用通常可被视为注册商标所有人的使用。对于经销商使用的判定不可一概而论。经销商处于经销链的前端，直接与消费者接触，尽管其销售的商品上带有注册商标所有人的商标，但经销商的使用往往发生在商标所有人转移商品所有权之后，该种使用脱离了商标所有人的控制，一般不宜再被认定为满足使用要求的有效使用。但是，如果注册商标所有人为了开拓市场将产品委托给经销商销售，那么这种情形下的经销商使用构成了商标所有人商业计划的一部分，则可以被视为注册商标所有人的使用。与经销商相反，生产加工方处于经销链的后端，它们从事商品的生产，并将标识贴附在商品上。然而，它们既不推广也不销售商品，因此，对于购买此商品的公众而言，生产加工商不能被视为商品的来源，其对商标的使用也不构成有效使用。

2. 商标使用的内容

对于注册商标所有人而言，其享有的商标专用权仅限于其注册的特定商标，如果其在商业活动中使用了与该注册商标不一致的其他标识，那么在消费者心目中建立的是特定商品或服务与其他标志间的联系，没有发挥该注册商标的识别功能，故一般而言不能被认定为满足注册商标使用要求的商标使用。这是否意味着商标所有人在商业活动中必须原封不动地使用注册商标呢？答案是否定的。《巴黎公约》第5条C款第（2）项已明确允许实际使用的商标与注册商标可以在某些要素存在一定的不同，只要这种变化没有改变该注册商标的显著性。WTO主要成员的立法对此也予以了肯定，例如，欧盟《条例》第15条、《英国商标法》第46条第2款、《德国商标法》第26条第3款、《法国知识产权法典》立法部分第714条之五均规定，不改变显著性的变形使用构成注册商标使用要求中的商标使用。

国际立法之所以允许不改变显著性的变形使用，主要是考虑到商标使用的商业实践。在注册商标的实际使用过程中，注册商标所有人往往会有意或无意地改变注册商标的使用形态，如果一律将变形使用排除在有效使用之外，对商标所有人的使用要求未免过于严苛。为避免对商标实际使用的形式与商标注册时的形式施加严格的一致性，立法允许商标所有人在商业使用中对商标形式作出一定程度的改变，从而来更好地适应相关商品或服务的市场推广需求，但是以不改变注册商标的显著性为前提。商标实际使用时可以对商标的字体、横竖排列、字母大小写等要素进行改变，这种变形使用的唯一要求就是商标的改变保留了商标的效果，代表着单一和持续的商业印象。也就是说，这种变形使用没有改变代表商标权持续性的显著性特征，而只要这种显著性特征没有改变，商标在本质上仍是相同的。❶

在不改变显著性的变形使用判定上，许多 WTO 成员的司法实践均秉承了"法律等同性"（legal equivalence）的判断标准。美国法院认为，实际使用的商标与注册商标必须具有法律等同性，在消费者眼里它们是同一商标。亦即实际使用的商标和注册商标必须创造相同的、持续的商业印象，使用的商标不能与注册商标存在实质性的不同或者改变了原先商标的特性。❷ 在欧盟，情况也是如此。只要注册商标所有人对商标的实际使用足以构成相同商标在商业中使用的形式，那么在商业中实际使用的商标即使在某些不重要的方面与注册商标存在差别，这两个商标在广义上讲仍是等同的。❸ 在 "FRUIT" 商标案中，商标所有人拥有的注册商标是 "FRUIT"，而其实际使用的商标是 "FRUIT OF THE LOOM"，法院认为，注册商标因 fruit 这个单词作为单一要素取得了显著性，而在实际使用的商标中，fruit 和 loom 两个单词具有平等的显著性❹，loom 在整个标志中并不处于附属地位，在 "FRUIT OF THE LOOM" 中，除 fruit 之外的其他要素的数量以及他们各自的显著性已经与单词 fruit 相抗衡❺，因此，法院得出结论：增加的要素已改变了原注册商标 "FRUIT" 的显著性。❻

3. 商标使用的对象

在注册商标的使用要求制度中，不同阶段的使用要求涉及的商标使用对象问题也有所不同。

---

❶ Humble Oil & Refining Co. v. Sekisui Chemical Co., 165 USPQ 597, 603 – 604 (TTAB 1970).

❷ Van Dyne – Crotty, Inc. v. Wear – Guard Corp., 926 F. 2d 1159 – 60, 17 USPQ2d at 1868 – 69 (Fed. Cir. 1991); DONALD S. CHISUM. Trademark acquisition, registration and maintenance: a primer [J]. AIPLA Quarterly Journal, 1991, 19: 132.

❸ Case T – 514/10, Fruit of the Loom, Inc. v. OHIM (Office for Harmonization in the Internal Market) (trade marks and designs), judgment of the general court (fifth chamber) of 21 June 2012, para. 28.

❹ Case T – 514/10, Fruit of the Loom, Inc. v. OHIM (Office for Harmonization in the Internal Market) (trade marks and designs), judgment of the general court (fifth chamber) of 21 June 2012, para. 33.

❺ Case T – 514/10, Fruit of the Loom, Inc. v. OHIM (Office for Harmonization in the Internal Market) (trade marks and designs), judgment of the general court (fifth chamber) of 21 June 2012, para. 39.

❻ Case T – 514/10, Fruit of the Loom, Inc. v. OHIM (Office for Harmonization in the Internal Market) (trade marks and designs), judgment of the general court (fifth chamber) of 21 June 2012, para. 27.

TRIPS 协定下注册商标的使用要求

在商标注册阶段的使用要求中，一般要求商标实际使用的商品或服务与申请注册的商品或服务范围保持一致。如在美国的联邦商标注册中，商标注册申请不仅要记载申请者首次使用商标的时间，还需要载明与该商标使用相关联的商品或服务。❶ 若其注册申请指定的商品或服务与该商标实际被投入使用的商品或服务不一致，则该注册申请将被拒绝。在英国商标注册阶段，如果注册申请指定的商品范围远大于其实际使用的商品范围，则该注册可能被认定为具有注册的恶意，将导致商标注册被拒绝。❷

在注册商标维持阶段的使用要求中，鉴于注册商标专用权的范围仅限于注册核准的商品或服务，因此，作为商标管理的使用要求所指向的使用对象应当与商标专用权限定的权利范围保持一致，即有效的商标使用仅限于注册核定的商品或服务上的使用。然而，在注册核定之外的商品或服务上使用商标，如果不构成对他人权利的侵害，一般不会为法律所禁止。但该种使用产生的效果是将商标与核准使用之外的商品或服务建立来源联系，无法发挥该注册商标与注册指定的商品或服务间的来源指示功能，不满足区分来源性使用这一本质特征，故一般而言不能以此来维持该注册商标在核定使用的商品或服务上的有效性。在我国"GNC"商标案❸中，法院表达了上述观点（见第四章详述）。

然而，实践永远创设着例外，在商标使用对象的判定上也没有绝对的通则。即使注册商标在注册指定之外的商品或服务上使用，但在一定条件下，该种商标使用仍可构成有效的商标使用。在美国的"Societe"案件中，法院认为，商标注册后该商标实际使用的商品与注册指定的商品发生改变，但这种改变没有改变原商品的"内在可辨认的特征"（inherent and identifiable character），因此这种实际使用仍满足商标的使用要求。❹

此外，商标实践中对于注册商标在商品零部件以及相关赠品上的使用情形也存在争议。对于零部件上的商标使用能否构成有效使用的问题，美国和欧盟都作出过判例。在美国"Ferrari"案件中，尽管 Ferrari 公司在汽车上已停止使用"DAYTONA SPYDER"注册商标多年，但商标撤销机构认为，该公司仍继续生产、销售带有上述标识的汽车机械零部件并将其提供给已售车主，使得该

---

❶ § 1 (15 U. S. C. § 1051).
❷ 《英国商标法》第3条第6款。
❸ 北京市高级人民法院（2006）高行终字第78号行政判决书。
❹ Societe de Developments et D1nnovations des Marches Agricoles et Aliminetaries – Sodima Union de Cooperatives Agricoles v. International Yogurt, 662 F. Supp. 839, 3 USPQ2d 1641 (D. Ore. 1987).

注册商标仍保持在公众眼中，该标识下的商誉仍与 Ferrari 公司维持着很强的联系，因此，在零部件上的商标使用可以维持注册商标在汽车上的有效性。❶ 在"Ansul"案件中，ECJ 也表达了与美国"Ferrari"案件类似的观点。在该案中，ECJ 认为，销售已售商品所不可或缺的零件，并在该零件上使用商标，构成欧盟《指令》中的"真正使用"。❷

关于在赠品上使用商标能否被视为有效使用的问题，ECJ 也作出过相关判决。在"Wellness"商标案❸中，从事服装生意的 Maselli 公司在服装以及饮料等商品上享有"Wellness"注册商标专用权，其在销售服装时还免费赠送了带有"Wellness"商标的饮料。主营饮料生意的 Silberquelle 公司以不使用为由提出撤销 Maselli 公司在饮料上的注册商标。该案的焦点是 Maselli 公司在赠品上的商标使用是否构成欧盟《指令》中的"真正使用"。对此，ECJ 认为，Maselli 公司在服装销售时免费赠送带有"Wellness"标识的饮料，但该饮料并不进入市场流通，在该赠品上的商标使用不是为了区分商品的来源，因此，不构成商标的真正使用。

4. 商标使用的方式

商标使用的方式受到诸多因素的影响，如多样化的商标和服务形式、新类型商标的发展以及商标使用环境的变化，这些因素都使商标的具体使用方式在实践中表现不一。鉴于此，许多 WTO 成员的商标立法并没有对商标使用方式作出规定，如德国、法国、英国的商标法均未作规定；即使是规定了商标使用方式的成员也未对使用方式作出穷尽式列举，仅规定某些使用方式应被认定为商标使用，日本❹、美国❺、澳大利亚❻、加拿大❼等国的商标法均采取了这种立法模式。根据商品和服务的不同特性，商标使用方式也存在差别。

对于商品上的商标使用方式，早期的普通法要求将商标实际"附着"（affix）在商品上❽，强调商标与商品的物理附着。而现代商标立法一般都放松

---

❶ Ferrari S. p. A Esercizio Fabbriche Automobilie e Corse v. McBurnie, 11 U. S. P. Q. 2D 1843, 1851 (S. D. Cal. 1989).

❷ Ansul BV v. Ajax Brandbeveiling BV, case C-40/01 [2003] ECR I-2439; [2003] ETMR 85 (Ansul), para. 36.

❸ C-495/07 Wellness, para. 20-21.

❹ 《日本商标法》第 2 条第 3 款。

❺ 美国《兰哈姆法》第 45 节。

❻ 《澳大利亚商标法》第 7 条。

❼ 《加拿大商标法》第 4 条。

❽ E. g. Western Stove Co. v. George D. Reper corp., 82 F. Supp. 206, 80 USPQ 393 (S. D. Calif. 1949).

TRIPS 协定下注册商标的使用要求

了这种"附着"要求,商标除了被使用在商品上,还被允许使用在与商品相关的其他物品上,如商品的包装、标签等。例如,美国《兰哈姆法》规定,商标以任何形式置于商品或包装上或与商品关联的展示上或附在商品的标签上,均构成商业中使用;在那些商品性质比较特殊使得上述使用方式不现实的情况下,美国法还允许将商标使用在与商品或商品销售相关联的文件上❶,比如在石油、化学品和粮食等商品上的商标使用。虽然商标在商品上的使用方式呈现出多样化态势,但在商品之外的其他物件上使用或以其他方式使用时,仍须以该种商标使用方式充分地与商品相联系为条件。如在我国的"康王"商标案中❷,仅委托加工防裂霜包装盒,但没有将该包装盒投入与商品相联系的市场活动中,这种使用方式没有在消费者中建立起商标与商品间的来源识别关系,因此不满足商标使用的要求。

对于服务上的商标使用方式,服务本身的无形性使商标无法像在商品上一样进行附着性使用,只能在服务提供中以某种方式或在广告中进行使用。比如,在餐饮服务提供中,在餐厅店招、菜单、餐具、工作人员的衣物、店内装潢等有形物件上使用商标,使消费者将经营者提供的服务与商标相联系,从而起到识别服务来源的功能。在服务商标的使用方式上,争议较多的是广告中的使用。美国和加拿大的商标法都提及了广告中使用的方式:商标在服务提供或广告中被使用或展示,则构成与服务相关的使用。❸ 但美国法强调服务必须在商业中使用,即服务须事实上被提供给消费者,否则单纯的广告不构成使用。而加拿大法却没有设定贸易要求,但在加拿大司法实践中对广告中商标使用的认定仍存在较大分歧。有的案件完全根据立法规定,认可了单纯的广告中使用,即使没有实际提供服务;❹ 而有的案件则仍坚持单纯的广告不足以构成商标使用,只有当服务在加拿大被提供或能够被提供时,广告中的使用才可以构成有效使用。❺

笔者看来,广告中的商标使用应当与服务的实际提供相关联,否则,完全脱离服务的单纯广告将不足以建立商标与服务来源的对应关系;但如果已经为

---

❶ 15 U. S. C. §1127.

❷ 参见北京市第一中级人民法院(2006)一中行初字第 1052 号行政判决书、北京市高级人民法院(2007)高行终字第 78 号行政判决书。

❸ 美国《兰哈姆法》第 45 节、《加拿大商标法》第 4 条第 1 款。

❹ 88766 Canada Inc. v. R. H. Lea & Associates Ltd., 2008 CarswellNat 4531 at para. 7 (T. M. Bd Nov. 5, 2008).

❺ Smith Lyons v. Vertrag Investments Ltd. (2000), 7 C. P. R. (4th) 557 (T. M. H. O.), at 566 - 567; Odutola Professional Corp. v. Cara Operations Ltd., 2008 CarswellNat 1177 (T. M. Bd.), 14.

第三章 TRIPS 协定下注册商标的使用要求之理论探讨

提供服务作出努力和准备,具有真实的商标使用意图,即使还没有实际向公众提供服务,也可认定为有效的商标使用。例如,某经营者已经开设了旅店,并通过广告推广,在广告中使用了商标,虽尚未有消费者实际消费该服务,但经营者有向不特定公众提供服务的潜在可能性,消费者也可以通过商标对该服务提供者进行识别,此种情形下宜肯定广告中商标使用的效力。

三、注册商标的使用要求之"不使用"

(一) 使用与不使用 (non-use) 的关系

在注册商标的使用要求制度中,商标使用是逻辑起点,决定着整个制度的架构和内在关系,而与使用概念如影相随且被相提并论的另一基本概念则是"不使用"。本书对 WTO 主要成员的立法考察结果表明,在注册商标维持阶段的使用要求规定中,基本上都出现了"不使用"的概念。❶ 但此处的"不使用"并非是语义学上"使用"的反义词,不是通常理解的"未使用注册商标",而是从法律逻辑学角度而言的"有效商标使用"的否定,即凡是不满足使用要求的商标使用以及商标的不使用均构成使用要求制度中的"不使用"。因此,注册商标的使用要求制度中的"不使用"不等同于单纯的商标未使用的消极状态,还包括不符合条件的商标积极使用行为。

尽管使用与不使用是概念上的对立面,但在商标使用的认定实践中,两者关系密切,形成对立的统一。在美国判例法上,对商标使用的判定通常是通过对不构成商标使用的分析而得出的。❷ 而对于"不使用"所包含的商标未使用情形,该消极事实的认定也是因注册商标所有人未能提供商标使用的有效证据而作出的。此外,在使用与不使用的法律后果上,两者也截然相反。满足使用要求的商标使用可以授予使用人以商标注册、维持注册效力并保证其商标权的行使;而"不使用"却有着相反的法律效果,它会导致商标注册申请被驳回、商标注册被撤销、其上的商标权利受到限制。

(二) 不使用的含义及认定

从国际商标立法上看,尽管诸多 WTO 成员在注册商标的使用要求制度中

---

❶ 如欧盟《条例》第 51 条、欧盟《指令》第 12 条、《英国商标法》第 46 条、《德国商标法》第 49 条第 1 款、《法国知识产权法典》立法部分第 714 条之五、《澳大利亚商标法》第 92 条第 4 款以及《日本商标法》第 50 条。

❷ ROBERT W. SACOFF. The trademark use requirement in trademark registration, opposition and cancellation proceedings [J]. The Trademark Reporter, 1986, 76: 110.

TRIPS 协定下注册商标的使用要求

提及了商标的"不使用",但鲜有成员对"不使用"概念予以明确界定。因此,商标"不使用"的认定主要体现在商标实践中。具体而言,商标"不使用"可分为两种情形:一是商标未使用或停止使用,二是不满足注册商标使用要求的使用。前一种情形较易认定,后一种情形相对复杂且有赖于商标使用的认定。凡是不满足商标使用的内涵或被排除在使用外延之外的使用,比如商标的非来源指示性使用、内部使用、改变显著性的变形使用、未经商标所有人授权的使用、非在指定商品或服务上的使用、在外国的使用、数量非常小的非真实使用等,均构成商标的"不使用"。由于商标使用外延的不确定,商标"不使用"的判断也只能在某些原则的指引下基于个案作出。

值得一提的是象征性使用问题,象征性使用是指仅为取得或维持商标注册而进行的商标少量使用行为,尽管其表面上也属于区分来源性商标使用,但由于其不具有将商标投入商业中使用的真实意图,诸多 WTO 成员的商标立法或实践均将之排除在有效的商标使用之外,认定其为商标的"不使用"。如美国《兰哈姆法》中的商标使用定义要求"真诚使用不仅仅为了保留商标权利"。ECJ 在判决中也明确"真正使用必须不是象征性的——仅仅为了保存商标注册所赋予的权利的使用"。[1] 在德国,不具有真实使用意图的商标使用也不构成商标法上的有效使用,那些以阻止竞争对手为唯一目的的商标注册被称为"商标囤积",将受到不使用撤销制度的制约。[2]

此外,商标的不使用还包括"法律拟制的不使用",其含义是将本来满足使用要求的商标使用行为在立法上规定为"不使用"。这主要源于一些 WTO 成员在注册商标维持阶段的使用要求立法中对商标不使用期限规定的例外,即允许开始使用或重新使用行为挽救本已超过法定期间的不使用。而"拟制的不使用"则是为了应对这些"复活使用"中的"突击使用行为"。欧盟《条例》[3] 及英国[4]、德国[5]、法国[6]等的商标立法对此都作出过规定(详见第二章);而《日本商标法》则将这种商标突击使用行为直接称为"法律上拟制的

---

[1] Ansul BV v. Ajax Brandbeveiling BV, case C-40/01 [2003] ECR I-2439;[2003] ETMR 85 (Ansul), para. 36.

[2] JEREMY PHILLIPS, ILANAH SIMON. Trade mark use [M]. New York:Oxford University Press,2005:15.

[3] 欧盟《条例》第51条第1款(a)项。

[4] 《英国商标法》第46条第3款。

[5] 《德国商标法》第49条第1款。

[6] 《法国知识产权法典》立法部分第714条之五。

不使用"❶，否定其效力。

立法规定"法律拟制的不使用"，主要基于对撤销申请者的利益考虑。在商标实践中，提出注册商标撤销申请的主体往往是长期实际使用该注册商标但又不愿意使自己陷入注册商标侵权纠纷的竞争者，该主体因长时间使用该商标，已在其上积累了商誉并建立了该商标与其经营的商品或服务间的来源指示关系，如果允许商标所有人在意识到他人即将提出撤销请求时突击使用该注册商标，从而来免遭撤销后果的话，那么请求撤销者的使用行为很可能被认定为侵权行为，其在该商标上付出的投资和利益将付诸东流，而且注册商标所有人继续使用该商标的行为还有可能造成市场混淆。因此，如果将"突击使用行为"合法化，不仅对商标撤销申请者不公平，也不符合商标保护的立法本意。

（三）不使用的正当理由

尽管商标的不使用会产生商标注册被拒绝、被撤销以及商标权利受到限制等一系列法律后果，但大多数 WTO 成员在其注册商标的使用要求制度中都认可不使用的豁免理由，从而使特定情形下的不使用不产生上述法定效果。目前，除巴拿马和斯洛文尼亚没有作出相应立法外，其他国家和地区均允许不使用的免责情形存在。❷ 本书考察的 WTO 成员尽管在不使用理由的措辞上有所不同，但均强调理由的正当性。因此，笔者在本书中也援用"正当理由"的说法。

对于构成不使用的正当理由的具体情形，各 WTO 成员的相关规定和做法有所不同。有的强调理由的外部性。例如，在《英国商标法（1994 年）》的立法史上，Lord Strathclyde 部长称，注册商标不使用的正当理由必须是完全超出商标所有人控制的情形，其应该是贸易中共同的东西，不应包含那些特别针对注册商标所有人的事项，如自身的商业困难。❸ 有的侧重于理由的不可控性，即使某些理由是外部的，但如果商标所有人可以控制，则仍不能构成正当理由。例如，在比荷卢商标法上，不使用的正当理由包括不可抗力、政府干涉以及其他不能控制的情形或事实，但这些情形不应是商业中的正常风险❹，如

---

❶ 《日本商标法》第 50 条。
❷ 李士林. 论商标使用与不使用的界定 [J]. 西部法学评论，2012（4）：50.
❸ JENS JAKOB BUGGE, PETER E. P. GREGERSEN. Requirement of use of trade mark [J]. European Intellectual Property Review, 2003: 25 (7): 315.
❹ Judgment of January 13, 2000 by the court of appeal of Brussels (Subway) and judgment of June 30, 2000 by the supreme court of Belguim (Amoxypen), 法院认为，可预见的政府程序的冗长属于正常的商业风险。

进口限制和新的市场战略计划均不构成不使用的正当理由。❶ 而有的成员还认可一些个人因素。在瑞典、挪威、德国和意大利的商标法中，正当理由是指不仅影响商标所有人自身而且还影响整个行业的事情，除此之外，个人因素也可构成正当理由，如未能从某机构中获得批准或者不可预见的生产中断（如火灾）。在西班牙商标法下，原材料的缺乏也可以构成正当理由。❷

在不使用的正当理由的认定上，TRIPS协定的第19条尽管是对某类理由的判定而非对理由认定原则的概括，但其规定仍为此提供了一些提示。该条第1款提及了有效理由的两个判定要素：一是独立于商标所有人意志之外，这强调了理由的外部性特征，如果是商标所有人自身原因（如资源缺少、营销困难、诉讼等）引起的，则不构成有效理由；二是构成使用的障碍，这强调了理由与商标不使用间的因果关系。此外，欧盟和澳大利亚的相关判例也为不使用的正当理由提供了一些线索。在"Haupl"案件❸中，ECJ指出，不使用的正当理由应该满足如下条件：（1）并非出自商标所有人的意愿而独自发生；（2）妨碍事项与商标的不使用间存在充分直接的联系；（3）导致商标使用失去可能性及合理性。在澳大利亚的"Wooly Bull"案件中，法院认为，商标不使用的豁免情形必须构成那段时间内的使用障碍，而不管这些情形影响了所有经营者还是只影响了商标所有人，且这些情势必须来自注册商标所有人外部，而不是由其自身行为所引起，注册商标所有人不使用该商标与上述情形的存在因果关系。❹

总之，尽管不同WTO成员对商标不使用的正当理由态度宽严不一，具体理由的判定仍有赖于商标实践的个案裁决，但总体应把握的原则是：理由对注册商标所有人来说是外部的，理由和注册商标的不使用间存在因果关系。

（四）不使用的法律后果

1. 不使用的法律后果

商标不使用的法律后果主要涉及该商标注册的取得、维持和权利行使等三

---

❶ Trademarks throughout the World (2000), p. 36; Judgment of October 14, 1998 of the court of First Instance of Hague (King Corn).

❷ JENS JAKOB BUGGE, PETER E. P. GREGERSEN. Requirement of use of trade mark [J]. European Intellectual Property Review, 2003：25 (7)：316.

❸ Haupl v. Lidl, Case C-246/05 [2007] ETMR (61) 997 (ECJ).

❹ Wolly Bull Enterprises Pty Ltd. v. Reynolds, (2001) 51 IPR; [2001] FCA 261 (15 March 2001), para. 47, 55.

个方面。

第一,在商标注册阶段,商标不使用将导致商标注册被拒绝。美国和加拿大是在商标注册阶段设定使用要求的主要代表。由于两国在商标权取得制度上采用的是使用取得制,注册仅是对基于使用产生的商标权的确认而非创设,因此,商标权因商标的不使用而未产生,注册也就不可能由此被授予。在美国法下,尽管对于外国申请者存在使用要求的适用例外,但对于商标注册的本国申请者而言,商标在通常贸易中的真诚使用是必须的,否则将导致该商标注册申请被拒绝。❶

第二,在商标注册的维持阶段,一定期间内无正当理由不使用注册商标将导致商标注册被撤销,该注册商标上相应的商标权也会因此而丧失。目前,世界上绝大多数国家在注册维持阶段均设定了商标使用要求,尽管制度名称有所差别,但在功能上却异曲同工,如美国的商标放弃制度、澳大利亚的商标移除制度以及大多数国家的商标撤销制度。此外,在商标注册维持阶段,美国《兰哈姆法》还通过商标使用宣誓书制度❷、续展制度来加强使用要求,前者要求商标注册后的第 6 年要提交商标使用的宣誓书,否则该商标注册将被依职权撤销,后者规定注册者在商标注册后的第 10 年续展时提交在商业中使用或存在不使用理由的证明,否则 USPTO 可以拒绝续展。

第三,在注册商标权的行使方面,注册商标的不使用会导致部分程序性权利被限制行使,甚至是注册商标的实体权利被否定。在此方面,欧盟以及其成员国英国、德国走在了世界商标立法的前列。欧盟《条例》规定,不满足使用要求的在先注册商标,其对在后商标注册申请提出异议的权利将被拒绝❸,在先商标注册人宣告在后商标注册无效的权利也受到相同使用要求的约束。❹《英国商标法》❺作出了与《条例》基本一致的规定。《德国商标法》不仅对上述商标所有人的程序性权利作出限制,还规定商标不使用将导致商标所有人向第三人主张商标侵权的权利、禁令请求权、损害赔偿请求权等实体性权利被拒绝行使❻,这相当于否定了注册商标所有人的禁用权和救济权。

---

❶ §7(15 U.S.C. §1057);§44(15 U.S.C. §1126).
❷ §8(15 U.S.C. §1058).
❸ 《条例》第 42 条第 2 款。
❹ 《条例》第 57 条第 2 款。
❺ 《英国商标法》第 6A 条第 2 款、第 3 款,第 47 条第 2A 款。
❻ 《德国商标法》第 25 条。

2. 两个特殊问题

（1）部分使用问题

就同一注册商标而言，注册商标所有人仅在注册核准的部分商品或服务上使用商标的法律后果受到较多关注。具体可分为两种情况。

一种情况是，在不同类别的商品或服务上均注册了同一商标，如果该商标在 A 类商品上使用，但未在 B 类商品上使用，则 A 类商品上的注册商标应被维持，而在 B 类商品上的注册应被撤销。由于 A、B 属于不相类似的商品，不同类别商品上的商标使用与注册商标建立了不同的来源指代关系，故两者在商标使用与不使用的法律后果上应相互独立。

另一种情况是，在同类别的多个商品或服务上注册了同一商标，例如，在第 8 类手工用具和器械（手工操作的）、刀、叉和勺餐具、佩刀、剃刀上注册了商标，但仅在剃刀上进行了商标使用，而在其他商品上未使用商标，能否以剃刀上的商标使用来维持注册核定的全部商品上的注册？对此，理论和实践中主要存在三种不同观点：一为最小化处理，即商标在特定商品或服务上使用，仅能维持在该商品或服务上的商标注册效力；二为最大化处理，即商标在特定商品或服务上的使用可以维持与该商品或服务相类似以及该商品或服务上位概念所包括的所有商品或服务上的商标注册；三为折中处理，即商标注册维持的效力延伸至与该特定商品或服务类似的商品或服务上。

折中处理模式较为合理，商标在某商品或服务上的使用可以维持与之相类似的商品或服务上的商标注册，但"类似"商品或服务的判定标准应当合理，具体应从商品或服务的功能、用途、生产部门、销售渠道、消费对象等多方面进行考察。该种处理方式综合考虑了注册商标权人、相关经营者以及消费者的利益，且与商标权的保护范围保持了一致。一方面，排除"类似"之外的商品或服务上的商标注册效力，有利于其他经营者在被撤销的商品或服务上注册和使用该注册商标；而维持类似商品或服务上的商标注册，也考虑了注册商标权人的利益，保证其在类似商品或服务上的经营拓展和商标使用空间；同时，就消费者而言，若允许其他经营者在类似商品或服务上使用同样的商标，易产生市场混淆，不利于消费者作出准确的商品鉴别和消费选择。另一方面，折中处理方式也与商标权的保护范围相吻合。商标权中的禁用权范围包括了与注册指定的相同或类似的商品或服务，如果采用最小化处理方式，将类似商品或服务上的商标注册基于不使用而撤销掉，而商标实际使用的商品或服务上的注册商标权仍存续，注册商标所有人仍可依据商标权来排除他人在类似商品上使用该商标,他人依旧没有机会在类似商品或服务上使用相同商标,因此,撤销也就失去了相应意义。而最大化处理模式也值得推敲。在注册指定的某类商品或服务中,具体包含的商品或服务间并非都是类似关系,注册商标在不同商品或服务上的使用发挥着不同的来源指示效果,如果在某商品上不使用注册商标,则该商标便没有在该特定商品上发挥来源识别功能,因此,维持其上的商标注册是没有依据的。

(2) 联合商标(associated marks)和防御商标(defensive marks)

在不使用的法律后果上,联合商标和防御商标的问题也值得厘清。

A. 联合商标

联合商标是指同一商标注册人在同一种或类似商品上注册某一商标以及若干近似商标,这些商标中首先注册的或主要使用的为主商标,其余的则为联合商标。❶ 如柳州两面针股份有限公司在第 3 类商品上除注册"两面针"商标外,还注册了"面面针""两两针""双面针""面两针"等商标,此类注册事实上即为联合商标。联合商标的注册不是为了使用,而是为了禁止他人使用这些近似商标❷,从而通过商标储备起到主动防卫的作用。但由于注册商标权中的禁用权已经授予商标所有人排除他人在相同或类似商品或服务上混淆性使用相同或近似商标的权利,这在一定程度上使联合商标制度的存在失去了意义。

目前,世界商标立法中规定联合商标制度的国家越来越少,本书考察的 WTO 成员的商标立法均未规定该制度。即使在早前建立过联合商标制度的英国,其也在 1994 年取消了《1938 年商标法》中联合商标的规定。❸ 我国现行商标法也没有规定联合商标制度,但现实中这种防卫性注册并不鲜见,探讨此类"联合商标样"❹ 注册是否适用注册商标的使用要求制度仍具有现实意义。如杭州娃哈哈集团有限公司在第 24 类、第 25 类、第 29 类、第 30 类、第 32 类、第 33 类等商品类别上注册"娃哈哈"商标的同时,还在第 29 类、第 30 类、第 32 类商品上注册了"娃娃哈""哈娃娃""哈哈娃"等商标❺,这些近

---

❶ 吴汉东. 知识产权基本问题研究(分论)[M]. 2 版. 北京:中国人民大学出版社,2009:347.
❷ 张今,谭伟才. 联合商标、防御商标与商标权的保护[J]. 知识产权,1994(06):15.
❸ 《英国商标法》过渡性规定中第 10 条第 3 款。
❹ 由于我国商标法上并未设立联合商标制度,故本书将我国商标注册实践中存在的联合商标注册称为"联合商标样"注册。
❺ 相关注册商标信息来源于中华人民共和国国家工商行政管理总局商标局开设的"中国商标网"——http://sbcx.saic.gov.cn/trade/SelectTdInfo/SelectTdInfo.jsp,以下列举的中国注册商标信息均来源于此网站,访问时间为 2014 年 1 月 10 日。

| TRIPS 协定下注册商标的使用要求

似商标从 20 世纪 90 年代初注册起经过商标续展至今仍有效，但均未被投入实际使用。这些"联合商标样"注册应否受到商标不使用撤销制度的制约？

尽管仍有个别学者[1]为联合商标制度摇旗呐喊，但国际立法趋势表明该制度已寿终正寝。因此，对于实践中存在的此类"联合商标样"注册，应当严格适用注册商标的使用要求，即主商标的使用不能挽救其他不使用的近似商标被撤销注册的命运，主要基于如下两点考虑：

其一，主商标的商标权禁用范围已涵盖了在相同或类似商品或服务上混淆性使用相同或近似商标，他人若为上述商标使用，则构成商标权侵权，故没有必要再保留这些"联合商标样"注册来排除他人的上述使用行为。有观点认为，注册商标专用权可以排除他人在相同或类似商品或服务上使用近似商标，即使撤销了"联合商标样"注册，他人也不能使用此类商标，因此没有撤销的必要。但需提醒，他人使用这些商标是否构成侵权还依赖于混淆性原则的判断，如果使用行为不会引起消费者混淆，他人仍有使用这些商标的可能性。基于不使用而撤销这些"联合商标样"注册，就是为了向公众释放商标资源，保障其注册和使用这些商标的机会。

其二，"联合商标样"注册是商标所有人基于主观判断对商标所作的可能性罗列，具有较强的随意性和主观性，在商标法意义上，这些商标不一定构成主商标的近似商标。如果允许这些不使用的注册商标维持有效，那么注册商标权人就可以据此排除他人在相同或类似商品或服务上使用这些商标。这相当于肯定了这些商标与主商标构成近似，等于将注册人的主观判断代替了商标侵权中的商标近似性判断，不合理地扩大了商标注册人的权利范围，而使他人在相应商标上注册和使用的权利受到不当限制。例如，冠生园（集团）有限公司为防止他人使用其注册商标"大白兔"的近似商标，曾在第 30 类糖果等商品上先后注册了"大黑兔""大灰兔""大红兔""大花兔"等多个商标。但这些商标是否与"大白兔"商标构成近似是存疑的。

B. 防御商标

防御商标，是指驰名商标所有人在不同类别的商品或服务上注册若干个相同的商标，原来的商标为主商标或基础商标，注册在其他类别的商品或服务上的同一个商标为防御商标。[2] 由于商标权的禁用范围仅限于相同或类似的商品

---

[1] 例如：何红锋，陈跃东. 论联合商标保护制度 [J]. 南开学报，2000（1）：75.
[2] 王连峰. 商标法 [M]. 北京：法律出版社，2003：41.

第三章 TRIPS 协定下注册商标的使用要求之理论探讨

或服务,而通过防御商标注册,商标所有人可以排除他人在不同类别的商品或服务上使用相同或近似商标。在商标假冒行为猖獗、驰名商标保护制度不甚发达的过去,防御商标制度确实功不可没。然而随着驰名商标保护制度的发展,从混淆标准到淡化理论,驰名商标已基本上实现了跨类保护,TRIPS 协定第 16 条第 3 款对此已作出相应规定。❶ 因此,防御商标制度在全球范围内受到了极大的挑战。

最先创立并引入防御商标制度的英国在 1994 年商标法修改时摈弃了该制度。在现今的英国商标法下,若商标注册申请中指定的商品或服务种类过宽,将被认定为恶意注册,会直接导致该注册申请被拒绝或注册后被宣告无效。❷ 在德国,防御性商标被视为对竞争的限制,也可能被认定为恶意。❸ 美国、法国、加拿大等国的商标立法均未认可防御商标制度,我国商标法对此也未作规定。日本❹和澳大利亚❺属于少数对防御商标作出规定的国家,但两国对防御商标注册都设定了严格的限制条件,并非任何商标在任何种类上均可注册防御商标。

一般而言,注册防御商标的目的不在于该商标自身的使用,而在于保护主商标免受他人非法使用;然而,注册商标的使用要求制度是为了促进商标的实际使用。显然,两项制度在立法主旨上存在冲突,因此,设有防御商标制度的国家一般将防御商标视为使用要求的适用例外。如《澳大利亚商标法》第 186 条明确规定,不使用移除制度不适用于防御商标;《日本商标法》虽未明确是否适用,但肯定了防御商标对主商标的附随性。❻ 在我国商标注册实践中防御性商标注册较为常见。如 TCL 集团股份有限公司除了在第 9 类商品上注册了

---

❶ TRIPS 协定第 16 条第 3 款规定:"1967 年《巴黎公约》第 6 条之二经对细节作必要修改后应适用于与已注册商标的商品和服务不相似的商品或服务,条件是该商标与该商品和服务有关的使用会表明该商品或服务与已注册商标所有者之间的联系,而且已注册商标所有者的利益有可能为此种使用所破坏。"

❷ 《英国商标法》第 3 条第 6 款。

❸ JEREMY PHILLIPS, ILANAH SIMON. Trade mark use [M]. New York:Oxford university press, 2005:15.

❹ 《日本商标法》第 64 条规定了申请注册防御商标的条件,可概括为两项:(1) 基础商标为驰名商标;(2) 其他人在非与注册商标指定的商品或服务相类似的商品或服务上使用该商标,会引起消费者对其他人的商品或服务与注册商标人指示的商品或服务间的混淆可能性或损害其利益。

❺ 《澳大利亚商标法》第 115 条对防御商标注册的商品或服务类别予以限制,规定可注册防御商标的商品或服务类别必须满足:在某一类商品或服务上的商标使用可以使人认为该商标所有人与该类商品或服务存在联系。

❻ 《日本商标法》第 66 条。

TRIPS 协定下注册商标的使用要求

"TCL"商标,还在其他 44 类商品或服务上注册了"TCL"商标[1],而在绝大多数其他类别的商品或服务上均未实际使用"TCL"商标。但对于这些防御性商标注册的存废,存在迥然不同的两种观点。有观点认为,在主商标是驰名商标的基础上注册的防御商标可作为不使用的正当理由,不适用 3 年不使用被撤销的规定。[2] 另有观点认为,驰名商标的跨类保护已使防御性注册失去必要性,因此,不宜作为"不使用的正当理由"。[3]

在笔者看来,对于没有规定防御商标注册制度的国家而言,在处理防御性注册与不使用撤销制度的适用上,不宜简单地采取全部肯定或否定的观点,应当针对不同情形予以区别对待。

对于普通商标的防御性注册,如果该防御性注册商标不使用,则应当按照注册商标的使用要求制度,将该防御性注册商标撤销。因为普通注册商标的禁用权范围仅及于与注册核定的使用范围相同或类似的商品或服务上,如果允许在不类似的商品或服务上维持闲置的防御性商标的注册,则相当于扩大了注册商标专用权的范围,为注册商标维持阶段的使用要求制度不适当地创设了例外,有违商标权保护的原理,也会使注册商标维持阶段的使用要求制度被架空。即使在认可防御商标注册的日本和澳大利亚,一般仅允许驰名商标进行防御性注册,因此,普通商标上的防御性注册也不可能落入商标不使用撤销制度的例外范畴。

对于驰名商标的防御性注册,可以引入澳大利亚商标法上的"联系可能性"原则[4],即:若注册商标在某类商品或服务上使用,可能会使人认为该类商品或服务与注册商标所有人间存在联系,则该类商品或服务上的防御性商标注册可以成为使用要求的例外。理由是:在这种情况下,即使严格适用注册商标的使用要求,将这些不使用的防御性商标注册撤销,实际上也并未释放出商标资源,因为他人仍然不能使用这些商标,否则消费者会对该商标指示的商品或服务来源产生混淆和误认,故维持此类可以产生"联系可能性"的商标注册比较合理。而对于那些不可能产生"联系可能性"的商品或服务类别上的

---

[1] 相关注册商标信息来源于中华人民共和国国家工商行政管理总局商标局开设的"中国商标网"——http://sbcx.saic.gov.cn/trade/SelectTdInfo/SelectTdInfo.jsp,访问时间为 2014 年 1 月 10 日。
[2] 王小云. 对防御商标和联合商标的思考 [J]. 中华商标,2001(2):22.
[3] 吴畏. 论商标三年不使用撤销制度中"使用"的界定 [D]. 上海:华东政法大学(硕士学位论文),2010:34.
[4] 《澳大利亚商标法》第 115 条。

防御性商标注册，则没有必要维持其注册的效力。一方面，他人在此类商品或服务上使用同样的注册商标产生混淆或商标淡化的可能性较小；另一方面，即使此类防御性注册被撤销后，驰名商标仍可能通过跨类保护得到救济。

上述对联合商标和防御商标与注册商标使用要求的关系探讨都是以主商标满足使用要求为前提。如果主商标本身未满足使用要求，因不使用而被撤销，则其上的联合商标和防御商标基于附随性也当然应被撤销。

总之，在当今国际商标立法潮流中，联合商标和防御商标制度已江河日下，在注册商标使用要求的适用上，应尽可能对其一视同仁地适用。如有学者指出的："虽然有些国家历史上曾经历过防御商标和联合商标制度，并且也有一些国家至今还保留这两种制度，但这种预先给予不使用也可维持权利的特殊礼遇，正在受到越来越多的质疑。"[1]

第三节 TRIPS 协定下注册商标的使用要求之核心关系辨析

一、TRIPS 协定下注册商标的使用要求折射出使用与注册的关系

（一）不同商标权取得制的利弊及演变

在商标权取得制上，使用取得制和注册取得制建立在不同的保护理念上。前者注重实体公正，强调保护具有市场价值的商标权益；后者侧重于保护法律秩序意义上的商标权的确定性。两种商标权取得制度各有利弊，从 WTO 主要成员商标权取得制的演变看，两种取得模式交替存在、互相交融，发挥着各自的功能。

1. 使用取得制的利弊

使用取得制以使用为商标权的获得依据，在商标保护的正当性上具有其独特优势。首先，使用原则符合商标保护的本质。商标保护的根基在于商标的来源区分功能，若商标不投入实际使用，消费者便无从通过该商标辨认不同的商品或服务，最终无法作出合理的消费选择，因此，对不使用的商标赋予商标权不具有正当性。其次，使用取得制更能体现商标的价值。对于商标所有人而

---

[1] 黄晖. 商标法 [M]. 北京：法律出版社，2004：102.

言，商标价值不在于该标志本身，而在于该标志在使用过程中所积累的商业信誉，这体现了市场对商标相联系的商品或服务的认可度，而该商誉的积累只有通过使用方能实现。最后，使用取得制使寻租行为最小化。纯粹的注册取得制会诱发商标抢注、商标囤积等不良现象，企业将热衷于通过商标设计、注册、再转让的方式来获取收益，而这种短期的市场寻租行为对企业的长期发展有害无益。使用取得制要求商标必须投入实际使用才能获得商标权保护。该制度强调商标的实际使用，可有效遏制过度的市场寻租行为。

尽管使用取得制存在明显的制度优势，但其在商标实践中的缺陷也不容忽视。其一，权利不稳定。商标使用是一种随意性很大且不易判定的个体行为，缺乏为社会广泛认知的特性。因此，基于使用产生的商标权具有较大的不确定性，其随时会因为他人的在先使用而被推翻，从而使实际使用人遭受商标投资损失。其二，公示性不强，易产生权利冲突。使用的公示效果不强，增加了在后商标使用人的搜索成本和商标选用难度；基于使用产生的商标权范围不甚明确，使不同区域的使用主体就相同或近似商标的使用易产生权利间的冲突。其三，商标权地域化。商标的实际使用往往局限于特定的地理区域，由此产生的商标权效力也仅及于实际使用区域。若不同主体就同一商标在相隔较远的不同区域进行使用，则两项商标权的并存会使同一商标被地域化割裂，严重影响该商标在全国范围内的市场扩展。其四，经济成本大。使用取得制要求商标权取得之前必须存在商标的实际使用，这意味着商标权获得的前期投入较大。此外，在商标权产生争议时，商标所有人要证明商标的实际使用情况，而时间的逝去可能导致真正的在先使用人举证不能，这无形中增加了诉讼成本。

2. 注册取得制的利弊

注册取得制的产生晚于使用取得制，其克服了使用取得制的一些弊端，为商标授权、确权提供了相对明确的标准，目前已为世界上大多数国家所用。其优点主要体现在如下方面：第一，获权简便且成本低。注册取得制下，商标权的获得来源于注册，申请注册者无须事先使用该商标，在进行相关商标搜索且满足一定注册条件后即可被授予商标权，权利获取相对容易且成本较低。第二，权利稳定且明确。商标权依注册取得，商标专用权和禁用权的范围均由注册核准确定，在不同商标权发生冲突时，以注册在先为原则，并根据注册核定的范围确定各自权利界限，保证了商标权的稳定性和确权的简便易行。第三，公示效力强。注册取得制建立了商标公示制度，注册即为商标权的绝对证据，增强了商标注册的公信力,在后商标使用人或注册者可通过商标检索来避免商标间的冲突。第四,商标权的效力范围广。商标一旦取得注册,即产生全国范围内有效的商标权(除非该国还认可在先使用商标权),这种广泛有效的商标权使经营者扩展商品或服务市场变得更为容易和可行。

任何制度并非十全十美,注册取得制的上述优势并不能掩盖其存在的不足。首先,商标保护的正当性基础缺失。商标保护的目的在于保护商标所有人的商誉和防止消费者混淆。注册取得制下,商标权的取得不以使用为前提,而商标不使用将导致上述立法目的无法实现,"注册制度带来的赋权效果挤压了商标使用的价值,将造成商标价值结构的本末倒置"。❶ 因此,对不使用的注册商标给予保护违背了商标保护的正当性。其次,为商标抢注留下隐患。❷ 在注册取得制下,商标权的取得无须事前进行商标使用,这为一些不诚信的经营者提供了不法牟利的空间,他们抢先注册了他人已实际使用且积累一定商誉的未注册商标,然后再通过倒卖谋取不当利益,这种恶意抢注现象严重冲击着注册取得制的合理性。最后,商标资源浪费严重。注册取得制并未要求商标在注册前和注册后进行实际使用,这导致大量注而不用的闲置商标产生,阻碍了市场后进者选用商标的机会,严重浪费了有限的商标资源。

单纯的使用取得制和注册取得制均有着各自不可回避的弊端,所以目前世界上采用单一的商标权取得制而完全排除另一种制度的国家商标立法基本上不存在。如某学者所言,在当今世界,各国商标法在商标权取得的依据上采用的均是某种混合模式,绝对的注册取得模式抑或纯粹的使用取得原则都只存在于理论研究之中。❸

3. 商标权取得制度的演变

各国商标法在商标权取得制度上的演变,反映出注册与使用两大原则间的相互渗透和交融。综观商标权取得制度的演变,各国商标立法纵然受到法律传统的影响,但亦并非一成不变,其因时而异的制度变革折射出注册与使用的交替发展关系。

在商标权取得制上,注册原则对使用原则的冲击和影响主要体现在两个方面。一方面,使用取得制向注册取得制转变。例如,法国自第一部商标法起至1964年商标法修改期间一直维持着使用和注册的双重机制,且在权利发生冲突

---

❶ 付继存. 形式主义视角下我国商标注册制度价值研究 [J]. 知识产权,2011 (5):75.
❷ 刘华. 知识产权制度的理性与绩效分析 [M]. 北京:中国社会科学出版社,2004:70-71.
❸ 彭学龙. 论商标权的原始取得 [J]. 中南财经政法大学学报,2007 (4):134.

TRIPS 协定下注册商标的使用要求

时奉行使用在先原则，自 1964 年起才开始实行严格的商标权注册取得制度。❶ 韩国也是如此，在 1958 年商标法修改之前一直采用使用在先制，其后才采取严格的注册取得制。另一方面，注册原则对使用取得制的渗透在不同的国家中表现出不同的程度和性质。例如，英国作为普通法系国家，最早采取的是使用取得制，而如今却建立了使用和注册取得的双重机制❷，其所吸纳的是与使用原则并行不悖并能够产生商标权授权效果的注册制度；而美国是对英国普通法传统一脉相承的国家，其在商标法中也引入了注册要素，但其采纳的并非注册授权制，而是对普通法上基于使用而取得的商标权具有推定和证明作用的注册制度。

在商标权取得制上，使用理念对注册原则的影响和渗透也日益显现。如德国最初采用的是严格的注册制度，而目前则采取了基于使用和注册的混合取得制度，但与美国法上仅以使用为条件的取得模式不同，德国法对使用原则的吸纳以"使用"加"商标的知名度"作为商标受保护的条件。❸ 即使在采取单一注册取得制的国家中，使用原则也没有被完全排除。例如，韩国、法国、日本以及我国等采用严格注册取得制的国家也在一定程度上承认了商标使用人的特定权利。

可见，在不同的发展阶段，使用和注册原则交替主宰着各国商标权取得的基本制度。即使在当代商标权取得制上，使用和注册在各国商标法上也并非毫不相关的绝缘体，两者间不存在完全泾渭分明的界限。但从目前各国采取的商标权取得制看，基于对注册取得制的可预见性和稳定性的需求，注册取得制比使用取得制拥有更多的追随者❹，在整个世界范围内注册取得制处于主导地位，这也是商标权取得制度演变过程中一个不容忽视的特征。

（二）注册商标的使用要求折射出使用与注册的融合与均衡

鉴于使用取得制和注册取得制各自存在的利弊，诸多 WTO 成员在商标权取得的制度安排上，除了维持植根于自身法律传统的原有制度外，还汲取了其他取得制中体现公平性或者符合经济贸易发展趋势的做法。这种制度上的彼此

---

❶ FRIEDRICH – KARL BEIER. Basic features of Anglo – American, French and German trademark law [J]. International Review of Industrial Property and Copyright Law, 1975, 6: 285, 294 – 298.

❷ DOMNA L. CANDIO. Domestic and international trademark protection programs [J]. Practising Law Institute/Patents, Copyrights, Trademarks, and Literary Property Course Handbook Series, 1999, 569: 307, 343 – 344.

❸ 《德国商标法》第 4 条第 3 款。

❹ MAX VERN. A trademark visa – aspects of international trademark use and protection [J]. Journal of the Patent and Trademark Office Society, 2006, 88: 848.

第三章 TRIPS 协定下注册商标的使用要求之理论探讨

借鉴在一定意义上促进了使用与注册的法律融合。

1. 使用取得制下注册效力的加强

在英美法系的商标普通法上，商标权来源于使用，但使用取得制存在诸多弊端，在追求效率的现代法制社会中，该种商标权取得方式已捉襟见肘。作为使用原则发端国的英国已修正其商标权取得制度，同时认可了使用与注册两种获权方式。而美国仍坚守着商标权使用取得制的最后一方阵地，是目前世界上采取严格使用在先制为数不多的国家之一。尽管如此，美国在州和联邦层面均建立了商标注册制度。自 1905 年起，美国将州际贸易中使用的商标纳入联邦注册范畴，1946 年颁布的《兰哈姆法》对联邦层次的商标注册程序作出了全面规定，1988 年，联邦商标法得到全面修改，随着意向使用申请制度的引入、商标注册证书的强化、撤销申请时间的限制等，美国的商标权取得制度日渐偏离严格的使用原则❶，注册效力得到了明显的扩张和强化。

首先，注册的证明作用。对于美国联邦商标注册主登记簿上记载的商标，其注册证书是该注册商标有效、商标所有权、商标所有人对该注册商标拥有排他性使用权的初步证据。❷ 联邦商标注册的通知和公示效力，为在后使用者提供了商标搜索依据，有效避免了不同地区使用者在商标使用上的冲突。作为商标所有权的初步证据，在商标确权和侵权纠纷中，联邦商标注册缓解了商标所有人在商标使用上的举证责任，使注册商标所有人较未注册商标所有人而言拥有了证据法上的优势。此外，美国《兰哈姆法》还赋予联邦商标注册者各项商标侵权救济权利，如请求发布禁令、赔偿损失、销毁侵权物品、禁止侵犯商标权的货物进口的权利❸，特别是禁止侵权货物进口的权利被视为商标注册者获得的"额外好处"。❹ 甚至有学者称，美国法上的"注册不仅具有程序上的意义，还会产生实体上的后果"。❺

其次，意向使用申请的法律效果。美国在 1988 年对《兰哈姆法》修订时引入了意向使用申请制度。在该制度下，申请者可基于商标使用的真诚意图提起商标注册申请，并被允许在收到许可通知之日起最长 3 年的时间内提交商标

---

❶ BEVERLY W. PATTISHALL. The Use Rationale and the Trademark Registration Treaty [J]. American Bar Association Journal, 1975, 61: 85.

❷ § 7 (15 U.S.C. § 1057).

❸ § 34 (15 U.S.C. § 1116), § 34 (15 U.S.C. § 1117), § 34 (15 U.S.C. § 1118), § 42 (15 U.S.C. § 1124).

❹ 李明德. 美国知识产权法 [M]. 北京: 法律出版社, 2003: 292.

❺ 彭学龙. 论商标权的原始取得 [J]. 中南财经政法大学学报, 2007 (4): 135.

TRIPS 协定下注册商标的使用要求

使用的证明。一旦基于意向使用的商标申请获准注册，其注册申请即构成对该商标的拟制使用，在注册指定的商品或服务上申请人享有全国范围内的在先权利，除对该注册申请之前的使用者或申请者不具有对抗效力外，上述在先权能够对抗任何其他主体。[1] 这种全国性优先权的法律效力可与普通法上的最先使用相比拟，在商标确权时为优先提起商标注册申请的主体提供了法律上的优势，是注册效力扩张的又一例证。无怪乎美国学者要大声疾呼，意向使用申请制度是对使用取得制的偏离，是美国走向商标注册取得制的第一步。[2]

最后，注册满 5 年后的法律效力。美国《兰哈姆法》第 14 节规定，除了基于特定理由（如商标放弃或商标变成通用名称或未施加控制的商标使用等），撤销商标注册的申请通常都应当在商标注册后 5 年内提出。[3] 这种注册满 5 年后排除商标撤销程序的规定被视为《兰哈姆法》对普通法上使用原则的偏离，使注册商标权又多了一重安全。[4] 该法第 15 节还规定，除了基于特定的撤销理由或商标侵犯其他既有权利外，自商标注册之日起 5 年内该商标被持续在注册指定的商品或服务上进行商业使用的，则该商标所有人使用该注册商标的权利将变得不受争议。[5] 这意味着，通常而言，注册商标所有人在注册满 5 年后将享有不可争议的权利，当然，这也不等于注册商标权经过 5 年后可以永久存续，其效力仍受制于使用宣誓书、商标续展、放弃等制度的限制。

纵观美国联邦商标注册制度的发展，美国法上的商标注册仍以使用为依据，使用的基础性地位在美国商标制度中并未发生改变，但商标注册的效力也逐渐增强，虽其仍以证明商标权有效性为主要功能，但其法律效力正日益得到扩张和强化，注重效率的立法理念得到彰显，有学者将《兰哈姆法》称为商标法上公平与效率结合的典范。[6]

2. 注册取得制下使用要求的强化

注册取得制克服了使用取得制的一些弊端，为商标权的取得提供了便利。

---

[1] § 7 (15 U. S. C. § 1057).

[2] BRUCE R. PARKER. "Intent to use": on the road toward adoption of a registration –based system of trademark protection [J]. The Trademark Reporter, 1989, 79: 320.

[3] § 14 (15 U. S. C. § 1064).

[4] BEVERLY W. PATTISHALL. The use rationale and the trademark registration treaty [J]. American Bar Association Journal 1975, 61: 85.

[5] § 15 (15 U. S. C. § 1065).

[6] 苏喆，秦顺华. 公平与效率何以兼顾：美国《兰哈姆法》商标权取得制度对中国的启示 [J]. 天津法学，2012（2）：28.

第三章 TRIPS 协定下注册商标的使用要求之理论探讨

但这种高效的授权制度背后却显露出商标保护的不正义,不使用的注册商标未发挥来源区分功能,未产生商业信誉,也不会因他人使用而造成市场混淆,对其进行保护缺乏正当性基础。因此,在商标权取得制上,愈来愈多的国家采用混合制模式,将使用和注册同时作为商标权获得的依据;而在采取单一注册取得制的国家中,商标使用人的相关权利也得到了不同程度的认可。更值得关注的是,在商标权注册取得制内部,商标的使用要求也正在被不断强化。

其一,商标注册阶段的意向使用要求。采用注册取得制的 WTO 成员大多未设定注册阶段的使用要求,但有一些成员却设立了商标意向使用要求。例如,《英国商标法》第 32 条第 3 款规定:"商标申请应当陈述在相关商品或服务上该商标正在被商标申请者或经其同意进行使用,或者申请者具有这种使用的真诚意图。"在英国商标注册实践中,注册申请时的商标使用意图不真实或实质性虚假,将构成商标申请的"恶意"❶,从而使该商标被拒绝注册。❷ 作为英联邦成员的澳大利亚❸、新加坡等国的商标法❹也对注册阶段的意向使用要求作出规定。可见,商标使用的意向已经影响到了商标注册的取得与否。尽管使用意向与真实使用存在差别,但具有使用意向意味着申请人在不久的将来会使用该商标,若注册授予后该商标使用未实际发生,则商标注册会因为注册恶意而被宣告无效。❺ 因此,商标注册阶段的意向使用要求事实上设立了商标将来被使用的要求,其不仅影响到商标注册的取得,还关乎商标注册的效力,可以说,商标使用因素已深入至商标注册领域。

其二,注册维持阶段的使用要求。目前,采用注册取得制的大多数 WTO 成员都设立了商标注册维持阶段的使用要求。注册被授予后,若该商标在一定期间内无正当理由不使用,则该商标注册将因第三人的申请而被撤销,其上的商标权会也因此而消灭。诚然,注册取得制下,商标注册不以使用为前提,但注册维持阶段的使用要求使商标注册的存续以使用为条件,从某种意义上讲,使用俨然已成为商标注册的根基。注而不用的商标不仅无法发挥来源识别功能,还侵占了他人的商标使用空间。维持此类商标的注册,违背了商标保护的

---

❶ 《英国商标法》第 3 条第 6 款。
❷ DEMON ALE Trade Mark [2000] RPC 345(Appointed Person, Geoffrey Hobbs QC) at 356; Ferrero SpA's Trade Marks (KINDER) [2004] RPC 29(Appointed Person, David Kitchin QC) at 23; Robert McBride Ltd's Trade Mark Appn [2005] ETMR 85(Appointed Person, Richard Arnold QC) at 44.
❸ 《澳大利亚商标法》第 27 条第 1 款。
❹ 《新加坡商标法》第 5 条第 2 款。
❺ 《英国商标法》第 47 条第 4 款。

本质，也背离了商标法的立法目的。设立注册维持阶段的使用要求，将有效促进商标的实际使用和各项功能的发挥，使商标权与商标价值的来源重新契合。

其三，权利行使上的使用要求。注册取得制下，商标一旦获准注册，即意味着注册商标所有人享有了商标法所赋予的商标权，能够禁止他人未经其同意在相同或类似商品或服务上使用相同或近似的商标；若他人进行上述使用，将被认定为构成侵权，商标所有人可主张发布禁令、赔偿损失、销毁侵权产品等请求。但《德国商标法》却规定，上述请求权的行使须以满足注册商标的使用要求为前提，否则其侵权救济权将被否定。❶"没有救济，就没有权利"。对不使用的注册商标不给予商标救济，相当于事实上剥夺了其商标权，这给商标权人的打击是致命的。此外，欧盟《条例》及英国、德国商标法还对5年不使用的注册商标上的程序性权利作出限制，不允许其对在后商标注册提出异议或宣告无效。这是使用理念在注册制下被强化的又一力证。可见，使用要求已影响到注册商标所有人的部分程序性和实体性权利，冲击着注册取得制的根基，凸显了使用在现代商标法上的重要地位。

综上，注册体现了商标保护的高效与便捷，而使用则反映了商标保护的公平与正义。注册商标的使用要求说明两者之间并非对立关系，而是相互促进的互补关系，该商标制度折射出了两者的交融与均衡。在讲究效率与公平兼顾的当代商标立法中，摒弃任何一方都将意味着立法目的的失衡，法律应该在注册与使用间找到两者的平衡点。TRIPS协定糅合了两种商标权取得原则下的不同注册制度，同时又突出了注册商标的使用因素，对商标注册与注册维持阶段的使用要求进行协调。这既是对注册与使用间辩证关系的反映，也是对两者间融合的有效促进，进而为注册与使用制度的均衡发展提供了国际立法保障。

二、TRIPS协定下注册商标的使用要求体现了私权与公权的关系

（一）注册商标权的私权属性辨析

1. 注册商标权是一项私有财产权

在现代知识产权制度产生伊始，西方知识产权学者以洛克的"劳动学说"、卢梭的"天赋人权"等财产权自然法理论为基础，主张知识产权是不可剥夺的自然权利——私权。目前，在知识产权的本质属性上，国内学者对于知

---

❶ 《德国商标法》第25条。

第三章 TRIPS 协定下注册商标的使用要求之理论探讨

识产权属于私权范畴的认识已趋于一致。❶ TRIPS 协定也在序言中明确："知识产权是私权（private rights）"，但对于"私权"的含义 TRIPS 协定未作具体规定。那么，私权是否属于私有财产权？笔者认为，两者的侧重点不同。从词源来讲，"私权"发端于古希腊罗马时期的"个人权利本位"理念❷，是自然权利的一种衍生，其强调权利的私人归属，"私权即私人的权利"❸；而私有财产权侧重于法律对财产的确认，如在社会契约理论下，"自然权利"向"法定权利"的转化是通过人们订立契约组成契约社会、交出自身权利并获得社会对财产权利的认可来完成的。❹ "私有财产权是由法律创设的一个比所有权更为广泛的权利束，私有财产权是一种财产权上的私权。"❺ 尽管私权与私有财产权存在差异，但我国学界的主流观点倾向于将两者等同视之。如郑成思教授认为，"作为私权的知识产权……是私有财产权的一部分。"❻ 吴汉东教授也持类似观点，"知识产权是私权，实际上就是一种无体财产权。"❼

最初，商标保护作为反不正当竞争法的组成部分，其强调防止消费者混淆，而现代商标法则更关注商誉保护，这赋予了商标所有人真正意义上的财产权。如某学者所言，商标权人所享有的，并非商标的区分来源功能，而是其所创造的商标所表现的价值和商誉，这符合商标法的发展史。❽ 因此，商标权作为知识产权的一个分支，其在本质上也属于私有财产权。使用取得制下的商标权无疑印证了洛克的财产权自然权利学说，但注册取得制下的商标权却来自公权力机关的授予。这是否意味着商标权的私权属性遭到改变？对此，吴汉东教授已经明确指出，"以权利产生的原因来界定权利的属性是应该检讨的，公私

---

❶ 如：张乃根. TRIPS 协定：理论与实践［M］. 上海：上海人民出版社，2005：12－19；李明德. 知识产权法［M］. 北京：法律出版社，2007：5；王迁. 知识产权法教程［M］. 北京：中国人民大学出版社，2007：14；金海军. 知识产权私权论［M］. 北京：中国人民大学出版社，2004：12. 在上述文献中学者们均认为知识产权是私权。

❷ 赵振华. 知识产权的私权品性与社会品性［J］. 时代经贸，2011（4）：2.

❸ 吴汉东. 利弊之间：知识产权制度的政策科学分析［J］. 法商研究，2006（5）：7.

❹ 卢梭. 社会契约论［M］. 杨国政，译. 西安：陕西人民出版社，2003：19.

❺ 何真，唐清利. 财产权与宪法的演进［M］. 济南：山东人民出版社，2006：30.

❻ 郑成思. 私权、知识产权与物权的权利限制［J］. 法学，2004（9）：74.

❼ 吴汉东. 知识产权基本问题研究（总论）［M］. 2 版. 北京：中国人民大学出版社，2009：11－12.

❽ FRANK I. SCHECHTER. The rational basis of trademark protection［J］. Harvard Law Review，1927，40（6）：832－833.

权的划分取决于权利的基本内容"。❶ 因此，注册并未改变商标权的私权属性，这一点在世界商标立法中也得到了印证。英国第一部商标法即承认普通法上的商标权是财产权利，❷其现行商标法还对注册商标权予以明确："注册商标是通过商标注册取得的一项财产权，其所有人享有本法规定的权利和救济。"❸《法国知识产权法典》也认可商标注册授予商标所有人以财产权。❹ 由于 TRIPS 协定明确了知识产权的私权属性和注册商标所有人享有的排他权❺，目前，世界范围内大多数国家都认可注册商标权是一项私主体享有的排除他人在特定范围内使用特定标识的权利。

2. 注册商标权包含商标专用权

在商标使用的探讨中，对于商标权的认识不能仅停留在私权属性上，还必须明确商标权的内容。根据 TRIPS 协定第 16 条第 1 款的规定，注册商标所有人应享有阻止第三方未经其同意进行混淆性使用的排他权。注意到，TRIPS 协定的表述是"注册商标所有人'应当享有'（shall have）排他权"，其并没有将商标权直接界定为"排他权"，因此，上述规定的正确理解应当是注册商标所有人享有的商标权至少包括上述排他权。对于商标权的权利内容，理论界有两种不同的声音。一种观点认为，注册商标权包含商标专用权和禁用权，前者是指商标所有人享有在注册核准的商品或服务上使用该商标的权利，后者是指其所享有的排除他人在与注册指定的相同或类似商品或服务上混淆性使用相同或近似商标的权利。这种观点肯定了商标使用是注册商标所有人的一项基本权利。该观点也是我国学界目前所持的主流观点，如王莲峰教授在《商标法通论》❻、曾陈明汝教授在《商标法原理》❼ 以及彭学龙教授在《商标法的经济学分析》❽ 中

---

❶ 吴汉东. 关于知识产权私权属性的再认识：兼评"知识产权公权化"理论［J］. 社会科学，2005（10）：58 - 63.

❷ ELLEN P. WINNER, SHERIDAN, ROSS & MCINTOSH. Trademark registration—what's the use?［J］. IDEA Journal, 1982 - 1983, 23：51.

❸ Article 2. -（1）A registered trade mark is a property right obtained by the registration of the trade mark under this Act and the proprietor of a registered trade mark has the rights and remedies provided by this Act.

❹ Article L713 - 1 Registration of a mark shall confer on its owner a right of property in that mark for the goods and services he has designated.

❺ TRIPS 协定第 16 条第 1 款。

❻ 王连峰. 商标法通论［M］. 郑州：郑州大学出版社，2003：69.

❼ 曾陈明汝. 商标法原理［M］. 北京：中国人民大学出版社，2003：70.

❽ 彭学龙. 商标法的经济学分析［M］//吴汉东. 知识产权年刊. 北京：北京大学出版社，2006：230.

第三章 TRIPS 协定下注册商标的使用要求之理论探讨

均明确了上述观点。另一种观点则认为，注册商标权仅指禁用权，不包括专用权。例如，麦格雷迪（Benn McGrady）提出，注册商标权并不包括积极的使用权，而仅指禁止他人使用的排他权。❶ 支撑这种观点的主要理由是：其一，商标权是排除他人进行特定使用的权利，排他权本身不包含自用权；其二，商标使用会受到各种法律的限制，商标所有人不必然享有使用权。

对于第二种观点，笔者不敢苟同。首先，这种观点存在逻辑推演上的矛盾。如果商标权仅包括禁用权而不包括专用权，则商标权存在的意义变成了阻止他人使用，其权利行使方式也变成了维权。而财产权的重要权能之一是使用权能，不包含使用权能的商标权，其作为一项私有财产权的立论将受到挑战。若商标所有人不具有使用该商标的权利，其商誉无从建立，商标作为区分来源的社会功能无法实现，商标价值和商标保护也会成为无本之木。"没有商标使用权，商标所有人阻止他人使用该商标的权利也将变得毫无意义。"❷ 其次，世界商标立法对注册商标专用权的内容已有明确规定。如《日本商标法》规定："商标权持有人应当具有在指定的商品或服务上使用该注册商标的排他性权利。"❸《澳大利亚商标法》则更加明确地肯定了商标专用权的存在。该法第20条规定，商标注册所有人享有在指定的商品或服务上排他性使用该商标的权利和排他性授权他人使用该商标的权利。❹ 我国《商标法》第3条也明确，商标注册人享有商标专用权。此外，TRIPS 协定第20条还从侧面印证了商标使用权的存在。该条规定，贸易中的商标使用不得受到一些特殊要求不正当的妨碍。如果商标所有人不享有商标专用权，那么该条规定也就没有存在的价值。最后，任何权利的行使都会受到法律的限制，商标使用权也不例外。例如，商标使用会受到广告法上的限制（如禁止发布虚假广告），也会受到药品、食品管理部门的监管（如投入市场前的药品测试和审批）等，但这些限制是其他法律基于社会公益的考虑而对商标使用权所进行的规制，不能基于此而否定商标法上商标专用权的存在。

---

❶ BENN MCGRADY. TRIPS and trademark: the case of tobacco [J]. World Trademark Reporter, 2004, 3 (1): 53 - 61.
❷ CASTREN, BERNITZ. Logo Licensing of Tobacco Products – Can it be Prohibited? [J] European Intellectual Property Review, 1990, 12 (4): 139.
❸ 《日本商标法》第25条规定。
❹ 《澳大利亚商标法》第20条规定。

（二）注册商标的使用要求折射出公权对私权的合理介入

1. 注册商标使用要求中的私权与公权关系：以卢梭的社会契约论为研究范式

法哲学意义上的社会契约论为政府起源以及公权力的产生提供了理论基础和正当性解释。卢梭是继霍布斯、洛克之后社会契约论的集大成者，其对社会契约的论述最为详尽和丰富，其还直接述及财产权，为诠释知识产权法中私权与公权关系提供了绝佳的理论支持。卢梭给社会契约下的定义为："我们每个人都把自己的人身和全部力量共同置于普遍意志的最高领导之下，我们接受每个成员进入集体，作为整体不可分割的一部分。"❶ 这种结合的约定带来的不是一个个独立的订约者，而是一个抽象的集体，由此产生了国家、主权体，而普遍意志即公意则成为公权产生的基础。卢梭在《社会契约论》第一卷第九章财产权中指出，"共同体在接受个人财产时绝不是在剥夺个人的财产，它只是确保个人合法地占有财产，把占有变为一种真正的权利，把使用权变为所有权。"❷ 由此可见，社会契约下私有财产权的产生是公意的体现和确认，当"'自然之权'转变为'法定之权'时，权利人的利益才能得到充分保障"❸。因此，在社会契约理论下，私权和公权的产生是相辅相成的，公权来源于私权的让渡，而私权又得到公权的确认和保护。除了对公权、私有财产权的经典论述外，卢梭的社会契约论还蕴含着契约正义观。卢梭指出，人在自然状态下是自由平等的，社会契约"不会摧毁自然的平等，相反，它以一种道德的、合法的平等来代替自然所带来的人与人之间身体上的不平等"❹。这就是卢梭的契约正义观，其强调订立契约后的一种实体上的平等。

具体到注册商标制度，社会契约理论很好地诠释了私权与公权的关系。注册取得制下商标权并非来源于使用，运用洛克的劳动财产权自然权利理论无法作出合理解释，反而会诱发"不劳而获"的推演误导。而卢梭的社会契约理论却使注册取得制下商标权的获得顺理成章，国家为鼓励商业经济发展设定了非基于使用的授权模式，商标权的行政授予可被视为由人类自然理性达成的一项明示契约，其反映出知识产权的法定主义。正如有学者指出，"卢梭的主张

---

❶ 卢梭. 社会契约论 [M]. 杨国政, 译. 西安：陕西人民出版社，2003：12.
❷ 卢梭. 社会契约论 [M]. 杨国政, 译. 西安：陕西人民出版社，2003：19.
❸ 杨红军. 知识产权制度变迁中契约观念的演进及其启示 [J]. 法商研究，2007（2）：85.
❹ 卢梭. 社会契约论 [M]. 杨国政, 译. 西安：陕西人民出版社，2003：19.

第三章 TRIPS 协定下注册商标的使用要求之理论探讨

实际上与知识产权法最为接近"。[1] 同时，卢梭构建的社会契约还彰显着社会正义和利益均衡，其强调法律是"普遍意志的约定""法律必须体现公正"[2]，一部民主的法律应当符合全体社会公意。然而，注册授权模式过度向注册商标所有人利益倾斜，当商标所有人不使用该商标时，社会其他主体将无法从该制度中获益。此时，注册取得制需要通过使用要求的设定来得到修正。使用要求制度下，不使用的注册商标在满足一定条件时将受到法律的惩罚，商标所有人将面临商标权丧失或被限制的风险。该制度可有效推进商标的实际使用，发挥商标的识别功能，也可释放闲置的商标资源，维护公平的竞争秩序，从而使消费者和其他经营者从中受益。因此，使用要求是为实现社会正义而对商标权施加的必要限制。这种制度选择符合契约正义要求，折射出了法律的公平与正义，集中体现了公权对私权的合理介入。

2. 注册商标的使用要求是防止私权滥用的制度选择

诚如前文分析，注册商标所有人享有商标专用权，而这种权利在本质上属于私权，权利人享有行使或不行使该权利的自由。然而，权利本身是一定社会中人们被允许的行为自由的方式、范围、界限和标准[3]，因此，权利的行使必须合法有度，否则就有滥用之嫌。知识产权滥用是指，知识产权的权利人在行使权利时超出了法律允许的范围或正当的界限，导致该权利被不正当利用，损害了他人利益和社会公共利益。[4] 冯晓青教授也认为，权利行使应符合公共利益的需要，不得超出权利设定的正当目的。[5]

针对一般民事权利，权利的行使方式可以分为积极和消极两种。通常而言，积极行使权利与他人权利发生冲突的可能性较大，而消极行使权利一般不会给他人带来损害。然而，商标专用权的消极行使却有其特殊的社会危害性。注册商标所有人在取得注册后不使用该商标，将使该商标的来源区分功能无法发挥，消费者无从凭借商标选择合适的商品，他人却因为该注册商标权的存在而被排除使用相同或近似商标。而设立注册商标权的要义在于维护商标的识别功能，并在此基础之上实现对消费者利益的保护和公平竞争秩序的维护。但上述商标专用权的消极行使已损害了他人利益，违背了商标法的立法本意，超出

---

[1] 曲三强. 现代知识产权法 [M]. 北京：北京大学出版社，2009：44.
[2] 卢梭. 社会契约论 [M]. 杨国政，译. 西安：陕西人民出版社，2003：32.
[3] 汪太贤. 论法律权利的构造 [J]. 政治与法律，1999（5）：14.
[4] 王先林. 知识产权滥用及其法律规制 [M]. 北京：中国法制出版社，2008：36.
[5] 冯晓青. 商标权的限制研究 [J]. 学海，2006（4）：138.

TRIPS 协定下注册商标的使用要求

了法律设定该权利的正当目的范畴,"构成商标权的滥用,应当予以禁止"。❶ 因此,对注册商标设定使用要求,是为了推动商标专用权的积极行使,有效规制注册商标权的滥用。

尽管注册商标权属于私权,但权利人在行使该权利时还需受到政策的干预和市场的监管。❷ 综观 WTO 主要成员的商标法,其普遍地规定了注册商标维持阶段的使用要求。即要求注册商标所有人在商标注册后必须使用该商标,否则会面临商标注册被撤销的风险,而部分成员还对权利行使设定了类似的使用要求。这种制度设计的原因也可在社会契约理论中找到诠释。注册后进行商标使用,相当于权利人在获得注册商标权时对社会所作的一种承诺,商标的不使用可视为其对承诺的违反,这种商标专用权的消极滥用使原有契约遭到破坏,此种情形下,作为契约另一方的社会可以解除契约,反映在商标制度上就是撤销该商标权或者不给予商标权保护。可见,公权来源于私权,也保护着私权,但在私权违背社会公益时公权则会限制私权甚至消灭私权,这也是契约正义理念的集中体现。

3. 注册商标的使用要求凸显私益与公益的平衡

"在法的创制过程中,认识各种社会利益是法的创制活动的起点……对各种利益作出取舍和协调,是法的创制的关键"。❸ 利益平衡通过对一方权利的限制,达到对另一方利益的补偿。通过权衡不同权利人间的利益,最终使各方利益达到均衡状态,因此,利益平衡是处理权利冲突、协调利益关系的良器。

基于商标权的双重属性❹——体现商誉的私有财产属性以及维护正常市场竞争秩序的社会属性,商标法需要协调的利益至少包括三项:商标权人的利益、消费者的利益以及其他经营者的利益。如果说前者代表着商标权的私权属性,是一种私益,那么后两者则体现了不特定公众的利益,属于公益。商标注册取得制授予商标注册人以商标专用权、禁用权、许可权、转让权等各项权利,但如果不设定使用要求,注册商标未被投入使用,消费者将无从确认和区分商品或服务的来源,其进行消费选择的成本和难度将增加;其他经营者被禁止使用特定商标,也无法获得有效的商标资源。此时,商标权上的利益将全部积聚在注册商标权人身上,法律的天平严重倾斜,而天平的另一端则只有义

---

❶ 冯晓青. 商标权的限制研究[J]. 学海,2006(4):138.
❷ 吴汉东. 中国知识产权法制建设的评价与反思[J]. 中国法学,2009(1):51-68.
❸ 孙国华,朱景文. 法理学[M]. 3版. 北京:中国人民大学出版社,1995:214.
❹ 罗晓霞. 商标权的双重属性及其对商标法律制度变迁的影响[J]. 知识产权,2012(5):31.

务，没有权利。

为了使公共利益得到补偿，必须由代表公益的公权对私权进行限制，对注册商标科以使用要求。通过使用要求，注册商标被投入市场中真正使用，降低消费者的搜索成本，使其能够通过商标寻找到理想的商品或服务。同时，在使用要求制度下，不使用的注册商标将会被撤销，从而向公共领域释放出商标资源，供其他经营者使用。消费者和其他经营者都将通过注册商标的使用要求获得利益，与此同时，使用要求也没有完全剥夺商标权人的利益，商标权人可以通过使用积累商誉、增加商标价值和企业的竞争力。可见，使用要求的设立使得私益与公益重新回到了平衡，且达到了各方利益的最大化，获得了双赢局面。正如徐瑄教授所言，国家在立法中必须满足"至善"的衡平条件，实现"多赢"的目标。❶ 立法过程不能仅考虑一方利益，只有在私益和公益间找到平衡点，才能体现立法的公平性和制度安排的正义性。在这个意义上讲，利益平衡为公权对私权的介入提供了最佳依据。

TRIPS 协定在序言中明确了知识产权的私权属性，同时又规定了注册商标使用要求的选择性义务。这种国际立法安排一方面体现了对商标权私权属性的尊重，另一方面也反映出公权对私权的合理介入。

本章小结

本章是对前两章内容的归纳和提升。针对 TRIPS 协定中注册商标使用要求的规定，结合 TRIPS 协定下 WTO 主要成员的相关立法与实践，本章从注册商标的使用要求的形成原因、基本概念、核心关系三个方面对该制度展开了理论分析。

第一节分析了注册商标的使用要求的制度成因，凸显了 TRIPS 协定对使用要求进行协调的必要性。首先，从可注册商标资源的稀缺性角度出发，剖析了商标注册取得制下商标资源的不当配置现象，指出商标资源的合理配置是注册商标使用要求之直接动因；接着，考察了商标保护的本源与商标使用的关系，指出注册取得制下商标保护正当性的缺失，而洛克的财产权劳动学说诠释了商

---

❶ 徐瑄. 知识产权的正当性：论知识产权法中的对价与衡平 [J]. 中国社会科学，2003（4）：152.

TRIPS 协定下注册商标的使用要求

标保护的正当性，因此，商标保护的正当性是注册商标使用要求的内在机理。

第二节解析了注册商标的使用要求的基本概念，明确了 TRIPS 协定下相关核心概念的含义与关系。首先，从注册的起源探讨了两种商标权取得制下"注册"的不同含义，澄清了 TRIPS 协定下"注册"的双重含义；其次，对商标使用的概念作出界定，明确商标使用的内涵是来源区分性使用，并从商标使用的主体、内容、对象、方式等方面探讨了商标使用的外延；最后，针对"使用"与"不使用"的关系，对商标"不使用"的含义、认定、正当理由以及法律后果等问题作出探讨。

第三节辨析了注册商标的使用要求的核心关系，挖掘了 TRIPS 协定下使用要求的制度本质。其一，分析了商标权使用取得制和注册取得制的利弊和演变，并指出注册商标的使用要求体现出注册与使用的融合与均衡关系；其二，从注册商标的私权属性出发，以社会契约论为研究范式分析了注册商标使用要求中体现的私权与公权的关系，并从防止私权滥用和保持私益与公益的平衡角度探讨了使用要求制度中反映出的公权对私权的介入关系。

第四章　TRIPS 协定下中国注册商标的使用要求制度之完善

在前文条约分析和制度比较的基础上，TRIPS 协定下有关注册商标使用要求的条约义务以及各 WTO 主要成员的制度差异得到了初步厘清，相关基本理论亦得以提炼。本书着眼于 TRIPS 协定的国际法研究，并将最终落脚于作为 WTO 成员的中国的相关制度的完善。结合对我国商标法第三次修改前后的立法以及上百个相关案例所体现的实践，本书拟较全面考察我国在注册商标使用要求上的制度现状；对照 TRIPS 协定的有关条款内容和其他成员，尤其是 WTO 欧美成员基于历史悠久的制度优势，指出我国相关立法与实践中的不足之处；最后，根据 TRIPS 协定的条约义务和对他国制度的借鉴，立足于中国国情，本书拟提出切实可行的立法完善建议。

第一节　我国注册商标的使用要求制度之立法与实践

2013 年 8 月 30 日，全国人民代表大会常务委员会通过关于修改《中华人民共和国商标法》的决定❶，我国商标法的第三次修改工作尘埃落定。因此，本章所涉的中国现行商标法是针对此次修改后自 2014 年 5 月 1 日起实施的新商标法而言。为了方便论述，下文将此次修正后的商标法简称为"新《商标法》"，而将修正之前实施的商标法❷称为"原《商标法》"。此次商标法修改未根本上改变我国的商标权注册取得制，但进一步明确了在先使用者的权利，强化了注册商标的使用要求，从而提升了商标使用在商标法中的地位。

新《商标法》关于注册商标使用要求的条款主要体现在第 48 条、第 49

---

❶ 该决定自 2014 年 5 月 1 日起施行。
❷ 第二次修正决定于 2001 年 12 月 1 日起施行。

| TRIPS 协定下注册商标的使用要求

条、第 54 条、第 55 条和第 64 条,内容涉及商标使用的概念、商标不使用的法律后果、行政机构的审查期限以及商标侵权中赔偿权主张的使用要求限制等。此外,还有 3 个条文也突出了商标的使用因素。其中,第 7 条第 1 款强调商标注册和使用时应当遵循诚实信用原则,一定程度上体现了对商标恶意抢注行为的规制;第 15 条第 2 款明确了在先使用的未注册商标与在后的商标注册间的关系;第 59 条第 3 款则肯定了在先使用人在特定范围内的正当使用权。这些新规定都进一步凸显了商标使用的重要性。

《中华人民共和国商标法实施条例》(以下简称《实施条例》)对商标法的相关规定予以了细化和增补,该条例也与《商标法》进行了同步修订❶,在注册商标 3 年不使用撤销制度中增加了撤销申请的提起时间以及不使用的正当理由等相关规定。下文将以新《商标法》以及新《实施条例》的规定为基础,结合相关案例❷,分析我国现阶段注册商标的使用要求制度的立法与实践。

一、商标使用的含义

(一) 第三次修正前的相关立法

在商标法第三次修改前,我国原《商标法》未规定商标使用的概念,但原《实施条例》第 3 条对此予以了明确,该条规定:"商标法和本条例所称商标的使用,包括将商标用于商品、商品包装或者容器以及商品交易文书上,或者将商标用于广告宣传、展览以及其他商业活动中。"上述立法未界定商标使用的本质内涵,仅对商标使用方式作了非穷尽的列举,这一定程度上导致了实践中对商标使用含义的理解不一。

(二) 商标使用认定的实践

尽管立法对商标使用的内涵未予界定,但相关实践为其内涵的明确提供了有益线索。一方面,行政审理机构就商标使用的含义出台了一些具有实践指导意义的规范性文件。2005 年 12 月,国家工商行政管理总局商标局(以下简称

---

❶ 《实施条例》于 2014 年 4 月 29 日修订,并于 2014 年 5 月 1 日起施行,为便于文章论述,将此次修订前的称为"原《实施条例》",修订后的称为"新《实施条例》"。

❷ 通过对原《商标法》第 44 条第 4 款的搜索,在中国审判法律应用数据库中查阅到 120 份判决书,去除不相关的判决,共计 83 份判决与注册商标的使用要求相关(详见附录二),其中涉及 3 年不使用撤销的判决 66 份,注册阶段的 5 份,涉及商标侵权案件 12 份,查阅时间为 2014 年 1 月 3 日。外加中国知识产权年度报告中公布以及其他关注度较高的相关案例,如"卡斯特"案、"红河红"案、"家家"酒案以及"名爵"案等,本书就国内法实践部分研究的案例近百件。

第四章　TRIPS 协定下中国注册商标的使用要求制度之完善

"商标局")和商标评审委员会(以下简称"商评委")制定了《商标审查及审理标准》❶，其中，《商标审理标准》明确商标使用为"商业使用"❷，并要求举证材料"能够证明系争商标在商业活动中公开、真实、合法地使用"。❸另一方面，司法实践的发展也使商标使用的内涵逐渐清晰。在本书选取的涉及"注册商标无正当理由 3 年不使用撤销"(以下简称"不使用撤销")案件的对象判决中❹，约 46% 的判决书明确了商标使用应"公开、真实、合法"，约 28% 的判决书载明商标使用应使商标起到区分商品或服务来源的作用或构成商标法意义上的使用，约 32% 的判决书要求商标使用为"商业使用"，还有部分判决书提及了"有效的""真实的""善意的""持续的"使用。这些判决为明确商标使用的内涵提供了极为有力的实践范本支持。

此外，商标实践还明晰了商标使用的外延，推动了商标使用概念的不断发展。《最高人民法院关于审理商标授权确权行政案件若干问题的意见》❺(以下简称《行政意见》)第 20 条❻为实践中注册商标的变形使用以及商标的不使用提供了判定依据。从本书考察的不使用撤销案件看，商标使用外延的认定主要涉及商标使用的合法性、使用主体、使用对象以及变形使用等问题。下文将就实践中争议较大、关注度较高的三类商标使用问题予以评析。

1. 使用的合法性

在商标使用的合法性上，原《商标法》和原《实施条例》均未作规定，虽《商标审理标准》要求商标使用应为"合法"使用，但未明确"合法"的含义。此处的"合法"是指商标使用行为应当符合所有法律规定，还是仅须符合商标法律规定？实践中对该问题有过截然不同的两种处理方式。

在"康王"商标案❼中，一审法院对于被申请人云南滇虹药业集团股份有限公司(以下简称"云南滇虹公司")提交的"康王洗剂"外包装盒证据的真

---

❶ 商标局和商评委在原《商标法》和《实施条例》的基础上，结合多年的商标审查和审理实践，制定了《商标审查及审理标准》，具体分为《商标审查标准》和《商标审理标准》。
❷ 《商标审理标准》第二部分(因商标使用及相关行为的撤销案件的审理)第 5 条第 3 款第 1 项。
❸ 《商标审理标准》第二部分(因商标使用及相关行为的撤销案件的审理)第 5 条第 3 款第 5 项。
❹ 涉及 3 年不使用撤销的对象案件为 66 件，详见附录二。
❺ 该意见由最高人民法院于 2010 年 4 月 20 日对外发布。
❻ 《行政意见》)第 20 条规定："实际使用的商标与核准注册的商标虽有细微差别，但未改变其显著特征的，可以视为注册商标的使用。没有实际使用注册商标，仅有转让或许可行为，或者仅有商标注册信息的公布或者对其注册商标享有专有权的声明等的，不宜认定为商标使用。"
❼ 该案中，汕头市康王精细化工实业有限公司基于注册商标 3 年不使用，申请对云南滇虹药业集团股份有限公司拥有的第 738354 号"康王"注册商标予以撤销。

| TRIPS 协定下注册商标的使用要求

实性未予认定,并在判决书中指出,"即便认定该包装盒具有真实性,但其上的许可证号标准不符合相关法律规定,属于违法使用,商标法不予保护,故此种使用行为无法证明复审商标已被合法使用。"❶ 后该案又历经北京市高级人民法院(以下简称"北京高院")二审❷、商评委重新作出撤销商标决定❸、最高人民法院(以下简称"最高院")再审❹等程序,涉案注册商标最终被撤销。最高院在再审程序中明确表态,商标法中的商标"使用"是指商标在商业活动中公开、真实、合法的使用,判断商标使用行为合法与否的依据不限于商标法及其配套法规;经营者在违反其他法律法规强制性、禁止性规定的经营活动中使用商标的行为,不能被认定为商标法上的使用行为。该观点在《最高人民法院知识产权案件年度报告(2008)》中得到重申。

然而,在"卡斯特"商标案❺中最高院就使用合法性问题的态度发生了根本性改变。最高院认为,《商标法》第 44 条第(4)项的立法目的在于激活商标资源、清理闲置商标,撤销是手段而非目的。商标权人只要在商业活动中公开、真实地使用了注册商标,且该使用行为没有违反商标法律规定,则应视为注册商标权人已经尽到了法律规定的使用义务。本案中,综合商标所有人李道之提交的证据,可以认定其在商业活动中对涉案商标进行了公开、真实地使用;至于涉案商标相关的其他经营活动中是否违反进口、销售等方面的法律规定,并非商标法第 44 条第(4)项规范和调整的问题,据此裁定驳回了法国卡斯特兄弟股份有限公司的再审申请。❻ 上述观点在《最高人民法院知识产权案件年度报告(2011)》中也有体现。

可见,在商标使用的合法性问题上,司法机关经历了两种观点间的挣扎。就目前而言,商标使用合法性的判断依据仅限于商标法律规定,其他法律法规不是使用合法性问题的认定标准,违反后者的行为不应由商标法进行调整。

---

❶ 北京市第一中级人民法院(2006)一中行初字第 1052 号行政判决书。
❷ 北京市高级人民法院(2007)高行终字第 78 号行政判决,判决"驳回上诉,维持原判"。
❸ 国家工商行政管理总局商标评审委员会于 2008 年 6 月 6 日作出的商评字〔2006〕第 2432 号重审第 106 号《关于第 738354 号"康王"商标撤销复审决定书》,撤销复审商标在第 3 类化妆品商品上的注册。
❹ 最高人民法院(2007)行监字第 184 - 1 号驳回再审申请通知书。
❺ 法国卡斯特兄弟股份有限公司以连续 3 年停止使用为由申请撤销李道之在第 33 类"果酒(含酒精)"等商品上的"卡斯特"注册商标,该案被编入最高院发布的"2011 年知识产权保护十大典型案例"。
❻ 最高人民法院(2010)知行字第 55 号行政裁定书。

2. 使用主体

在商标使用主体上，商标实践主要就他人对注册商标的使用行为满足何种条件可被视为有效使用的问题存在分歧。《商标审理标准》认可商标使用主体包括商标注册人和经其许可的他人，如后者使用商标的，应证明许可使用关系的存在。❶ 在该标准的指引下，商标实践对于他人使用商标行为的有效性审查较为严格。在"康王"商标案中，尽管注册商标权人云南滇虹公司与实际使用人昆明滇虹公司存在控股关系，但由于实际使用人未取得涉案商标的使用授权，法院认为，在实际使用人无法证明其有权使用涉案商标的情况下，其对商标的使用行为不能被认定为商标注册人的使用行为。❷ 该案判决表明，他人使用商标行为要构成有效的商标使用，须以许可使用关系的存在为前提，商标权人对他人使用行为的口头同意或事后追认均无法满足证明要求。

然而，这种认定标准在"信远斋"商标案❸中有所松动。在该案中法院认为，尽管商标注册人萧宏苋未能提供其与实际使用人萧记饮料厂间存在商标许可使用关系的书面证明，但萧宏苋明知萧记饮料厂实际使用其商标却未提出异议，应视为萧宏苋同意后者对涉案商标的使用。❹ 该案中，"默认"成就了他人使用行为的有效性。《行政意见》第20条第2款❺也肯定了这种经默许的他人使用商标行为的有效性。

3. 使用对象

在"GNC"商标案❻中，一审、二审法院对于在非注册核准的商品上使用商标是否构成有效使用的看法截然不同。一审法院认为，江苏省物资集团经贸发展有限公司（以下简称"物资集团公司"）委托他人制作蜂蜜产品的宣传单、包装盒、手拎袋等，并对涉案商标进行广告宣传，加之非医用营养鱼油需要行政审批，基于上述事实可认定注册商标权人对涉案商标具有真实使用的意图并进行了相应使用行为。❼ 而二审法院认为，物资集团公司委托他人印制带

---

❶ 《商标审理标准》第二部分（因商标使用及相关行为的撤销案件的审理）第5条第3款第5项。
❷ 北京市第一中级人民法院（2006）一中行初字第1052号行政判决书。
❸ 原告萧宏苋诉被告国家工商行政管理总局商标评审委员会、第三人北京信远斋饮料有限公司，不服（2006）第3321号《关于第220863号"信远斋"商标撤销复审决定书》行政诉讼案。
❹ 北京市第一中级人民法院（2007）一中行初字第84号行政判决书。
❺ 该条款规定："商标权人自行使用、许可他人使用以及其他不违背商标权人意志的使用，均可认定属于实际使用的行为。"
❻ 健康第一有限公司以注册商标3年不使用为由申请商标局撤销江苏省物资集团经贸发展有限公司在第30类中的"非医用营养鱼油"上的注册商标。
❼ 北京市第一中级人民法院（2005）一中行初字第811号行政判决书。

有"GNC"标识的包装盒、手拎袋均用于蜂蜜等蜂产品上,而非注册核准的非医用营养鱼油上,因此不属于商标法意义上的使用。❶ 其后,《商标审理标准》对商标使用对象予以明确,商标应在注册指定使用的商品或服务上使用。❷

此后的"华军 HUAJUN"商标案❸中,法院在判决中明确:"商标使用不仅要公开、真实、合法,还应该与特定商品、服务相联系,且必须发生在商业活动中,使商标起到区分商品、服务来源的作用。"该案中,商标注册人提交的证据证明了华军网上有站长留言、站长与网友往来的邮件以及商标注册人在网上显著位置使用了涉案商标等事实,但法院认为,上述商标使用并非在注册核定的第 38 类寻呼服务项目上,故不能认定注册商标权人进行了有效的商标使用。❹ 可见,我国目前的商标司法实践将商标使用的对象严格限定在注册核定使用的商品或服务上。

(三) 新《商标法》中的商标使用

随着审判实践对商标使用概念认识的不断深化,此次商标法修改明确了商标使用的本质内涵。新《商标法》第 48 条对商标使用的定义作出改进:"本法所称商标的使用,是指将商标用于商品、商品包装或者容器以及商品交易文书上,或者将商标用于广告宣传、展览以及其他商业活动中,用于识别商品来源的行为。"与原规定相比,上述定义的前半部分原封不动地照搬了原《实施条例》第 3 条的内容,而主要变化体现在最后一句话上——"用于识别商品来源的行为",这是对商标使用内涵的概括,是有效商标使用行为应满足的必要条件。

新《商标法》规定了商标使用概念,这是我国注册商标使用要求制度的一项重要进步。首先,提升了商标使用的立法位阶。修正前"商标使用"概念被置于国务院颁布的原《实施条例》中,立法位阶上属于行政法规,而今在法律层面予以规定,凸显了商标使用在整个商标制度中的显著地位。其次,反映了商标本质。新《商标法》将"用于识别商品来源"作为商标使用的内涵,该使用概念揭示了商标的本质,体现了商标的最基本功能,符合国际商标

---

❶ 北京市高级人民法院(2006)高行终字第 78 号行政判决书。
❷ 《商标审理标准》第二部分(因商标使用及相关行为的撤销案件的审理)第 5 条第 3 款第 5 项。
❸ 北京奥兰德信息科技有限公司以连续 3 年停止使用为由请求撤销北京华军凌网络信息咨询有限公司在第 38 类核定使用的"有限电视、寻呼"服务上的注册商标。
❹ 北京市第一中级人民法院(2010)一中知行初字第 1598 号行政判决书。

立法和实践的潮流。最后,有利于指导实践。新《商标法》明确了商标使用的内涵,为审判实践中商标使用的判定提供了清晰的标准,扫除了认定中的种种疑云,对统一司法实践不无裨益。

二、商标注册阶段未设定使用要求

在商标权取得制度上,我国商标法历来采取注册取得制。自1983年3月1日起施行的新中国第一部《商标法》第4条规定:"企业、事业单位和个体工商业者,对其生产、制造、加工、拣选或者经销的商品,需要取得商标专用权的,应当向商标局申请注册。"其后,该条文经历了三次修改,虽然在内容上增加了服务商标的注册❶、变更了商标注册的申请主体❷、概括了生产经营活动❸,但依注册取得商标权的规定未发生任何变化。在我国,实际使用但未注册的商标无法取得商标专用权,故我国商标法奉行的注册制被认为是一种"准强制的注册制"❹。纵观世界范围内商标权取得制度从使用向注册原则转变的历史沿革,我国商标权取得制度缺乏使用原则的铺垫,直接始于注册原则。对舶来商标注册制度的简单移植,导致了我国对"注册"形式正义的过分偏爱,忽略了对"使用"实质正义的维护。❺

在"重注册、轻使用"的惯性思维下,在我国商标权取得上,注册是实际授权的依据,而使用仍非商标权取得的基础。尽管新《商标法》第15条第2款、第59条第3款对未注册商标的在先使用人所享有的权利予以了进一步扩展,但在先使用人仍未取得完整的商标权。商标权通常应包括商标专用权和禁用权两方面的内容。我国新《商标法》并未赋予在先使用人以禁用权,即在先使用人不具有禁止他人未经其同意在相同或类似商品上使用相同或近似商标的权利,新法仅允许其在特定条件下排除在后的商标注册。此外,在先使用人拥有的商标专用权也受到限制,当其使用的商标与在后注册的商标发生冲突时,其仅享有在原使用范围内继续使用的权利,且应对方要求还需附加适当区别标识。因此,未注册商标的在先使用人并不享有真正意义上的商标权,在我

---

❶ 1993年《商标法》第一次修正。
❷ 2001年《商标法》第二次修正,将商标注册申请主体变更为"自然人、法人或者其他组织"。
❸ 2013年《商标法》第三次修正。
❹ 唐广良. 注册不应是商标保护的前提(上)[J]. 法人杂志, 2006 (6): 93.
❺ 黄汇. 从欧洲诸国商标立法看商标法的保护基础 [M] //张玉敏. 中国欧盟知识产权法比较研究. 北京: 法律出版社, 2005: 224.

国，商标权的取得仍有赖于注册而非使用。

在商标注册阶段，使用也并非商标注册授予的依据，即我国未设定该阶段的使用要求。根据新《商标法》第4条的规定，在生产经营活动中需要取得商标专用权的，应向商标局申请商标注册。这里的"需要取得"可以被理解为有实际使用商标的需要，蕴含着注册申请人的使用意图，但遗憾的是我国的商标注册申请实践并未体现上述立法本意，对商标注册未提出任何使用或意向使用的要求。新《实施条例》❶规定商标注册申请时须提交商标注册申请书、商标图样、申请人有效身份证明等材料，但未要求提交商标实际使用或具有使用意图的声明。而新《商标法》第7条第1款引入了商标注册时的诚实信用原则，该原则似乎意在针对目前猖獗的商标恶意抢注现象。因该原则属于兜底性"口袋原则"，能否将缺乏使用意图的商标注册申请视为对上述诚信原则的违反，尚需后续立法解释和司法实践的明确。

三、注册商标维持阶段的使用要求

（一）第三次修正前的相关立法

我国的注册商标维持阶段的使用要求主要体现在不使用撤销制度上，具体条文为原《商标法》的第44条第（4）项和第49条。第44条第（4）项规定："使用注册商标，有下列行为之一的，由商标局责令限期改正或者撤销其注册商标：……（四）连续三年停止使用的。"上述规定中有两点需要注意，其一，商标不使用的期间必须连续、不间断，若在3年内出现商标使用，则不产生法定后果；其二，注册商标3年不使用的法律后果为"责令限期改正或撤销商标"，原《商标法》对两者的适用情形和适用顺序未作区分。第49条❷对不使用撤销案件的受理机构和提起程序作出规定，商标审理实践暴露出该条在立法上存在两处不足：第一，该条没有设定商标局和商评委的审理和复审期限，导致实践中此类案件久拖不决；第二，该条规定对商标局"撤销"注册商标的决定不服的，当事人可向商评委申请复审，但上述"撤销"决定是否包含商标局"维持"注册的决定，立法规定不明，这直接导致了"爱多收

---

❶ 《实施条例》第13条、第14条。

❷ 原《商标法》第49条规定："对商标局撤销注册商标的决定，当事人不服的，可以自收到通知之日起十五日内向商标评审委员会申请复审，由商标评审委员会做出决定，并书面通知申请人。当事人对商标评审委员会的决定不服的，可以自收到通知之日起三十日内向人民法院起诉。"

ATONIK"商标案❶在程序上的反复,具体案情下文将述及。

《实施条例》对《商标法》中的未尽事项予以了细化和补充,条例就撤销申请主体、举证责任、举证期限、证据材料、不使用的正当理由❷及部分撤销❸等事项作出规定。其中,理论界和实务界对部分撤销问题的关注度较高。新《实施条例》第 68 条规定:"商标局、商标评审委员会撤销注册商标,撤销的理由仅及于部分指定商品的,对在该部分指定商品上使用的商标注册予以撤销。"言下之意是:部分商品上存在商标不使用,则该部分商品的商标注册应被撤销,而存在使用的那部分商品上的商标注册可得以维持。在上述规定出台之前,《商标法》及原《实施条例》对商标部分使用的法律后果未作明确,审理机构在不使用撤销案件中采取"仅在部分商品上使用注册商标即可在全部核定使用的商品上维持注册有效"的做法,当时的这种最大化处理方式保证了商标权继续有效,为商标注册人将来多样化经营提供了可能性。❹ 而新《实施条例》第 68 条关于"部分不使用、部分撤销"的规定则有利于避免商标资源浪费、维护公平竞争、督促商标注册人使用商标,更符合商标法的立法目的。

(二)3 年不使用撤销制度的相关实践

原《商标法》和《实施条例》的立法不足在不使用撤销制度的实践发展中日益暴露,而商标实践的发展却推动着相应制度的完善,具体表现在不使用撤销制度的实体法和程序法两个方面。

一方面,在不使用撤销制度的实体法上,商标实践主要集中在不使用的正当理由、商标在部分商品上使用的法律后果等问题上。

其一,在不使用的正当理由上。尽管原《实施条例》认可正当理由可使连续 3 年不使用的注册商标免于撤销,但未规定何种情形构成正当理由,审理实践中的规范性文件和司法解释对此予以了明确。《商标审理标准》规定,不可抗力、因政府政策性限制停止使用、因破产清算停止使用、其他不可归责于商标注册人的正当事由可被视为注册商标未使用的正当理由。❺《行政意见》

---

❶ 旭化学工业株式会社以连续 3 年停止使用注册商标为由提出的撤销杜比斯有限公司所有的"爱多收 ATONIK"注册商标案。
❷ 《实施条例》第 66 条、第 67 条。
❸ 《实施条例》第 68 条。
❹ 北京市高级人民法院(2008)高行终字第 334 号行政判决书。
❺ 《商标审理标准》第二部分(因商标使用及相关行为的撤销案件的审理)第 5 条第 4 款。

TRIPS 协定下注册商标的使用要求

第 20 条第 3 款除了规定《商标审理标准》列举的三种正当理由情形外，还增加了一种认定事由："商标权人有真实使用商标的意图，并且有实际使用的必要准备，但因其他客观事由尚未实际使用注册商标的"。在"GNC"商标案中，二审判决载明："非医用营养鱼油的生产需要进行行政审批，但物资集团公司未提交其进行行政审批的证据，故不能证明物资集团公司有不使用涉案商标的正当理由。"❶ 该段叙述的隐含之意是：如果能够证明行政审批阻碍了商标使用，则行政审批可以成为不使用的正当理由。

其二，部分使用的法律后果。"部分不使用、部分撤销"是实践中贯彻的一般性原则。如在"VELODYNE 威力登"商标案❷中，商标权人张英华注册核准使用的对象是第 9 类商品上的扬声器音箱、振动膜（音响）、扩音器、麦克风、电视机、扩音器喇叭、光盘（音像）、幻灯放映机、耳塞机、电话机，而其在经营中仅将注册商标使用于电话机上，法院认为，商标注册人仅证明涉案商标在电话机上进行了使用，未能证明在电话机以外的其他商品上使用过，且电话机与注册指定使用的其他商品不属于类似商品，因此，应当撤销电话机以外的商品上的商标注册。❸ 该判决提及了"类似商品"，这是否意味着如果其他商品与电话机属于类似商品，那么即使注册商标未在这些类似商品上使用，这些类似商品上的商标注册也能得以维持？

对此，《商标审理标准》明确："商标注册人或者被许可使用人在指定使用的一种商品上使用注册商标的，在与该商品相类似的商品上的注册可予以维持。"❹ 这种"部分使用、类似商品上维持"的原则也得到了不使用撤销实践的落实。在"博奥 BOAO 及图形"商标案❺中，青岛博奥商贸有限公司（以下简称"博奥商贸公司"）的注册商标被核定使用的商品为第 10 类振动按摩器、医用体育活动器械、健美按摩设备、医用电热毯、失眠用催眠枕头、婴儿奶瓶橡皮奶头、奶瓶、避孕用品、人造胸部、矫形用物品。而商标注册人博奥商贸公司仅提供了其在"振动按摩器"上的商标使用证据，法院认为："如果注册商标在一种核定使用的商品上进行了使用，其在该种商品上的注册就应得到维

---

❶ 北京市高级人民法院（2006）高行终字第 78 号行政判决书。
❷ 冯斐以连续 3 年停止使用为由申请对商标注册人张英华在第 9 类商品上撤销其注册商标"VELODYNE 威力登"。
❸ 北京市第一中级人民法院（2010）一中知行初字第 3195 号行政判决书。
❹《商标审理标准》第二部分（因商标使用及相关行为的撤销案件的审理）第 5 条第 3 款第 6 项。
❺ 博奥生物有限公司以青岛博奥商贸有限公司拥有的在第 10 类商品上注册的第 1294337 号"博奥 BOAO 及图形"因连续 3 年停止使用为由提出撤销该商标注册。

持，他人无法再在类似商品上注册相同或近似的商标。因此，博奥商贸公司在'振动按摩器'上的商标使用，可视为其在'医用体育活动器械'这一类似商品上的使用，这并不会损害他人利益，也没有违背立法目的。"❶ 而对于类似商品的判定，《行政意见》第15条❷作出了指引。

另一方面，在不使用撤销制度的程序法上，审理实践也反映出一些特点和问题。

其一，在责任承担方式上。本书选取的对象案例显示，商标局对于不使用撤销案件均作出了撤销或维持商标注册的决定，没有一例采用责令限期改正的行政责任方式，商评委、一审法院、二审法院也从未对商标局的上述做法进行过纠正。这说明，商标审理实践已实际排除"责令限期改正"作为3年无正当理由不使用注册商标的责任承担方式。

其二，在不使用期间的计算上。从本书考察的对象案例看，所有案件中"3年不使用的期间"都是从申请人向商标局申请撤销特定注册商标之日起向前推算的3年，即如果申请人在2012年10月20日申请撤销涉案商标，则注册商标权人应当证明的商标使用期间为2009年10月20日至2012年10月19日。《商标审理标准》对此也予以明确，3年不使用商标的期间计算方式为：自申请人向商标局申请撤销商标之日起，向前推算3年。❸

其三，在商标使用证据的审查上。法院倾向于对商标使用采取严格的证据审查标准，被考察的对象案例表明，大多数案件中注册商标被撤销都是由于商标权人提供的商标使用证据未被采纳而导致，法院在此类案件的审理中更多的是从证据的真实性、合法性、关联性等证据要素角度作出的认定，而不是基于商标使用的法律分析所进行的判断。

其四，行政审理周期长。在不使用撤销案件的审理上，原《商标法》对商标局及商评委的审理期限未作规定，两机关在审理时对审理效率未给予足够重视，导致案件审理周期非常长。在本书选取的对象案例中，商标局初审加上商评委复审的时间平均长达4.92年❹。案件的久拖不决，不仅使商标权利长期

---

❶ 北京市高级人民法院（2008）高行终字第339号行政判决书。

❷ 《行政意见》第15条规定："人民法院审查判断相关商品或者服务是否类似，应当考虑商品的功能、用途、生产部门、销售渠道、消费群体等是否相同或者具有较大的关联性；服务的目的、内容、方式、对象等是否相同或者具有较大的关联性；商品和服务之间是否具有较大的关联性，是否容易使相关公众认为商品或者服务是同一主体提供的，或者其提供者之间存在特定联系。《商标注册用商品和服务国际分类表》《类似商品和服务区分表》可以作为判断类似商品或者服务的参考。"

❸ 《商标审理标准》第二部分（因商标使用及相关行为的撤销案件的审理）第5条第2款。

❹ 根据本书附录二中的3年不使用撤销案件统计得出。

处于不稳定状态，影响到双方当事人的利益，也给不使用撤销制度的实施设置了无形障碍。

其五，对于商标局维持注册商标的决定不服的，商评委的行政复审程序是否为必经程序？"爱多收 ATONIK"商标案为此提供了答案。杜比斯有限公司是"爱多收 ATONIK"注册商标的商标权人，申请人旭化学工业株式会社以注册商标连续3年不使用为由提出撤销该商标，商标局作出了维持该商标注册的决定，申请人对此不服，向商评委提出复审申请但被拒绝受理，而后其向北京市第一中级人民法院（以下简称"北京市一中院"）提起诉讼。该院认为，《商标法》第49条规定的"商标局撤销注册商标的决定"包含了撤销和维持注册商标两种决定，故旭化学工业株式会社应先向商评委申请复审，而不应直接向法院起诉，据此裁定驳回其起诉。❶ 申请人不服，又向北京高院提出上诉，北京高院维持了一审法院的上述裁定。❷ 申请人再次以不服商标局维持注册商标的决定为由向商评委提出复审申请并被受理，此后该案又历经一审、二审才最终落幕。"爱多收 ATONIK"商标案在行政复审问题上几经波折，仅因商标立法中的一句措辞不明，该案为我国提高商标立法的严谨度敲响了警钟。

（三）新《商标法》的相关规定

针对不使用撤销制度中存在的问题，商标法第三次修正给予了部分回应。新《商标法》提升了该制度的立法层次，将原《实施条例》中的有关规定纳入了新《商标法》正文，同时还修改和完善了该制度的部分内容，主要体现在六个方面。

其一，不使用的法律后果。针对注册商标3年不使用，原《商标法》第44条将责令限期改正作为责任承担方式的做法饱受诟病，责令限期改正作为一项行政管理手段针对该条前三项所列的商标不当使用行为本无可厚非，但其若作为商标不使用的管理措施，则会赋予商标权人重新使用商标的机会，进而使不使用撤销制度形同虚设。因此，有学者呼吁删除此项责任方式。❸ 此次商标法修改顺应了学术界的呼声，将责令限期改正排除在商标不使用的法律后果之外。新《商标法》第49条规定，对于自行改变注册商标、注册人名义和地址等事项的不当使用行为，责令限期改正是商标撤销的前置程序；而针对无正

---

❶ 北京市第一中级人民法院（2004）一中行初字第719号行政裁定书。
❷ 北京市高级人民法院（2004）高行终字第450号行政裁定书。
❸ 李扬. 注册商标不使用撤销制度中的"商标使用"界定：中国与日本相关立法、司法之比较[J]. 法学, 2009（10）：109.

第四章　TRIPS协定下中国注册商标的使用要求制度之完善

当理由连续3年不使用注册商标的情形，则由他人向商标局申请撤销该注册商标。该做法也与TRIPS协定以及WTO主要成员的相关立法保持了一致。

其二，申请主体。原《实施条例》第39条第2款规定撤销申请主体为"任何人"，而该规定容易产生歧义，这里的"人"仅指自然人还是也包含了单位主体？为了明确立法本意，新《商标法》第49条第2款将申请主体明确为"任何单位或者个人"，从而使商标撤销申请主体的表述更为全面和准确。而且，我国商标法对申请主体未施加任何限制，这充分说明了我国消除闲置商标的决心，鼓励尽可能多的主体参与到应对闲置商标的制度运作中来，进而保障其他经营者商标注册和商标使用的权利，体现了使用要求制度中的利益平衡。

其三，行政审理时限。原《商标法》和原《实施条例》都未设定注册商标不使用撤销案件的行政审查期限，导致此类案件行政审理周期过长。而新《商标法》第49条、第54条分别对商标局和商评委的审理期限予以明确——正常情况下自收到申请之日起9个月内应作出决定，特殊情况下经批准可延长3个月。对行政机构审理时间的限定体现了新《商标法》对效率的注重和对当事人利益的保护。

其四，不服商标局决定的程序上。原《商标法》第49条规定当事人对于商标局撤销注册商标的决定可向商评委申请复审，但该条没有明确商标局的撤销决定是否囊括了商标局维持注册商标的决定，导致实践中对该条文理解不一。此次商标法修改对上述条文作出修正，将商标局维持注册商标的决定也纳入行政复审范畴。[1]

其五，商标权终止时间。原《商标法》对不使用撤销案件中注册商标权的终止时间未予规定，原《实施条例》第40条规定注册商标专用权自商标局的撤销决定作出之日起终止。但条例的上述规定事实上仅针对商标局作出决定的案件，而对于那些不服商标局决定而申请商评委复审或者进入行政诉讼程序的案件，商标权丧失的时间是不明确的。新《商标法》对商标权终止时间作出修改，该法第55条第2款规定，被撤销的注册商标，由商标局予以公告，该注册商标专用权自公告之日起终止。

其六，在立法措辞上。新《商标法》的规定也更为严谨，原《商标法》规定"连续3年停止使用"，这里的"停止"隐含了商标曾经被使用而后又停

---

[1] 新《商标法》第54条。

止的事实，而实际上有些商标从注册之日起从未被使用过，因此，"停止使用"的表述无法将后一种情形包含在内。新《商标法》将原先的"停止使用"改为"不使用"，不仅保证了我国立法与 TRIPS 协定内容的一致性，也较好地涵盖了"未使用"和"停止使用"两种情形。

四、注册商标权利行使方面的使用要求

（一）原《商标法》未设定权利行使方面的使用要求

原《商标法》未在注册商标权的行使方面设定使用要求，在先注册商标权人对在后商标注册的异议权、撤销权以及商标专用权等权利都因商标注册而自然产生，不会因注册商标的不使用而遭到任何打折或挑战。

在程序性权利上，原《商标法》第 30 条规定，对初步审定的商标，自公告之日起 3 个月内，任何人均可以提出异议；第 41 条规定，对已经注册的商标有争议的，可以自该商标注册之日起 5 年内，向商评委申请裁定撤销该注册商标。商标法对于上述异议权和撤销权的行使未加任何商标使用的限制。在实体性权利上，原《商标法》也秉承着"注册至上"的原则，未对注册商标权人的商标专用权的行使施加使用要求。原《商标法》第 3 条规定，商标注册人享有商标专用权，受法律保护，并赋予了商标权利人主张侵权救济的各项权利。

上述立法给人的印象是：注册即取得商标专用权，并应受到法律保护。即使满足 3 年不使用撤销条件的商标也能顶着注册商标的光环，受到商标法的各项保护，阻止在后商标注册，排除他人商业性使用相同或近似标识。这种对商标使用漠视的立法态度直接误导着我国的商标审判实践。

（二）第三次修正前的相关实践

原《商标法》在商标权行使方面未设定使用要求，注册商标即使不使用，其所有人仍能享有各项程序性权利和实体性权利。"注册即产生商标权利"的立法理念根深蒂固，这种观点严重影响到了我国的司法实践，造成诸多案件的判决不公。近些年来，注册商标的不使用因素逐渐受到关注，司法机构在判决时突破了立法的禁锢，发挥了司法能动性，运用使用要求对商标权人的权利行使进行了适当限制，主要体现在如下两方面。

首先，关于 3 年不使用的注册商标能否阻止在后商标注册的问题。根据原《商标法》第 28 条的规定，申请注册的商标如果同他人在同一种商品或者类

第四章 TRIPS 协定下中国注册商标的使用要求制度之完善

似商品上已经注册的或者初步审定的商标相同或者近似,则由商标局驳回注册申请。在"BOTAO"商标注册案中,申请人北京薄涛安泰工贸有限公司(以下简称"薄涛公司")于 2004 年 5 月 21 日申请在第 20 类商品(包括木、蜡、石膏或塑料艺术品、家具、沙发等)上注册"BOTAO"商标[1],商标局以该商标指定的部分商品与"博陶 BOTAO"商标[2](以下简称"引证商标")核定使用的家具等商品属相同商品及两商标构成近似为由,部分驳回了其在家具等商品上的注册申请,薄涛公司不服该决定,向商评委申请复审;另外,薄涛公司于 2009 年 12 月 11 日以连续 3 年不使用为由对引证商标提出了商标撤销申请,并获商标局受理。薄涛公司提出,应在不使用撤销案件审结后再对其注册申请予以审理,但商评委认为,该案审理不应以不使用撤销案件的审理结果为依据,且引证商标在撤销前仍为在先注册的有效商标,据此驳回了薄涛公司的复审请求。[3] 薄涛公司不服向法院提起诉讼,但法院维持了商评委的决定。[4] 从该案的审理结果中不难发现,即使在先注册商标存在 3 年不使用的可撤销情形,但在被撤销之前其仍能阻止在后的商标注册。在"HUI"商标[5]注册案中,商评委及法院也持类似观点。[6]

然而,北京市一中院针对类似情形却作出了不同判决。在"探路者"商标注册案中,注册申请人北京探路者户外用品股份有限公司(以下简称"探路者公司")申请在第 42 类(材料测试、测量、化学服务、气象预报、计算机系统设计、艺术品鉴定、书面刻印艺术设计、法律服务、工业品外观设计、服装设计等)服务上注册"探路者"商标[7],商标局以申请商标与探路者广告公司注册的"探路者及图"商标[8](以下简称"引证商标")在核定使用的第 42 类(私人书信代写、非贸易业务的专业咨询、包装设计等)类似服务项目上近似为由,部分驳回了注册申请。后探路者公司申请复审,商评委维持了上述决定[9]。探路者公司不服,向法院提起诉讼。法院经审理查明,引证商标的

---

[1] 申请注册号为第 4076368 号。
[2] 申请注册号为第 3954514 号。
[3] 国家工商行政管理总局商标评审委员会 2010 年 5 月 31 日(2010)第 10703 号决定。
[4] 北京市第一中级人民法院于 2010 年 11 月 5 日(2010)一中知行初字第 3022 号行政判决书。
[5] 申请注册号为第 6226287 号。
[6] 国家工商行政管理总局商标评审委员会(2010)第 04505 号决定、北京市第一中级人民法院(2010)一中知行初字第 2021 号行政判决书。
[7] 申请注册号为第 4990600 号。
[8] 申请注册号为第 1551928 号。
[9] 国家工商行政管理总局商标评审委员会(2010)第 00370 号决定。

TRIPS 协定下注册商标的使用要求

注册人早于 2002 年 12 月注销企业登记,尽管引证商标尚未注销,但其注册人的企业主体资格消亡长达 8 年,也无任何单位或个人承继该商标专用权,可推定该引证商标已经连续多年未实际使用。在此情况下,核准申请商标并不会与引证商标构成实际的市场权利冲突,最终撤销了商评委的决定。❶ 该案判决没有死板地套用法律条文,以引证商标的有效来阻止在后的商标注册,而是在分析了申请商标与多年不使用的引证商标是否可能造成市场混淆的基础上,作出了较为合理的判决,商标的使用因素在注册商标程序性权利的行使上已得到了一定程度的重视。

其次,关于 3 年不使用的注册商标其所有人是否有权主张商标禁用权并获得权利救济的问题。本书选取的涉及 3 年不使用的注册商标权人主张侵权救济的案件❷显示,法院在 2008 年之前无一例外地肯定了注册商标权人的侵权救济权利,从 2005 年的"赢马"商标案❸,到 2006 年的"接堂"商标案❹,再到 2007 年的"LACITY"商标案❺,法院清一色地认定,即使原告注册商标存在 3 年不使用应撤销的情形,但在该注册商标被撤销前,其仍享有注册商标专用权,进而判决实际使用人承担停止侵权、赔偿损失等侵权责任。在著名的"家家"商标侵权案❻中,山西方山县老传统食品公司注册的"家家"商标尽管从未实际使用过,但仍然得到了一审法院的侵权认定支持,山西省吕梁地区中级人民法院在一审判决中写道:"使用商标并不必然产生商标专用权,商标只有经注册后方可得到保护"。❼

令人欣慰的是,这种忽视不使用因素的现象在"红河"商标侵权案❽中有

---

❶ 北京市第一中级人民法院(2010)一中知行初字第 1259 号行政判决书。
❷ 详见附录二。
❸ 原告宁夏瀛海建材集团有限公司诉被告盐池县宏威水泥粉磨有限公司侵犯商标专用权案,参见宁夏吴忠市中级人民法院(2005)吴民初字第 24 号民事判决书。
❹ 宜昌饭店有限责任公司诉宜昌市土渣儿食品营销管理有限公司等侵犯商标专用权案,参见湖北省宜昌市中级人民法院(2006)宜中民三初字第 00007 号、(2006)宜中民三初字第 00008 号、(2006)宜中民三初字第 00009 号、(2006)宜中民三初字第 00010 号、(2006)宜中民三初字第 00011 号、(2006)宜中民三初字第 00012 号民事判决书。
❺ 上诉人上海东宝百货有限公司与被上诉人法国都市有限责任公司、上海拉夏贝尔服饰有限公司商标侵权、不正当竞争案,参见上海市高级人民法院作出(2007)沪高民三(知)终字第 29 号民事判决书。
❻ 山西省方山县老传统食品公司诉山西杏花村汾酒厂股份有限公司侵犯商标专用权案。
❼ 山西省吕梁地区中级人民法院(2002)吕民二初字第 17 号民事判决书。
❽ 申请再审人云南城投置业股份有限公司与被申请人山东泰和世纪投资有限公司、济南红河饮料制剂经营部侵犯商标专用权纠纷案,参见最高人民法院(2008)民提字第 52 号。

第四章 TRIPS协定下中国注册商标的使用要求制度之完善

所改观。在该案中,济南红河饮料制剂经营部(以下简称"红河经营部")受让取得"红河"文字商标,并许可山东泰和世纪投资有限公司(以下简称"泰和投资公司")使用,云南城投置业股份有限公司(以下简称"云南城投公司")在经营过程中将"红河红"作为啤酒的商品名和未注册商标进行使用,红河经营部与泰和投资公司以云南城投公司侵犯其注册商标权为由向法院提起了商标侵权诉讼。一审法院认为,云南城投公司在其产品及宣传广告上突出使用了"红河红"文字,与红河经营部的"红河"商标构成近似,足以误导公众,侵犯了红河经营部的商标专用权,遂判令云南城投公司停止侵权,并支付1000万元赔偿金。后该判决得到二审法院维持。云南城投公司申请最高院再审,最高院责令两被申请人提交商标实际使用的证据,但两者均未提交。最高院认为,被申请人的注册商标"红河"系河流名称,商标本身显著性不强,且该商标因未实际使用而未发挥商品识别作用,消费者不会将申请人的"红河红"啤酒与被申请人相联系,而申请人的"红河红"商标通过持续使用已形成能够识别商品的显著含义,故两商标不构成近似。最高院进而认定,云南城投公司使用"红河红"商标的行为未侵犯被申请人的商标专用权。这是我国首个将"不使用因素"引入商标侵权判定的最具影响力的案件。如果说"红河"商标侵权案是司法机关在侵权判定中开始重视使用要求的前奏,那么接下来的"名爵"商标侵权案❶则将使用要求推到了前所未有的高度。

在"名爵"商标侵权案中,原告徐斌于2007年10月受让取得"名爵MINGJUE及图"注册商标,核定使用在第12类部分商品上,被告南京汽车集团有限公司(以下简称"南汽公司")于2010年6月在第12类部分商品上申请的"名爵"商标获准注册。南汽公司在其生产销售的普通乘用车(轿车)车身前端标示"MG及图"商标,并在车身尾部标示"南京名爵"字样。北京公交海依捷汽车服务有限责任公司(以下简称"海依捷公司")在其汽车经销场所、网站等处发布的广告中并列使用了"MG及图"商标和名爵文字。原告认为两被告侵犯了其商标专用权,向法院提起侵权诉讼。在该案诉讼过程中,南汽公司以连续3年不使用为由向商标局申请撤销徐斌的商标注册,后徐斌的注册商标被撤销,但其仍向两被告主张商标撤销前的侵权责任。一审法院认为,商标的生命在于实际使用而非注册,商标受保护的原因不在于商标的形式

---

❶ 徐斌诉南京汽车集团有限公司、北京公交海依捷汽车服务有限责任公司侵犯"名爵MINGJUE及图"商标专用权案。

— 179 —

本身，而在于它代表的商品或服务；徐斌所有的注册商标未被实际使用且已被撤销，追溯保护这种形式意义上的商标权已无必要，更无实质意义，据此，驳回了徐斌的所有诉讼请求。❶ 二审法院则从商标近似的判定和商标保护的本质两方面予以了阐述：其一，原告注册的"名爵 MING JUE 及图"商标并未实际使用，在注册有效期内未能发挥市场识别作用，消费者不会将被控侵权标识"名爵"文字与涉案"名爵 MING JUE 及图"商标相联系，因此，不会造成消费者的混淆或误认，两商标不构成近似。其二，商标受保护的原因在于其所代表的商品或服务以及由该商品或服务所体现的商誉。徐斌的注册商标未被使用且已被撤销，该权利在注册有效期内未能体现出其商业价值，即没有可保护的实质性利益存在，故对于此类已被撤销的商标专用权无需再给予追溯性司法保护。❷ 该案最终入选 2012 年中国知识产权保护十大创新案件，其意义之重大不言而喻。

不管在商标注册的程序上，还是在商标侵权的判定上，司法实践正从对注册商标的盲目绝对主义保护向理性相对主义保护转变，"商标的不使用"使基于"注册"产生的商标权不再固不可摧。司法机关对注册商标不使用因素的考量与重视，正催生着注册商标权利行使上的使用要求立法。

（三）新《商标法》的相关规定

在注册商标所有人的权利行使方面，原《商标法》将注册的形式看得高于一切，不使用的注册商标可以挑战他人的注册，受到商标权的法律保护。这种做法不仅扭曲了商标注册的功能，还误解了行政权力的作用❸，是商标注册原则的异化。近些年来出现的司法判决已悄然撼动着"注册至上"的根基，使用要求初露端倪，部分学者也呼吁在注册商标权利行使方面增设使用要求。❹

值得欣喜的是，我国第三次商标法修改已充分意识到原《商标法》中存在的问题，在吸纳了审判实践成果的基础上，新增了一条作为新《商标法》的第 64 条，该条第 1 款规定："注册商标专用权人请求赔偿，被控侵权人以注

---

❶ 南京市中级人民法院（2008）宁民三初字第 227 号民事判决书。
❷ 江苏省高级人民法院（2012）苏知民终字第 0183 号民事判决书。
❸ 刘春田. 民法原则与商标立法 [J]. 知识产权，2010（1）：8.
❹ 如王莲峰. 论我国商标法使用条款之完善：以 iPad 商标纠纷案为视角 [J]. 知识产权，2012（4）：37；张玉敏. 论使用在商标制度构建中的作用：写在商标法第三次修改之际 [J]. 知识产权，2011（9）：5；郭修申. 以"实际使用"为核心构建商标保护制度 [J]. 中华商标，2009（10）：38.

册商标专用权人未使用注册商标提出抗辩的,人民法院可以要求注册商标专用权人提供此前3年内实际使用该注册商标的证据。注册商标专用权人不能证明此前3年内实际使用过该注册商标,也不能证明因侵权行为受到其他损失的,被控侵权人不承担赔偿责任。"尽管上述规定只挑战了注册商标权人的赔偿请求权,但这不失为我国在注册商标权利行使方面设定使用要求的一个良好开端。

第二节 我国注册商标的使用要求制度之问题与不足

尽管《商标法》第三次修正对我国注册商标的使用要求立法和实践中出现的部分问题作出了回应,但对照 TRIPS 协定的相关条款以及其他 WTO 主要成员的立法规定,我国注册商标的使用要求制度中仍然存在诸多问题与不足,需要进行立法上的改进和完善,具体体现在如下四个方面。

一、商标使用的概念

新《商标法》第48条将识别商品来源作为商标使用的本质内涵纳入商标使用的定义,这是一项十分重要的修改决定。但可惜的是,该条的其余表述与原《实施条例》第3条相比较而言只字未动,这使得新《商标法》中的商标使用定义仍存在下述问题。

第一,商标使用的定义没有区分商品和服务上的商标使用。新《商标法》中的商标使用定义未提及服务商标的使用,尽管根据新《商标法》第4条的规定[1],上述商标使用定义可适用于服务商标。然而,服务的无体性特征使商标在商品和服务上的使用方式存在差异,例如,"在包装或容器上"的商标使用方式就无法适用到服务上。立法之所以对商标使用方式进行列举,就是拟通过列示出实践中典型的商标使用方式,使社会公众能够分辨有效和无效的商标使用,进而在商标实际使用时比照适用,而我国新《商标法》对商品和服务上的商标使用方式不作区分的列举很难达到立法期待的效果。立法注重措辞简洁本无可厚非,但将服务上的商标使用方式比照商品上的规定进行适用,这种立法形式显然不够完备,也缺乏合理性。

---

[1] 《商标法》第4条第2款规定:"本法有关商品商标的规定,适用于服务商标。"

第二，商标使用的列举方式不够科学，且缺乏对新技术、新型商标使用方式的立法回应。将商标在商品上的附着类使用方式与其他非附着类使用方式并列，其间的连接词为"或者"，而"其他商业活动"这一兜底性词汇被置于非附着类使用方式之后，这容易使人产生误解：附着类使用方式限于《商标法》所列示的方式，而"其他商业活动"仅管辖那些非附着类使用方式。事实上，商标的附着类使用方式并不限于《商标法》所列举的这些情形，还包括商标在商品的标签、说明书等物件上的使用，且这些使用方式均属于"商业活动"范畴。此外，《商标法》列举的使用方式均仅局限于传统媒介物上，对网络环境下以及其他新媒介上的使用未作出规定。

第三，"商业活动"标准不能涵盖所有商标使用情形。尽管对一般经营者而言，商标使用都应在商业活动中进行，但实践中还存在非营利性组织使用商标的情形，如慈善机构、高等院校在其日常活动中进行的商标使用，这些使用不具有商业性特征，因此难以被"商业活动"标准所囊括。

第四，对特定商标使用情形未作规定。我国新《商标法》仅明确了商标使用的本质内涵和一些使用方式，但未在法律层面体现 TRIPS 协定明文规定的他人对商标的使用以及不改变注册商标显著性的变形使用两种情形。另外，对于我国实践中存在较大争议的商标使用合法性问题也未予明确，不利于发挥立法定纷止争、预防纠纷的功能。

二、商标注册阶段没有落实意向使用要求

诚如上文对我国商标注册阶段使用要求的立法现状所作的分析，我国新旧《商标法》第 4 条均明确，只有在生产经营活动中对商品或服务需要取得商标专用权的主体，才应当申请注册商标。亦即商标注册申请人在申请时应具有商标使用的意图，否则其取得注册商标专用权就缺乏必要性。但我国《商标法》在商标注册阶段没有设定意向使用要求，导致实践中很多商标注册并非为了生产经营中的实际使用，盲目注册、恶意抢注等不良现象层出不穷，不仅增加了商标注册机构的管理成本，也不当占用了有限的商标资源，背离了商标权取得的基础和上述立法本意。

三、注册商标维持阶段的使用要求

与注册商标其他方面的使用要求相比，我国的不使用撤销制度相对成熟，此次商标法修改对实践中暴露出来的问题也予以了部分解决，但与 WTO 发达

第四章　TRIPS协定下中国注册商标的使用要求制度之完善

成员相比，我国该项制度仍存在如下不足。

第一，不使用的正当理由。在立法层面上，《商标法》未明确不使用正当理由的含义；在实践层面上，《商标审理标准》与《行政意见》对不使用的正当理由规定不一致，前者强调正当理由的"不可归责"性，后者将正当理由表述为"客观事由"，且上述两规定对具体事由的列举缺乏科学性。例如，"破产清算"系因注册商标权人自身经营不善所引起，不满足"不可归责"性，不应被纳入不使用的正当理由；再如，"政策性限制"存在概念上的模糊，其是否包括行政审批程序并不明确。而新《实施条例》仅原封不动地照搬了《商标审理标准》的规定。因此，规则不清晰、立法层次低是现阶段我国在不使用正当理由立法上面临的亟待改进的问题。

第二，注册商标权的终止时间。新《商标法》第55条第2款规定被撤销的注册商标权自商标局公告之日起终止。孤立地观察该款内容，上述规定的适用范围并不明确。该条第1款提及了行政审理程序，第2款随即规定了商标权的终止时间，容易使人误解为第2款的适用范围仅限于第1款所列情形，而对于经诉讼审理的案件是否同样适用并不清晰。如果上述终止时间可统一适用于不同审理程序，则是否需待终局的法律文书生效后再交由商标局进行公告？若答案是肯定的，则会使注册商标权在商标局公告之前仍处于有效状态。而不使用撤销案件的审理周期相对较长，从撤销申请提起之日到决定或判决最终生效之前短则两三年，长则七八年。[1] 在这段时间内，如果商标权人依据注册商标权向他人主张商标侵权责任，则有可能导致侵权诉讼与撤销案件的判决结果互相矛盾，最终被撤销的注册商标可能在侵权案件中获得了支持。

第三，缺乏对突击使用的规制。我国不使用撤销制度中的"不使用期间"是指自撤销申请之日向前推算的3年，若注册商标权人能够证明其在这段时间内进行了商标使用，则可豁免商标撤销。然而，实践中，撤销申请往往是在商标侵权诉讼中由被控侵权人提起，而此时注册商标权人很容易察觉到其不使用的注册商标可能面临撤销危险，如果其赶在他人撤销申请提起前开始使用商标或将商标重新投入使用，那么这种商标使用能否挽救商标被撤销的命运呢？对此，德国、英国、日本等国家的商标法都作出了立法回应，但我国在这方面仍处于立法空白状态。若任由商标突击使用行为存在，则相当于为不使用的注册商标权人打开了一扇后门，将会使不使用撤销制度流于形式。

---

[1] 有关审理时间的数据来自本书研究的对象案例，详见附录二。

第四，部分内容立法层次低、规定不统一。例如，对于"3年不使用期间"的计算，《商标法》和《实施条例》均未作规定，仅《商标审理标准》予以了明确，与其他WTO主要成员相比❶该立法层次过低。在注册商标的他人使用问题上，《实施条例》和《商标审理标准》都认可商标注册人许可他人使用商标的有效性，而《行政意见》还包含了不违背注册商标权人意志的他人使用，法律、行政规章、司法文件之间的不统一，容易引起法律适用的不确定。另外，《实施条例》和《商标审理标准》都使用了"商标注册人"的措辞，但在现实中许多商标权人并非商标的原始注册人，他们是通过受让或其他方式取得注册商标的，因此，"商标注册人"的称谓不够严谨。

第五，举证期限。不使用撤销案件的审理实践中，存在举证期限不严格适用的现象。本书研究的对象案例显示，商评委和法院对注册商标权人在复审和诉讼期间提交的证据都予以了审查，并称这是基于对注册商标权人根本利益的考虑。在"太平洋及图"商标撤销案中，判决书如是写道："如果对诉讼阶段补充提交的证据不予考虑，则可能使涉案商标被永久性撤销，这有违司法审查保护行政相对人合法权益的宗旨。"❷ 实体正义需要程序正义的保障，迟到的正义并非真正的正义。商标审理机构对商标使用举证期限的放松，是导致不使用撤销案件审理周期冗长的重要原因之一，也使举证期限的立法规定形同虚设，这从另一个侧面说明了我国对注册商标权的过度重视。

四、注册商标权利行使上的使用要求

在注册商标权人的程序性权利行使方面。我国新《商标法》第33条、第45条分别赋予在先注册商标权人对在后商标注册的异议权和宣告无效权，并规定上述权利可基于新《商标法》第30条❸的规定而行使。然而，在上述商标注册的异议和无效程序中，商标法均未对在先注册商标权人设定商标使用要求。在这种立法背景下，出现了3年不使用本应被撤销的注册商标阻碍在后商标注册的怪象。这与3年不使用撤销制度的立法宗旨相悖，不仅不利于促进商

---

❶ 如澳大利亚将举证责任、期间计算等内容直接规定在商标法中，英国则将上述内容载明在商标《规则2008》中。

❷ 原告四川沱牌药业有限责任公司诉国家工商行政管理总局商标评审委员会、第三人菲舍尔科学有限公司行政诉讼案，参见北京市第一中级人民法院作出的（2009）一中行初字第2096号行政判决书。

❸ 新《商标法》第30条规定："申请注册的商标，凡不符合本法有关规定或者同他人在同一种商品或者类似商品上已经注册的或者初步审定的商标相同或者近似的，由商标局驳回申请，不予公告。"

标使用，还违反了公平正义原则。

在注册商标权人的商标专用权保护方面。当注册商标连续3年无正当理由不使用时，新《商标法》仅限制了该注册商标权人主张赔偿的权利，但对于其是否有权主张发布诉前禁令、停止侵权、排除妨碍等其他请求则未予明确。在商标侵权诉讼中，赔偿损失仅是责任承担方式的一种，相对而言，诉前禁令、停止侵权等请求权的威慑力更大，如果这些救济措施仍为注册商标权人所享有，则会严重影响实际使用人正常生产经营的开展，因此，此类责任承担方式比赔偿损失更致命。然而，新《商标法》中不清晰的立法规定会给商标侵权的司法实践带来新的不确定性。而且，在商标专用权保护方面设定不彻底的使用要求，将无法改变我国实践中过分倚重注册效力、忽视商标使用因素的惯性思维，违反公平正义的判决也难以在短时间内消除。

第三节 我国注册商标的使用要求制度之完善

公平与效率是立法过程中两个不可或缺的基本价值追求，但从法的出发点和落脚点而言，公平则是法的最终价值目标，而效率只是实现公平的手段。具体到商标制度，"注册"体现了效率，而"使用"反映出公平，因此，在我国注册商标使用要求制度的完善中必须凸显商标使用因素，强化注册取得制下的使用要求，从而顺应国际立法趋势——使用在商标立法中的地位逐渐增强。同时，针对我国商标注册原则的异化现象，为重新修正日益扩张的商标注册制度，根据"现代国家的衡平原则"❶，对注册商标权这一私权予以公权的适当介入，是现代国家的法定职责，也是我国在立法完善时应把握的公权与私权间的平衡关系。当然，任何立法过程并非一蹴而就，因此，如下立法完善建议的实施是一个较长时期内循序渐进的演变过程。

一、完善商标使用概念之立法建议

商标使用是注册商标使用要求制度的核心概念，贯穿着注册商标的始终。因此，科学合理地界定该概念是保障使用要求制度正常运行的首要前提。从国

---

❶ 徐瑄.知识产权的正当性：论知识产权法中的对价与衡平[J].中国社会科学，2003（4）：151.

际商标立法例看，对商标使用的规定主要存在两种模式："列举式"和"概括＋列举式"。"列举式"下，立法仅对商标使用的方式或情形作出一系列不穷尽的列举，并不对商标使用的内涵作出概括，如日本❶和澳大利亚❷商标法均采用这种模式。例如，《澳大利亚商标法》第 7 条规定，满足一定条件的变形使用、听觉体现、被授权的使用都应被视为商标使用。"概括＋列举式"似乎更受 WTO 成员的青睐，美国《兰哈姆法》❸、欧盟《条例》❹ 以及欧盟主要成员国英国❺、德国❻、法国❼的商标法均采用了这种模式。例如，美国《兰哈姆法》从正反两方面对商标使用进行了概括，积极的界定为"通常贸易中的真诚使用"，消极的限定是"不仅为了保留商标权利"；与此同时，该法还对商品和服务的不同使用方式进行了列举。欧盟《条例》则仅从积极方面将商标使用界定为"欧盟内的真正使用"，并列举了三种商标使用情形。由于美国、欧盟立法未明确"真诚使用"或"真正使用"的含义，故其对商标使用内涵的立法属于"模糊式概括"。

我国在商标使用概念上应当采取何种立法模式，应当由我国国情决定。自建国以来，我国立法一直采取商标权注册取得制，注册在商标法上具有举足轻重的地位，而商标使用长期不受重视，致使商标使用概念在立法上模糊不清。因此，明确商标使用的内涵并列举典型的商标使用方式及情形显得十分必要，"概括＋列举式"立法模式无疑是我国商标使用立法的首选。尽管美国、欧盟宽泛且具有弹性的商标使用立法留给了裁判机关足够的适用空间，使商标使用概念具有很强的包容性，但鉴于我国目前的司法水平现状，尚不适宜参照其"模糊式概括"的立法方式。相比而言，我国台湾地区"商标法"❽明确概括商标使用的内涵、全面列举使用方式的做法，对我国的商标使用立法更具借鉴意义。

---

❶ 《日本商标法》第 2 条第 3 款。
❷ 《澳大利亚商标法》第 7 条。
❸ 美国《兰哈姆法》第 45 节。
❹ 欧盟《条例》第 15 条。
❺ 《英国商标法》第 46 条。
❻ 《德国商标法》第 26 条。
❼ 《法国知识产权法典》立法部分第 714 条之五。
❽ 我国台湾地区"商标法"第 5 条规定："商标之使用，指为行销之目的，而有下列情形之一，并足以使相关消费者认识其商标：一、将商标用于商品或其包装容器。二、持有、陈列、贩卖、输出或输入前款之商品。三、将商标用于与提供服务有关之物品。四、将商标用于与商品或服务有关之商业文书或广告。前项各款情形，以数位影音、电子媒体、网络或其他媒介物方式为之者，亦同。"

第四章　TRIPS 协定下中国注册商标的使用要求制度之完善

上述"概括+列举式"中的"概括"主要针对商标使用内涵而言。由于概念的内涵决定了外延的范围，因此，明确商标使用内涵是完善商标使用概念的第一步。TRIPS 协定对商标使用内涵未作规定，故该方面的立法由各成员自行决定。通过本书第二章对 WTO 主要成员相关制度的考察，不难发现各成员对商标使用内涵的认识趋于一致，即区分来源性使用。因该特性反映了商标的本质，因此成为商标使用的最基本要求。第三次《商标法》修改审时度势地将上述特性纳入商标使用概念，该修改决定意义重大。然而，现行立法将"商业活动"也作为商标使用的内涵之一，不当排除了非商业性商标使用的情形，故笔者建议参照欧盟立法将该特征删除，从而使商标使用概念更具包容性。同时，为了规制象征性使用行为，笔者建议参照美国《兰哈姆法》的规定从反面将之排除。

在此基础上，商标使用概念的立法应当完善"列举"部分。该部分主要涉及商标使用的外延，应通过列举典型的商标使用方式和使用情形来增强立法的指引性和可执行度，TRIPS 协定对商标使用情形的已有规定应当在我国的商标立法中被遵循。

其一，列举注册商标在商品和服务上的使用方式。就商标使用方式的列举主要存在两种立法例，一种是针对商品和服务的不同特性，分别列举两者之上的商标使用方式，如美国《兰哈姆法》[1] 和加拿大《商标法》[2] 均采用此立法模式。另一种立法例是合并列举通用于商品和服务之上的使用方式，如我国台湾地区"商标法"未对商品和服务作区分，仅列举了不同媒介上的商标使用方式。这种立法模式简洁明了并具有较强的时代兼容性。然而，囿于我国目前较低的商标使用认定水平，明确列示使用方式更具有现实意义。因此，在现阶段宜采用美国、加拿大的立法模式，分别列举商品和服务上的商标使用方式，同时，为使商标使用概念涵盖新兴媒介上的使用，宜在具体列举后采用兜底条款。

其二，列举注册商标的具体使用情形。在商标立法中明确特定的商标使用情形，不仅是 TRIPS 协定提出的要求，也是满足我国商标审理实践的需要。根

---

[1] 美国《兰哈姆法》第 45 节，具体内容见第二章美国法部分。
[2] 加拿大《商标法》第 4 条第 1 款、第 2 款规定："商品上的使用，在正常贸易中，商品被转移所有权或被拥有时，商标被置于商品自身或包装上或其他与商品相联系的方式，使这种联系被财产受让人或拥有人所获知；服务上的使用，在服务提供或广告中商标被使用或展示。"

TRIPS 协定下注册商标的使用要求

据 TRIPS 协定，不改变注册商标显著性的变形使用[1]以及受商标所有人控制的他人使用[2]均应被认定为维持商标注册的有效使用。然而，上述两种商标使用情形并未被规定在我国商标立法层面，仅在商标审理实践的规范性文件中有所体现[3]，且受注册商标所有人控制的他人使用能否被视为有效使用在实践中也是存疑的，因此，建议在《实施条例》修改时明确上述两种使用情形的有效性。此外，对于商标使用的合法性问题，由于相关实践尚不充分，裁判机关的态度仍可能发生变化，因此，尚不宜在立法层面作出过早表态，建议在司法解释中先予明确现行观点，即商标使用合法性的判定依据是商标法律规定而非其他法律、法规。另外，还可以借鉴欧盟商标立法，将"注册商标的出口使用"也规定为有效使用。尽管在出口使用情形下，该注册商标并未在本国发挥来源识别功能，真正意义上的商标使用行为完成于国外，但为了充分保护我国出口商的商标权益，宜将该种出口使用情形也纳入我国商标使用范畴。

基于上述分析，笔者建议我国在今后完善《商标法》时，可将商标使用的条款表述为：

"本法所称的商标使用，是指以如下方式，将商标用于识别商品或服务来源的行为：

（一）就商品而言，商标被用于商品、商品包装、容器、标签、商业文书或其他相关对象上，或利用广告宣传、展览或以其他与商品相联系的方式使用。

（二）就服务而言，商标在服务提供或广告中被使用或展示，或以其他与服务相关联的方式使用。

仅为了保留注册商标权的商标使用行为，不应被视为本法所称的商标使用。"

同时，在下次修改《实施条例》时将变形使用、他人使用及出口使用等情形予以明确，具体可表述为：

---

[1] 变形使用问题具体见《巴黎公约》第 5 条 C 款第（2）项的规定，由于 TRIPS 协定第 1~12 条第 1 款将《巴黎公约》第 1~12 条以及第 19 条纳入，因此，《巴黎公约》关于变形使用的规定也是 TRIPS 协定成员应当遵守的内容。

[2] TRIPS 协定第 19 条第 2 款。

[3] 变形使用问题被规定在《行政意见》第 20 条中，他人使用问题被规定在《行政意见》第 20 条以及《商标审理标准》第 5 条第 3 款第 5 项中。

"下述情形应构成《商标法》第四十八条中的商标使用:

(一) 注册商标在实际使用时与其注册的形式存在某些要素的差别,但并未改变注册商标的显著性;

(二) 经注册商标权人同意或受其控制的他人使用注册商标的行为;

(三) 以出口为目的,在中国将商标附着在商品、包装或商品相关的对象上的行为。"

最后,在最高院的司法解释中将商标使用的合法性问题予以明确,具体条文可表述为:"违反其他行政法律、法规的商标使用行为,只要其未违反商标法律规定,仍可视为《商标法》第四十八条所称的商标使用。"

二、完善商标注册阶段的使用要求之立法建议

近年来,我国商标注册申请量逐年增大,恶意抢注和商标闲置现象日趋严重。例如,"王致和""狗不理""老干妈""冠生园"等商标都曾遭遇过抢注;上海万象(集团)股份有限公司拥有107件商标,该公司除全国知名商标"恒源祥"在使用外,其他106件均处于暂停使用状态。❶ 上述商标的不当注册行为不仅挤占了有限的可注册商标资源,也增加了注册机构商标搜索的压力。不使用撤销制度尽管在一定程度上遏制了上述现象,但由于该制度的启动有赖于第三方的申请,外加撤销程序繁琐冗长,上述现象并未得到明显改观。部分学者提出,在商标注册阶段引入意向使用要求❷,笔者表示赞成,这将不仅有利于强化商标使用理念、扭转注册异化形势,还有利于促进商业诚信、鼓励商标使用、推动商誉建立,进而实现《国家知识产权战略纲要》提出的"培育一批国际知名品牌"的战略目标。

(一) 引入意向使用要求的必要性和可行性

1. 必要性

在我国商标注册阶段引入意向使用要求,具有紧迫的必要性和重要的现实意义。

首先,商标注册申请及注册数量巨大。2012年,商标局共受理商标注册

---

❶ 朱雪忠,柳福东,陈荣秋.商标资产的闲置及其对策[M]//朱雪忠.知识产权协调保护战略.北京:水利水电出版社,2005:11.

❷ 如:郭修申.以"实际使用"为核心,构建商标保护制度[J].中华商标,2009(10):38;张玉敏.论使用在商标制度构建中的作用:写在商标法第三次修改之际[J].知识产权,2011(9):4.

申请164.8万件，核准注册商标1004897件，同比增长16.3%，连续11年位居世界第一。截至2012年，我国商标累计申请量突破千万大关，达1136万件，累计注册量765.6万件，有效注册商标640万件，继续保持世界第一。❶而这些数字一定程度上只反映出我国商标注册的虚假繁荣，许多注册商标并未被真正投入使用或已实际消亡。❷为了切实推进注册商标的使用率，促进商标资源的有效配置，在商标注册阶段设定意向使用要求、引入注册机构的主动审查机制显得十分必要。

其次，联合商标及防御商标注册现象普遍。我国《商标法》虽未设定联合商标和防御商标制度，但在商标注册实践中上述注册现象十分普遍。由于这些商标的注册目的在于保护主商标，而非实际使用，因此，此类商标注册后绝大多数未被投入使用。有些因企业放弃商标续展而失效，如冠生园（集团）有限公司注册的"大黑兔""大灰兔"等商标；而另一些则通过续展至今有效，如杭州娃哈哈集团有限公司注册的"娃娃哈""哈娃娃"等商标。❸为了控制上述两种类型的商标注册，减少登记在册的闲置商标数量，在注册阶段设定意向使用要求尤为迫切。

最后，注册商标的使用理念薄弱。在我国，商标专用权依注册产生，也因注册而获得商标法保护，使用在商标法中的地位无足轻重。实践中，侵害在先使用人权利的恶意抢注和忽视商标使用的盲目注册形势依然十分严峻。为引导商标注册申请人合法、理性地注册，在商标注册申请阶段，就要求其提供真诚的商标使用意图，并由其本人签名或盖章，使他们意识到商标注册之目的在于使用，进而达到强化商标使用理念、推动商标真实使用的效果。

2. 可行性

在我国商标注册阶段设定意向使用要求，是符合国际知识产权条约并有我国现行商标立法规定支持的一项制度选择，具有现实的可行性。

其一，在商标注册阶段的意向使用要求上，商标法国际条约未设定强制性

---

❶ 中国商标战略年度发展报告（2012年）[R/OL]. [2014-01-10]. http://www.saic.gov.cn/zwgk/ndbg/201305/P020130503549386295068.pdf.

❷ 2005年、2006年和2007年，我国注册商标续展率分别为31.52%、42.39%和31.88%，这说明在10年前注册的商标中有60%~70%已经消亡，引自：张玉敏. 优化程序是提高商标确权效率的根本出路[J]. 政治与法律，2010（1）：16.

❸ 相关注册商标信息来源于中华人民共和国国家工商行政管理总局商标局开设的"中国商标网"：http://sbcx.saic.gov.cn/trade/SelectTdInfo/SelectTdInfo.jsp，以下列举的中国注册商标信息均来源于此网站。

义务，也未禁止成员方设定该要求。具体而言，《巴黎公约》、TRIPS 协定均未提及意向使用要求；《马德里协定》和《马德里议定书》对此也未作规定，但《共同实施细则》允许缔约国在商标注册申请阶段设定提交商标意向使用声明的要求❶；《商标法条约》和《商标法新加坡条约》也允许将商标意向使用声明作为商标注册申请的一个条件。❷ 目前，我国已是《巴黎公约》、TRIPS 协定、《马德里协定》和《马德里议定书》的成员方，而尚未批准加入《商标法条约》和《商标法新加坡条约》，即使今后加入这两个条约，在商标注册阶段设定意向使用要求也不会与其规定相冲突。

其二，在商标注册阶段设定意向使用要求，与我国新《商标法》第 4 条的立法主旨相吻合。根据该条规定，取得商标专用权以生产经营活动中的实际需要为前提，这意味着商标注册申请主体应当具有将该商标使用在商品或服务上的意图，这与意向使用要求不谋而合。而新《商标法》第 7 条第 1 款规定申请商标注册应当遵循诚实信用原则，这隐含着商标注册应当具有使用诚意，今后那些不具有使用意图的恶意抢注、盲目注册可能将被认定为对诚信原则的违反。因此，在商标注册申请阶段，要求申请者提交真实的商标使用意图，具有现实的商标法立法基础，也体现了上述立法本意。

（二）引入意向使用要求的具体建议

本书考察的 WTO 主要成员的立法规定显示，在商标注册阶段设定意向使用制度的成员主要有美国和英国，但两者采取了不同的立法模式。其一，美国式。《兰哈姆法》❸ 规定联邦商标注册申请可以基于商标的使用意向或实际使用提起，但基于使用意向的商标注册申请，在注册阶段仍须提交商标实际使用的陈述，若在法定期限内未提交的，其商标注册将被拒绝，即使用意向并非商标获准注册的充分条件。其二，英国式。《英国商标法》规定❹基于使用或使用意向均可申请商标注册，且基于使用意向的注册申请直接可以获得商标注册，无须再行提供商标实际使用的声明，即使用意向是授予商标注册的充分条件。这是美、英两国商标注册意向使用申请制度的本质差别，也反映了两者不

---

❶ 《共同实施细则》第 7 条第 2 款、第 9 条第 5 款（f）项、第 11 条第 6 款、第 24 条第 3 款（b）项。

❷ 《商标法条约》第 3 条第 1 款（a）项第（17）目，《商标法新加坡条约》第 3 条第 1 款（a）项第（16）目、第 3 条第 1 款（b）项、第 3 条第 3 款。

❸ §1 (15 U.S.C. § 1051).

❹ 《英国商标法》第 32 条第 3 款。

同的商标权取得制度。

国内部分学者提出，针对我国"重注册、轻使用"的立法现状，应当对注册取得制度进行改革，在商标注册申请时引入美国法上的意向使用制度，并将商标的实际使用作为商标注册的条件。[1] 笔者认为，直接引进美国式意向使用制度不仅与国际上商标权取得制度的立法趋势相悖，也与我国现阶段的国情不符。目前，绝大多数WTO成员采用了商标权注册取得制，在当前的经济全球化形势下，注册原则的主导地位只会加强不会削弱。[2] 此外，我国从第一部商标法开始一直都采取注册取得制，若直接将使用作为商标注册的条件，会从根本上冲击我国的商标权取得制度，诸多商标配套制度均会受到影响，而大规模修法显然不是我国现阶段商标立法的应然选择。因此，英国式的商标意向使用申请制度更符合我国的立法现状，仅需对商标法进行较小修改，便能达到立法期待的目的。拟建立的意向使用制度大致内容为：在商标注册申请时，要求注册申请人提交其具有商标使用意向的声明，将之作为商标注册的必要条件之一，但商标注册的最终授予不以商标的实际使用为前提。

综上，建议在《商标法》中增加一条："注册商标申请人应当具有真实的商标使用意向，否则不得注册。"使该条与新《商标法》第10条、第11条、第12条并列成为拒绝商标注册的绝对理由。在此基础上，作为不满足意向使用要求的法律后果的配套规定，应将上述新增条款作为提起商标注册异议（第33条）和宣告注册商标无效（第44条）的一项事由。在商标注册阶段意向使用要求的具体实施上，建议修改《实施条例》第13条的规定，在商标注册申请中，除了现行法律要求提交的商标注册申请书、商标图样等内容外，还应要求提交"申请者具有使用该商标的真实意图的声明"，该声明应由申请者亲自签名或盖章。至于使用意向的认定，可以参考英国、美国商标注册实践中的认定规则："使用意向"意味着一种真实的使用意图、一个已经确定的目的（settled purpose），而不是有问题的、不确定的可能性。[3] 且这种使用意向的考察是基于相关情形的客观判断，不必然集中在申请者的主观思想

---

[1] 如：秦顺华. 论我国商标权取得制度——从商标的符号学分析谈起 [J]. 河北青年管理干部学院学报，2012（3）：74-76；苏喆. 把握公平与效率的双重价值取向：论我国商标权取得制度的完善 [J]. 知识产权，2012（3）：45；邓宏光. 我们凭什么取得商标权：商标权取得模式的中间道路 [J]. 环球法律评论，2009（5）：60.

[2] 高秀梅. 商标权取得之法律制度比较分析 [J]. 兰州商学院学报，2007（4）：111.

[3] [1985] RPC 407.

状态上。❶

三、完善注册商标维持阶段的使用要求之立法建议

经过第三次《商标法》修改，我国的注册商标维持阶段的使用要求制度已得到了一定程度的改进，但仍有进一步完善的空间。

第一，在不使用的正当理由上。目前我国关于不使用正当理由的规定散见在行政与司法性文件中，而该问题属于不使用撤销制度的基本问题，应当提高立法层次，建议在《商标法》或《实施条例》中予以明确。在具体内容上，作为WTO成员，我国有遵守TRIPS协定的条约义务，因此，在立法完善时建议突出TRIPS协定规定中的不可归责性以及使用障碍这两个特征。同时，鉴于我国对不使用正当理由的司法认定经验尚浅，在立法上宜作出正反两方面的列举，以便于更好地指导实践。基于此，建议采取"概括+列举式"，将不使用的正当理由具体条文表述为："不可归责于注册商标权人且构成商标使用障碍的情形，应被视为注册商标不使用的正当理由，如不可抗力、进口限制、政府干涉等，不包括商标权人的自身原因或正常商业风险。"

第二，在突击使用的应对上。如前文分析，注册商标的突击使用行为对不使用撤销制度具有较大冲击，如果法律视其为有效使用，则既违背商标保护的正当性，也不利于公平竞争秩序的建立，还可能架空不使用撤销制度。在商业诚信缺失的当下，对此类突击使用行为予以规制显得尤为迫切。因TRIPS协定对此问题未作规定，故成员享有该方面的立法自由。笔者建议参照欧盟、英国、德国等WTO成员的商标立法规定，对突击使用问题具体规定为："当注册商标在撤销申请提出之日前的三个月内被商标所有人或其同意的第三人使用，且申请人能够证明该注册商标的使用是在使用人意识到撤销申请即将被提起的情况下进行的，则该种使用不能使注册商标的撤销得以豁免。"

第三，在注册商标权的失效时间上。为了落实不使用撤销制度，衔接好其与商标侵权制度的关系，应对新《商标法》中的相关规定予以调整，对历经不同审理程序的注册商标权失效时间进行统一。据此，建议参照英国❷、德国❸、

---

❶ FRANK Z. HELLWIG. Acquisition of trademark rights under the trademark law revision act of 1988 [J]. The Trademark Reporter, 1990, 80: 317.

❷ 《英国商标法》第46条第6款。

❸ 《德国商标法》第52条1款。

日本[1]等WTO成员的立法规定，对我国已被撤销的注册商标上的商标权失效时间进行修改，原则上将商标权失效时间追溯至撤销申请提出之日，特殊情况下还可追溯至比此更早的时间。具体建议条款为："当注册商标的撤销决定或判决成为终局且产生约束力时，因不使用而被撤销的注册商标权应被视为自申请撤销之日起消灭；如果审理机关认为撤销的理由存在于更早的日期，那么应该以该日期为准，并在终审决定或判决中予以载明。"

第四，提高立法层次，保证立法严谨性。不使用的期间和部分撤销问题属于不使用撤销制度中的基本问题，将其规定在《商标审理标准》和《实施条例》中，属于立法位阶过低，不利于上述内容的明确和统一，建议参照英国[2]、德国[3]、法国[4]模式将其规定至《商标法》中。此外，要注意商标立法中的措辞严谨度。例如，以"不使用"替代"停止使用"，从而囊括"注册后未使用"以及"使用后再停止"两种情形；以"注册商标权人"代替"商标注册人"，进而涵盖商标注册人和商标受让人等主体。尽管新《商标法》和《实施条例》在"停止使用"的表述上已有所改进，但在其他方面仍存在立法瑕疵，相应规范性文件也维持着原法的表述，建议一并予以修改。此外，针对实践中商标使用的举证期限适用不严的问题，建议参照《英国商标法》的规定[5]，在立法中增加2个月的举证延长期，一旦期满未予举证，应当撤销其注册商标，从而使举证期限的规定落到实处。

四、完善注册商标权人权利行使上的使用要求之立法建议

（一）在注册商标权人程序性权利行使上的使用要求

注册商标权人拥有多项商标法所赋予的程序性权利，而本书中与使用要求相关的程序性权利主要是指注册商标权人对在后商标注册提起异议和宣告无效的权利。我国新《商标法》第33条赋予在先注册商标权人对在后商标注册申请提出异议的权利，其中一项异议理由是在后申请注册的商标与其在相同或类似商品或服务上已注册或初步审定的商标相同或近似。一般情况下，上述规定符合我国注册在先原则，但如果在先注册商标存在连续3年不使用的情形，则

---

[1] 《日本商标法》第54条第2款。
[2] 《英国商标法》第46条第1款、第5款。
[3] 《德国商标法》第26条第5款。
[4] 《法国知识产权法典》立法部分第714条之五。
[5] 英国《商标规则》第38条。

再允许其阻碍在后的商标注册,将有违公平正义原则,也与不使用撤销制度的立法旨趣相悖。为了使在先不使用的注册商标无法阻碍他人的在后注册,推动商标资源更为有效的配置和利用,建议我国参考欧盟❶、英国❷、德国❸等WTO成员的做法,在注册商标异议程序中对在先注册商标权人设定使用要求,不满足使用条件的,则驳回其异议申请。具体拟立法条款如下:"如果在先商标在他人申请注册的商标初审公告之日前已注册满3年,在先注册商标权人对他人商标注册提出异议,应被异议人的要求,在先注册商标权人应当举证证明其在被异议商标注册初审公告前3年内已将注册商标在注册核定的商品或服务上投入了使用,或证明有不使用的正当理由。如缺乏此种证明,则其提出的异议应被驳回。如果在先注册商标仅在注册核定的部分商品或服务上使用的,则为了异议审查的目的,其将被视为仅在该部分商品或服务上注册。"

此外,针对我国新《商标法》中第45条规定的在先注册商标权人对在后商标注册宣告无效的权利,也会出现连续3年不使用的注册商标其权利人宣告他人在后的注册商标无效的情形。基于同样的法理,也建议我国在宣告无效程序中对在先注册商标权人设定使用要求;无法提供使用证明的,则其宣告无效的申请应予驳回。具体条文宜表述为:"如果在先注册商标权人对他人的注册商标提出宣告无效申请,而该在先注册商标在提出无效申请前已注册满3年,应被申请人的要求,在先注册商标权人应当举证证明其在提出宣告无效申请日前3年内已将注册商标在注册核定的商品或服务上投入了使用,或证明有不使用的正当理由。如缺乏此种证明,则其提出的无效申请应被驳回。如果在先注册商标仅在注册核定的部分商品或服务上使用的,则为了无效审查的目的,其将被视为仅在该部分商品或服务上注册。"上述商标使用要求的适用都以被申请人的请求为前提,而不是由审理机关主动提出。这既是对注册商标权人享有的商标权的尊重,反映了公权对私权介入的克制,也体现了使用要求制度中不同利益的平衡。

(二)在注册商标权人实体性权利行使上的使用要求

注册商标权人所享有的实体性权利是指注册商标专用权,包括自用权和禁用权两方面内容。此处所讲的"实体性权利"主要针对商标禁用权而言。在

---

❶ 《条例》第42条第2款。
❷ 《英国商标法》第6A条第2款、第3款。
❸ 《德国商标法》第42条第1款。

TRIPS 协定下注册商标的使用要求

商标侵权案件中,禁用权是注册商标权人向侵权人主张各项侵权责任的依据。由于禁用权属于消极性权利,其权利的行使依赖于侵权诉讼中的权利救济。在我国商标法律下,商标禁用权的权利救济主要通过商标权人请求发布诉前禁令以及向侵权人主张承担停止侵权、赔偿损失、排除妨碍、消除影响等民事侵权责任的请求权来实现。然而,在这种权利行使的使用要求上,我国商标法经历了从无到有的转变。从原《商标法》对注册商标权利救济不设任何使用要求,到新《商标法》❶ 规定在商标侵权诉讼中赔偿责任的承担以注册商标权人满足使用要求为前提,这是一个可喜的进步。

然而,对于其他责任方式的承担,新《商标法》未设定使用要求。这意味着 3 年不使用的注册商标权人仍可以请求发布诉前禁令以及向实际使用人主张停止侵权、排除妨碍等民事责任的承担。如果说对于不使用的时间少于 3 年的注册商标,判令他人停止侵权是为了给其权利人预留今后使用空间的话,那么对于已经连续 3 年不使用本应被撤销的注册商标来说,这种预留使用空间的做法是不合适,也是没有必要的。

首先,从商标保护角度出发,连续 3 年不使用的注册商标,于消费者而言,其未能发挥识别商品或服务来源的功能;于经营者而言,其也未能产生商誉。相反,该注册商标的存在侵蚀了他人注册、使用该商标的机会,抢占了有限的商标资源,此类商标不具有保护的正当性和必要性。相反,认为不使用的注册商标只要未被撤销就应当受保护的观点,误读了商标保护的理念,混淆了商标注册与商标保护间的差异,是极不可取的。

其次,就侵权判定角度而言,商标权侵权的判定应当以在相同或类似商品或服务上使用的被控商标与注册商标构成相同或近似且存在混淆可能性为前提。然而,连续 3 年不使用的注册商标,未能起到商品或服务来源的识别效果,他人的商标使用行为不会产生来源的混淆,因此不宜认定为侵权,注册商标权人的侵权主张也就成为无本之木。

最后,从处理结果上看,如果对连续 3 年不使用的注册商标仍给予除赔偿损失之外的其他责任承担方式的救济,将与不使用撤销制度的法律后果产生矛盾。在商标侵权诉讼过程中,如果被告向商标局请求撤销原告的注册商标,根据目前的司法审判思路❷,一般不中止侵权诉讼,而不使用撤销案件的审理周

---

❶ 《商标法》第 64 条第 1 款。
❷ 《北京市高级人民法院关于审理商标民事纠纷案件若干问题的解答》第 36 条。

期较长,侵权案件往往在撤销结果出来之前就已处理完毕。实践中就会产生如下情形:侵权案件认定被告构成商标侵权,判决其承担停止侵权、排除妨碍等责任,而原告基于主张商标权的注册商标却因不使用最终被撤销。上述矛盾局面只有通过设定商标禁用权行使上的使用要求来解决,一个因不使用本该被撤销的注册商标是不应被授予权利救济的。注册商标只有通过使用才能维持注册,才能获得保护,这是对注册商标在维持阶段和权利行使阶段设定使用要求的共同逻辑。

基于上述分析,在注册商标实体性权利行使上设定使用要求已顺理成章,建议参照德国的立法规定,在我国注册商标权的保护中增设如下条款:"注册商标专用权人请求侵权救济,被控侵权人以注册商标权人不使用注册商标提出抗辩的,人民法院应要求注册商标权人提供此前3年内实际使用该注册商标的证据。注册商标权人不能提供此类证据的,则被控侵权人不承担民事侵权责任。"

本章小结

本章第一节全面介绍了我国注册商标的使用要求制度。对《商标法》第三次修订前后的立法进行了比较,并在分析相关案例的基础上,对商标使用的含义、商标注册阶段、维持阶段以及权利行使上的使用要求予以了全方位阐述。

第二节分析了我国注册商标使用要求制度的问题与不足。首先,在商标使用概念上,我国商标使用的定义没有区分商品和服务上的使用,列举方式不够科学,"商业活动"标准不合理,对特定商标使用情形未作出规定。其次,在商标注册阶段没有落实商标意向使用要求。再次,注册商标维持阶段的使用要求在不使用的理由、注册商标权的终止时间、突击使用的应对、举证期限等方面存在立法不足。最后,在注册商标权利行使上的使用要求上,仅规定了损失赔偿的使用要求抗辩。

第三节针对我国制度中存在的问题,在结合TRIPS协定内容及借鉴WTO其他成员制度优势的基础上,对我国注册商标使用要求的完善提出了具体的立法建议。首先,在商标使用概念上,应以发挥商标识别功能为使用内涵,分别列举商标在商品和服务上的使用方式,明确他人使用、变形使用、合法使用以

TRIPS 协定下注册商标的使用要求

及出口使用等具体情形。其次，在商标注册阶段设立意向使用要求，但不引入使用要求制度。再次，应在不使用的正当理由、突击使用的应对、注册商标权的终止时间以及立法技术等方面进一步完善我国注册商标维持阶段的使用要求。最后，增设注册商标程序性权利行使上的使用要求，并完善实体权利行使上的使用要求。

结　　论

　　商标使用在商标制度的产生和发展中发挥过重要作用，但是在追求效率优先的立法价值导向下，商标注册原则逐渐取代了传统的商标使用原则，成为当今大多数国家在商标权取得制上的立法选择。然而，使用反映着商标的本质，提升着商标的价值，诠释着商标保护的正当性，纯粹的注册取得制割裂了商标与使用的关系，其制度弊端日渐显现，商标抢注、商标闲置、商标保护失当等现象层出不穷。在这种背景下，商标使用再次受到各国的重视，注册商标的使用要求也逐渐成为各国商标法中的关键性问题。

　　TRIPS 协定对注册商标使用要求的国际协调，体现了国际条约法领域中的最高水平。通过对商标注册阶段和注册维持阶段的使用要求的协调，TRIPS 协定不仅为 WTO 成员的商标立法提供了制度上的指引，还为商标使用和注册制度的融合创造了条件。不管是在条约内容体系上，还是在知识产权与国际贸易的结合上，TRIPS 协定对注册商标使用要求的国际协调都反映了国际商标法体系中的新发展。

　　通过对 WTO 主要成员注册商标的使用要求制度的比较分析，不难发现在 TRIPS 协定的协调下各主要成员的立法存在诸多制度共性，这体现了 TRIPS 协定的协调成效以及使用要求制度本身的重要性，也为构建注册商标使用要求的基本理论提供了范本支持和制度根基。同时，各主要成员在注册商标的使用要求制度上也存在差异性，这与各成员的立法传统、商标制度、立法目的息息相关，说明在制度选择上最终应立足于本国国情，这对于我国立法完善不无启示。

　　对注册商标使用要求的条约分析和国别比较对于构建相应理论具有重要意义，这也是本书的中心点。具体体现在如下基本理论观点上：首先，WTO 主要成员的制度成因和立法目的为探求注册商标使用要求的设立必要性提供了线索和证据支持，商标资源的合理配置是设定注册商标使用要求的直接动因，商标保护的正当性是设立注册商标使用要求的内在机理。其次，在注册商标的使

TRIPS 协定下注册商标的使用要求

用要求的基本概念中，各 WTO 主要成员的立法与实践揭示出了商标使用的本质内涵——区分来源性使用；商标使用的认定应当考虑一切与使用相关的因素；"不使用"是"使用"的对立面，其包含了认定上的不使用以及法律拟制的不使用；不使用的正当理由应当是独立于商标所有人且构成商标不使用障碍的事由；不使用的法律后果分别是：在商标注册阶段的拒绝注册、维持阶段的撤销注册以及权利行使阶段的权利受限。最后，注册商标的使用要求还体现出了该制度背后隐藏的两个核心关系：注册与使用的融合、公权对私权的介入。

在我国注册商标使用要求的制度完善上，应当在遵守 TRIPS 协定条约义务的前提下，立足于我国国情，充分重视上述基本理论的指导意义，将使用要求中规律性的内容引入我国立法，真正做到理论与实践的结合。同时，汲取其他成员的制度优势，适当进行立法移植，以应对我国在商标领域中存在的现实困难，并弥补我国注册商标使用要求制度中的不足。具体立法建议如下：首先，在商标使用概念上，应以发挥商标识别功能为使用的内涵，并在使用外延上分别列举商标在商品和服务上的使用方式，明确他人使用、变形使用以及合法使用的具体情形。其次，在商标注册阶段设立意向使用要求制度，但不引入使用要求。再次，在不使用的正当理由、突击使用的应对、注册商标权的失效时间以及立法技术等方面进一步完善我国注册商标维持阶段的使用要求。最后，增设注册商标程序性权利行使上的使用要求，并完善实体权利行使上的使用要求。

参考文献

（中文文献按著作责任者姓氏笔画排序，英文文献按著作责任者首字母排序）

一、中文论著（含译著等）

[1] 马克思恩格斯全集（第6卷）[M]．北京：人民出版社，1965．
[2] 王先林．知识产权滥用及其法律规制[M]．北京：中国法制出版社，2008．
[3] 王迁．知识产权法教程[M]．北京：中国人民大学出版社，2007．
[4] 王莲峰．商标法学[M]．北京：北京大学出版社，2007．
[5] 文学．商标使用和商标保护研究[M]．北京：法律出版社，2009．
[6] 孔祥俊．WTO知识产权协定及其国内适用[M]．北京：法律出版社，2002．
[7] 卢梭．社会契约论[M]．杨国政，译．西安：陕西人民出版社，2003．
[8] 曲三强．现代知识产权法[M]．北京：北京大学出版社，2009．
[9] 刘华．知识产权制度的理性与绩效分析[M]．北京：中国社会科学出版社，2004．
[10] 刘春田．知识产权法[M]．北京：中国人民大学出版社，2000．
[11] 孙国华，朱景文．法理学[M]．北京：北京大学出版社，1995．
[12] 美国商标法[M]．杜颖，译．北京：知识产权出版社，2013．
[13] 李扬．日本商标法[M]．北京：知识产权出版社，2011．
[14] 李明德．知识产权法[M]．北京：法律出版社，2007．
[15] 李明德．美国知识产权法[M]．北京：法律出版社，2003．
[16] 李明德，等．欧盟知识产权法[M]．北京：法律出版社，2010．
[17] 李顺德．WTO的TRIPS协定解析[M]．北京：知识产权出版社，2006．
[18] 杨思斌．功利主义法学[M]．北京：法律出版社，2006．
[19] 吴汉东．知识产权基本问题研究[M]．2版．北京：中国人民大学出版社，2009．
[20] 何真，唐清利．财产权与宪法的演进[M]．济南：山东人民出版社，2006．
[21] 张乃根．TRIPS协定：理论与实践[M]．上海：上海人民出版社，2005．
[22] 张乃根．国际贸易的知识产权法[M]．上海：复旦大学出版社，2007．
[23] 张文显．法理学[M]．3版．北京：法律出版社，2007．
[24] 张耕，等．商业标志法[M]．厦门：厦门大学出版社，2006．
[25] 金海军．知识产权私权论[M]．北京：中国人民大学出版社，2004．

[26] 郑成思. 知识产权论 [M]. 北京：社会科学文献出版社, 2007.
[27] 郑成思. 知识产权法 [M]. 北京：法律出版社, 2003.
[28] 郑其斌. 论商标的本质 [M]. 北京：人民法院出版社, 2009.
[29] 理查德·波斯纳. 法律的经济分析（上）[M]. 蒋兆康, 译. 北京：中国大百科全书出版社, 1997.
[30] 洛克. 政府论（下篇）[M]. 叶启芳, 瞿菊农, 译. 北京：商务印书馆, 1995.
[31] 唐广良, 董炳和. 知识产权国际保护 [M]. 北京：知识产权出版社, 2006.
[32] 陶鑫良. 知识产权法总论 [M]. 北京：知识产权出版社, 2005.
[33] 陶鑫良, 张乃根. 上海知识产权干部读本 [M]. 北京：知识产权出版社, 2004.
[34] 黄晖. 商标法 [M]. 北京：法律出版社, 2004.
[35] 黄晖. 法国知识产权法典 [M]. 北京：商务印书馆, 1999.
[36] 鄂振辉. 自然法学 [M]. 北京：法律出版社, 2005.
[37] 博登浩森. 保护工业产权巴黎公约指南 [M]. 汤宗舜, 段瑞林, 译. 北京：中国人民大学出版社, 2003.
[38] 蒋志培. 中国知识产权法律适用与司法解释 [M]. 北京：中国法制出版社, 2002.
[39] 曾陈明汝. 商标法原理 [M]. 北京：中国人民大学出版社, 2003.

二、中文期刊论文

[1] 王小云. 对防御商标和联合商标的思考 [J]. 中华商标, 2001 (2)：22.
[2] 王太平, 熊琦. 论知识产权国际立法的后 TRIPS 发展 [J]. 环球法律评论, 2009 (5)：135.
[3] 王春燕. 商标保护法律框架的比较研究 [J]. 法商研究, 2001 (4)：13.
[4] 王莲峰. 论我国商标法使用条款之完善：以 iPad 商标纠纷案为视角 [J]. 知识产权, 2012 (4)：37.
[5] 王莲峰. 论商标的使用及其认定：基于《商标法》第三次修改 [J]. 公民与法, 2011 (3)：3.
[6] 尹锋林. 商标法新加坡条约述评 [J]. 电子知识产权, 2006 (12)：37.
[7] 邓宏光. 我们凭什么取得商标权：商标权取得模式的中间道路 [J]. 环球法律评论, 2009 (5)：60.
[8] 邓宏光. 商标注册周期过长的困境及其出路 [J]. 电子知识产权, 2009 (7)：34.
[9] 邓宏光. 商标圈地运动的法律规制 [J]. 甘肃社会科学, 2008 (1)：41.
[10] 田晓玲. 注册商标三年不使用撤销制度研究 [J]. 学术论坛, 2010 (3)：174.
[11] 付继存. 形式主义视角下我国商标注册制度价值研究 [J]. 知识产权, 2011 (5)：75.
[12] 冯晓青. 财产权经济学理论与知识产权制度的正当性 [J]. 法律科学（西北政法学院学报）, 2003 (2)：90.

[13] 冯晓青. 知识产权的劳动理论研究 [J]. 湘潭大学社会科学学报, 2003 (5): 25.

[14] 冯晓青. 商标权的限制研究 [J]. 学海, 2006 (4): 138.

[15] 刘春田. 民法原则与商标立法 [J]. 知识产权, 2010 (1): 8.

[16] 刘春田. 商标与商标权辨析 [J]. 知识产权, 1998 (1): 12.

[17] 刘淑琴. 商标资源利用与拓展 [J]. 中华商标, 2000 (11): 17.

[18] 刘磊.《商标法条约》的主要内容 [J]. 中华商标, 2000 (5): 38.

[19] 孙英伟. 商标权保护正当性的历史分析: 基于第三次商标法修改 [J]. 河北大学学报: 哲学社会科学版, 2011 (5): 119.

[20] 苏喆, 秦顺华. 公平与效率何以兼顾: 美国《兰哈姆法》商标权取得制度对中国的启示 [J]. 天津法学, 2012 (2): 28.

[21] 苏喆. 把握公平与效率的双重价值取向: 论我国商标权取得制度的完善 [J]. 知识产权, 2012 (3): 45.

[22] 李扬. 我国商标抢注法律界限之重新划定 [J]. 法商研究, 2012 (3): 76.

[23] 李扬. 注册商标不使用撤销制度中的"商标使用"界定: 中国与日本相关立法、司法之比较 [J]. 法学, 2009 (10): 97.

[24] 李琛. 商标权救济与符号圈地 [J]. 河南社会科学, 2006, 14 (1): 68.

[25] 杨红军. 知识产权制度变迁中契约观念的演进及其启示 [J]. 法商研究, 2007 (2): 85.

[26] 吴汉东. 关于知识产权私权属性的再认识: 兼评"知识产权公权化"理论 [J]. 社会科学, 2005 (10): 58-63.

[27] 吴汉东. 利弊之间: 知识产权制度的政策科学分析 [J]. 法商研究, 2006 (05): 7.

[28] 吴汉东. 中国知识产权法制建设的评价与反思 [J]. 中国法学, 2009 (1): 51-68.

[29] 何红锋, 陈跃东. 论联合商标保护制度 [J]. 南开学报, 2000 (1): 75.

[30] 汪太贤. 论法律权利的构造 [J]. 政治与法律, 1999 (5): 14.

[31] 张今, 谭伟才. 联合商标、防御商标与商标权的保护 [J]. 知识产权, 1994 (06): 15.

[32] 张乃根. 论 TRIPS 协议义务 [J]. 浙江社会科学, 2002 (05).

[33] 张乃根. 论 WTO 与我国的法律保障机制 [J]. 世界贸易组织动态与研究, 1999 (09).

[34] 张玉敏. 优化程序是提高商标确权效率的根本出路 [J]. 政治与法律, 2010 (1): 16.

[35] 张玉敏. 论使用在商标制度构建中的作用: 写在商标法第三次修改之际 [J]. 知识产权, 2011 (9): 4.

[36] 张玉敏. 维护公平竞争是商标法的根本宗旨 [J]. 法学论坛, 2008 (2): 31.

[37] 张德芬. 商标使用界定标准的重构 [J]. 知识产权, 2012 (3): 11-20.

[38] 张江河. 对权利与义务问题的新思考 [J]. 法律科学, 2002 (6): 3-17.
[39] 张恒山. 义务、法律义务内涵再辨析 [J]. 环球法律评论, 2002 (04): 446-456.
[40] 罗晓霞. 商标权的双重属性及其对商标法律制度变迁的影响 [J]. 知识产权, 2012 (5): 31.
[41] 郑成思. 私权、知识产权与物权的权利限制 [J]. 法学, 2004 (9): 74.
[42] 郑成思. TRIPS 与中国的知识产权研究 [J]. 法律科学 (西北政法学院学报), 1994 (06).
[43] 郑成思. 与商标有关的国际条约及各国法律比较 (上) [J]. 中华商标, 1999 (3).
[44] 郑成思. 与商标有关的国际条约及各国法律比较 (下) [J]. 中华商标, 1999 (4).
[45] 赵振华. 知识产权的私权品性与社会品性 [J]. 时代经贸, 2011 (4): 2.
[46] 胡刚. 商标法意义上的使用: 公开、真实、合法: 近期司法判例解读 [J]. 中国专利与商标, 2012 (3): 83.
[47] 秦顺华. 论我国商标权取得制度: 从商标的符号学分析谈起 [J]. 河北青年管理干部学院学报, 2012 (3): 74-76.
[48] 原琪.《商标法新加坡条约》与《商标法条约》(1994) 之比较 [J]. 中华商标, 2006 (11): 31.
[49] 徐瑄. 知识产权的正当性: 论知识产权法中的对价与衡平 [J]. 中国社会科学, 2003 (4): 152.
[50] 高秀梅. 商标权取得之法律制度比较分析 [J]. 兰州商学院学报, 2007 (4).
[51] 郭修申. 以"实际使用"为核心构建商标保护制度 [J]. 中华商标, 2009 (10): 38.
[52] 唐广良. 注册不应是商标保护的前提 (上) [J]. 法人杂志, 2006 (6): 93.
[53] 黄保勇. 论"商标使用" [J]. 华南理工大学学报: 社会科学版, 2012 (6): 60.
[54] 彭学龙. 论商标权的原始取得 [J]. 中南财经政法大学学报, 2007 (4): 133.
[55] 彭学龙. 寻求注册与使用在商标确权中的合理平衡 [J]. 法学研究, 2010 (3): 151.
[56] 粟源. 知识产权的哲学、经济学和法学分析 [J]. 知识产权, 2008 (5): 12.

三、英文著作与教材

[1] BODENHAUSEN. Guide to the Application of the Paris Convention for the Protection of Industrial Property – As Revised at Stockholm in 1967 [M]. Geneva: United International Bureaux for the Protection of Intellectual Property (BIRPI), 1968.

[2] DANIEL J. GERVAIS. The Trips Agreement: Drafting History and Analysis [M]. London: Sweet & Maxwell, 1998.

[3] EDWIN C. HELLINGER. Justifying intellectual property [M] // ADAM D. MOORE. Intellectual property: moral, legal, and international dilemmas. Boston: Rowman & LittleField Publishers, Inc., 1997.

[4] FRANK I. SCHECHTER. Historical foundations of the law relating to trade-marks [M]. New York: Columbia University Press, 1925.

[5] J. THOMAS MACARTHY. MaCarthy on trademarks and unfair competition [M]. 4th ed. 2001.

[6] JEREMY PHILLIPS, ILANAH SIMON. Trade Mark Use [M]. New York: Oxford University Press, 2005.

[7] KENNETH L. PORT. Japanese trademark jurisprudence [M]. London & Boston: Kluwer Law International, 1998.

[8] NUNO PIRES DE CARVALHO. The TRIPS regime of trademarks and designs [M]. Hague: Kluwer law international, 2006.

[9] PETER DRAHOS. A Philosophy of intellectual property [M]. Sudbury: Dartmouth Publishing Company Ltd., 1996.

[10] PETER F. GRÄSER, BERND PETER RÜSTER. World intellectual property guidebook: Federal Republic of Germany, Austria, Switzerland [M]. New York: Matthew Bender, 1991.

[11] PETER-TOBIAS STOLL, JAN BUSCHE, KATRIN AREND. WTO—trade-related aspects of intellectual property rights [M]. Munich: Max Planck Institute for Comparative Public Law and International Law, 2009.

[12] R. CALLMAN, LOUIS ALTMAN. Unfair competition, trademarks and monopolies [M]. 4th ed. California: Callaghan, 1985.

[13] RUDOLF CALLMANN. The law of unfair competition and trademark [M]. California: Callaghan, 1945.

[14] CORNISH W, LLEWELYN D, APLIN T. Intellectual property: patents, copyright, trade marks and allied rights [M]. London: Sweet & Maxwell, 2003: 689.

[15] WIPO. Guide to the International Registration of Marks under the Madrid Agreement and Madrid Protocol [M]. Geneva: WIPO, 2009.

四、英文期刊论文

[1] ADAM MOSSOFF. What is property? Putting the pieces back together [J]. Arizona Law Review, 2003, 45: 371, 422.

[2] BENN MCGRADY. TRIPS and trademark: the case of tobacco [J]. World Trademark Reporter, 2004, 3 (1): 53-61.

[3] BEVERLY W. PATTISHALL. The Use Rationale and the Trademark Registration Treaty [J]. American Bar Association Journal, 1975, 61: 85.

[4] BRUCE R. PARKER. "Intent to use": on the road toward adoption of a registration-based system of trademark protection [J]. The Trademark Reporter, 1989, 79: 320.

[5] CASTREN, BERNITZ. Logo licensing of Tobacco products – Can it be prohibited? [J]. European Intellectual Property Review, 1990, 12 (4): 139.

[6] CHRISTOPHER T. MICHELETTI. Preventing loss of trademark rights: quantitative and qualitative assessments of use and their impact on abandonment determinations [J]. The Trademark Reporter, 2004, 94 (3): 639.

[7] CLAIRE HOWELL. No marks for internal promotion – use it or lose it at Covent Garden Market [J]. Communications Law: Journal of Computer, Media & Telecommunication, 2006, 11 (2): 49.

[8] DANIEL C. SCHULTE. The Madrid Trademark Agreement's basis in registration based systems: does the protocol overcome past biases [J]. Journal of the Patent and Trademark Office Society, 1995, 77: 607.

[9] DANIEL M. MCCLURE. Trademarks and unfair competition: a critical history of legal thought [J]. The Trademark Reporter, 1979, 69: 334, 341.

[10] DONALD S. CHISUM. Trademark acquisition, registration and maintenance: a primer [J]. AIPLA Quarterly Journal, 1991, 19: 132.

[11] DOMNA L. CANDIO. Domestic and international trademark protection programs [J]. Practising Law Institute/Patents, Copyrights, Trademarks, and Literary Property Course Handbook Series, 1999, 569: 307, 343 – 344.

[12] ELLEN P. WINNER, SHERIDAN, ROSS & MCINTOSH. Trademark registration – what's the use? [J]. IDEA Journal, 1982 – 1983 (23): 50.

[13] FRANK I. SCHECHTER. The rational basis of trademark protection [J]. Harvard Law Review, 1927, 40 (6): 832 – 833.

[14] FRANK Z. HELLWING. Acquisition of trademark rights under the trademark law revision act of 1988 [J]. The Trademark Reporter, 1990, 80: 314.

[15] FRIEDRICH – KARLBEIER. Basic features of Anglo – American, French and German trademark law [J]. International Review of Industrial Property and Copyright law. 1975, 6: 285, 299.

[16] GARY LEA. Mixing wine and beer brings little cheer – trade mark infringement and non – use revisited: J Gallo Winery Inc v. Lion Nathan Australia Pty Ltd [J]. Communications Law: Journal of Computer, Media & Telecommunication, 2010, 15 (4): 120.

[17] JENS JAKOB BUGGE, PETER E. P. Gregersen. Requirement of use of trade mark [J]. European Intellectual Property Review, 2003, 25 (7): 309.

[18] JONATHAN B. SCHWARTZ. Less is more: why a preponderance standard should be enough for trademark abandonment [J]. UC Davis Law Review, 2009 (42): 1372.

[19] KATHERINE – ANNE Pantazis Schroeder. A trademark Gamble: should use of services a-

broad by U. S. citizens meet the Lanham act "use in commerce" requirement? [J]. Iowa Law Review, 2004 - 2005, 90: 1635.

[20] KENNETH L. PORT. The congressional expansion of American trademark law: a civil law system in the making [J]. Wake Forest Law Review, 2000, 35: 827, 856 - 66.

[21] KENNETH R. PIERCE. The trademark law revision act: origins of the use requirement and the overview of the new federal trademark law [J]. Florida Bar Journal, 1990, 64: 35, 36.

[22] DANIELS L E. The history of the trade - mark [J]. Trade - Mark Bull, 1911, 7: 239, 240 - 41.

[23] LEON E. DANIELS. Trade - marks - Their origin and development [J]. Trade - Mark Bull, 1941, 36: 58, 60.

[24] MARGRETH BARRETT. Finding trademark use: the historical foundation for limiting infringement liability to uses "in the manner of a mark" [J]. Wake Forest Law Review, 2008 (43): 964.

[25] MARK B. HARRISON. How tomaintain a United States trademark registration without use in commerce: section 8 and registrations under section 44 [J]. The Trademark Reporter, 1984, 74: 254.

[26] MASAYA SUZUKI. The trademark registration system in Japan: a firsthand review and exposition [J]. Marquette Intellectual Property Law Review, 2001, 5: 133.

[27] MAX VERN. A trademark visa - aspects of international trademark use and protection [J]. Journal of the Patent and Trademark Office Society, 2006, 88: 848.

[28] MICHEAL H. DAVIS. Death of a salesman's doctrine: a critical look at trademark use [J]. Georgia Law Review, 1985 (19): 246, 247;

[29] DAWSON N M. Bad faith in European trade mark law [J]. Intellectual Property Quarterly, 2011, 3: 253.

[30] PAUL SALMON. Cooperation between the World Intellectual Property Organization (WIPO) and the World Trade Organization (WTO) [J]. Saint John's Journal of Legal Commentary, 2003.

[31] PETER C. CHRISTENSEN, TERESA C. Tucker. The "use in commerce" requirement for trademark registration after Larry Harmon Pictures [J]. IDEA Journal, 1991 - 1992 (32): 339, 341.

[32] PIERRE N. LEVAL. Trademark: champion of free speech [J]. Columbia Journal of Law and the Arts, 2004 (27): 187, 198 - 199;

[33] REBECCA POWELL, MATTHEW HARRIS. Trade marks - partial revocation for non use - application of s. 46 (5) of Trade Marks Act 1994 - dealing with subsets of wide general

specifications [J]. European Intellectual Property Review, 2003, 25 (4): 59.

[34] ROBERT J. SHAUGHNESSY. Trademark parody: a fair use and first amendment analysis [J]. The Trademark Reporter, 1987, 77: 177, 181 (n. 14).

[35] ROBERT W. SACOFF. The trademark use requirement in trademark registration, opposition and cancellation proceedings [J]. The Trademark Reporter, 1986, 76: 110.

[36] RODOLF RAYLE. The trend towards enhancing trademark owner's right – a comparative study of U. S. and German Trademark law [J]. Journal of Intellectual Property Law, 2000, 7: 242;

[37] RUDOLPH CALLMANN. Trademark registration and use – comparative national requirements [J]. Section of International and Comparative Law Bulletin, 1957, 1: 16.

[38] S STEPHEN L. CARTER. The trouble with trademarks [J]. The Yale Law Journal, 1989 – 1990 (99): 759.

[39] SARA STADLER NELSON. The wages of ubiquity in trademark law [J]. Iowa Law Review, 2003 (88): 737.

[40] SIDNEY A. DIAMOND. The historical development of trademarks [J]. The Trademark Reporter, 1975, 65: 280 – 281.

[41] STEPHEN L. CARTER. The trouble with trademark [J]. The Yale Law Journal, 1990, 99: 760.

[42] STEWART, NIEHOFF. The trademark law revision act of 1988: an overview [J]. Michigan Bar Journal, 1989 (68): 162, 163 n. 5.

[43] SUSIE MIDDLEMISS, JEREMY PHILLIPS. Bad faith in European trade mark law and practice [J]. European Intellectual Property Review, 2003: 25 (9): 403.

[44] TOM G. PALMER. Justifying intellectual property: The philosophy of property and ideal objects [J]. Harvard Journal of Law and Public Affairs, 1990, 13: 301.

[45] TOM PALMER. Intellectual property: a non – ponserian legal and economic aspect [J]. Hamline Law Review, 1989, 12: 278.

[46] TRACI L. JONES. Remedy holes and bottomless rights: a critique of the intent – to – use system of trademark registration [J]. SPG Law and Contemporary Problems, 1996 (59): 165.

[47] COLMAN W J. Use of a trademark inAustralia [J]. The Trademark Reporter, 1969, 59: 286.

[48] WALTER J. DERENBERG. The Patent Offiec as Guardian of the Public Interest in Trade – mark Registration Proceedings [J]. Law and Contemporary Problems, 1949 (14): 288.

[49] WENDY J. GORDON. On owning information: intellectual property and therestitutionary impulse [J]. Virginia Law Review, 1992, 78: 149, 167.

[50] WILLIAM M. LANDES, RICHARD A. POSNER. The economics of trademark law [J]. The Trademark Reporter, 1988, 78: 267, 280.

[51] WILLIS RAYMOND DAVIS, JR.. Intent-to-use applications for trademark registration [J]. Wayne Law Review. 1988-1989 (35): 1155.

[52] ZECHARIAH CHAFEE, JR.. Unfair competition [J]. Harvard Law Review, 1940, 53: 1289, 1294-1296.

五、专著或论文集中的析出文献

[1] 朱雪忠，柳福东，陈荣秋．商标资产的闲置及其对策［M］//朱雪忠．知识产权协调保护战略．北京：水利水电出版社，2005：11．

[2] 李艳．论商标法与反不正当竞争法的关系［M］//中国社会科学院知识产权中心，中国知识产权培训中心．《商标法》修订中的若干问题．北京：知识产权出版社，2011：161．

[3] 贾斯汀·休斯．知识产权哲学［M］．杨才然，张萍，译//刘春田．中国知识产权评论（第二卷）．北京：商务印书馆，2006．

[4] 黄汇．从欧洲诸国商标立法看商标法的保护基础［M］//张玉敏．中国欧盟知识产权法比较研究．北京：法律出版社，2005：224．

[5] 彭学龙．商标法的经济学分析［M］//吴汉东．知识产权年刊．北京：北京大学出版社，2006：230．

[6] ANNA CARBONI, Wilberforce Chambers. Bad faith and public morality [A]. ITMA London International Meeting, 2-4 April 2008.

[7] ANNETTE KUR. TRIPS and trademark law [M]//FRIEDRICH-KARL BEIER, GERHARD SCHRICKER. From GATT to TRIPS: the agreement on trade-related aspects of intellectual property rights. Weinheim: VCH, 1996.

[8] BELINDA ISAAC. Use for the purpose of resisting an application for revocation for non-use [M]//JEREMY PHILLIPS, ILANAH SIMON. Trade mark use. New York: Oxford University Press, 2005: 227.

[9] THOMAS DREIER. TRIPS and the enforcement of intellectual property rights [M]//FRIEDRICH-KARL BEIER, GERHARD SCHRICKER. From GATT to TRIPS: the agreement on trade-related aspects of intellectual property rights. Weinheim.: VCH, 1996.

六、电子文献及学位论文

[1] 安青虎．中国的商标与国际注册：在"马德里商标国际注册国际研讨会"上的演讲词［EB/OL］．［2014-01-14］．http：//sbj. saic. gov. cn/pub/show. aspgid=491&bm=sbyw．

TRIPS协定下注册商标的使用要求

[2] 李顺德.《巴黎公约》意义深远,光辉永驻 [EB/OL]. [2014-01-19]. http://ip.people.com.cn/GB/11175169.html.

[3] 中国商标战略年度发展报告(2012年)[R/OL]. [2014-01-10]. http://www.saic.gov.cn/zwgk/ndbg/201305/P020130503549386295068.pdf.

[4] AIPPI, Australian National Group Report [R] Q208 [EB/OL]. [2014-01-26]. https://www.aippi.org/download/commitees/208/GR208australia.pdf.

[5] KRISTEN MOLLNOW WALSH, JEFFREY L. COSTELLIA. The significance of actual trademark use and "use in commerce" under U.S. Trademark Law [EB/OL]. [2014-01-14]. www.iclg.co.uk.

[6] 吕炳斌. TRIPS协定下专利申请的披露要求研究 [D]. 上海:复旦大学(博士学位论文),2011.

[7] 朱凡. 商标使用样态及认定研究 [D]. 北京:中国政法大学(硕士学位论文),2011.

[8] 吴畏. 论商标三年不使用撤销制度中"使用"的界定 [D]. 上海:华东政法大学(硕士学位论文),2010.

[9] 杨建峰. 论 TRIPS 协定下商标注册制度 [D]. 上海:复旦大学(博士学位论文),2009.

[10] 湛茜. 非传统商标国际注册问题研究 [D]. 上海:复旦大学(博士学位论文),2012.

[11] JONG-KYUN WOO. The trademark use requirements in the united states and Korea: insights from domain name disputes and prospects for harmonizatioin [D]. Washington (USA): University of Washington (PHD dissertation), 2002.

七、TRIPS协定起草及相关文献

[1] MNT. GNG/NG11/W/14, October 20, 1987.

[2] MNT. GNG/NG11/W/15, October 26, 1987.

[3] MNT. GNG/NG11/W/16, November 20, 1987.

[4] MNT. GNG/NG11/W/17, February 12, 1988.

[5] MNT. GNG/NG11/W/26, July 7, 1988.

[6] MNT. GNG/NG11/W/27, September 21, 1988.

[7] MNT. GNG/NG11/W/28, October 19, 1988.

[8] MNT. GNG/NG11/W/30, October 31, 1988.

[9] MTN. GNG/NG/11/W/35, July 10, 1989.

[10] MTN. GNG/NG/11/W/37, July 10, 1989.

[11] MTN. GNG/NG/11/W/38, July 11, 1989.

[12] MTN. GNG/NG11/W/47, October 25, 1989.

[13] MTN. GNG/NG/11/W/48, October 26, 1989.

[14] MTN. GNG/NG/11/W/57, December 11, 1989.

[15] MTN. GNG/NG11/W/68, March 29, 1990.

[16] MTN. GNG/NG/11/W/70, May 11, 1990.

[17] MTN. GNG/NG11/W/73, May 14, 1990.

[18] MTN. GNG/NG/11/W/74, May 15, 1990.

[19] MTN. GNG/NG/11/W/76, July 23, 1990,

[20] MTN. GNG/NG11/3, October 8, 1987.

[21] MTN. GNG/NG11/4, November 17, 1987.

[22] MTN. GNG/NG11/5, December 14, 1987.

[23] MTN. GNG/NG11/8, August 29, 1988.

[24] MTN. GNG/NG11/12, June 13, 1989.

[25] MTN. GNG/NG11/17, January 23, 1990.

[26] MTN. TNC/11, April 21, 1989.

[27] MTN. GNG/NG/W/14/Rev. 1, October 17, 1988.

[28] MTN. GNG/NG11/W/12/Rev. l, February 5, 1988.

[29] MTN. TNC/W/35/Rev. 1, December 3, 1990.

[30] MTN. GNG/TRIPS/1, July 25, 1991.

[31] MTN. GNG/TRIPS/2, October 7, 1991.

[32] MTN. GNG/TRIPS/3, November 18, 1991.

[33] MTN. GNG/TRIPS/4, December 9, 1991.

[34] MTN. GNG/TRIPS/5, January 31, 1992.

[35] MTN. GNG/TRIPS/6, January 31, 1992.

[36] WTO document IP/Q2/AUS/1, August 13, 1997.

[37] WTO document IP/Q2/DNK/1, October 13, 1997.

[38] WTO document IP/Q2/ESP/1, October 14, 1997.

[39] WTO document IP/Q2/FIN/1, August 12, 1997.

[40] WTO document IP/Q2/FRA/1, August 7, 1997.

[41] WTO document IP/Q2/ISL/1, January 21, 1997.

[42] WTO document IP/Q2/ITA/1, August 8, 1997.

[43] WTO document IP/Q2/NOR/1, September 24, 1997.

八、国际条约、国际组织文件、国内法律等

（一）国际条约等

[1]《保护工业产权巴黎公约》(Paris Convention for the Protection of Industrial Property)，英

文文本见 WIPO 网站：http：//www. wipo. int/treaties/en/ip/paris/trtdocs_ wo020. html；中文文本见 WIPO 网站：http：//www. wipo. int/treaties/zh/ip/paris/index. html.

[2]《与贸易有关的知识产权协定》（Agreement on Trade – Related Aspects of Intellectual Property Rights）（Annex 1C of the Marrakesh Agreement Establishing the World Trade Organization, signed in Marrakesh, Morocco on 15 Apr. 1994），英文原文见 WTO 网站：http：//www. wto. org/english/tratop_ e/trips_ e/t_ agm0_ e. htm.

[3]《商标国际注册马德里协定》（Madrid Agreement Concerning the International Registration of Marks），英文文本见 WIPO 网站：http：//www. wipo. int/treaties/en/registration/madrid/；中文文本见 WIPO 网站：http：//www. wipo. int/treaties/zh/registration/madrid/index. htmll.

[4]《商标国际注册马德里议定书》（Protocol Relating to the Madrid Agreement Concerning the International Registration of Marks），英文文本见 WIPO 网站：http：//www. wipo. int/treaties/en/registration/madrid_ protocol/；中文文本见 WIPO 网站：http：//www. wipo. int/treaties/zh/registration/madrid_ protocol/madrid_ protocol. html.

[5]《商标法条约》（Trademark Law Treaty），英文文本见 WIPO 网站：http：//www. wipo. int/treaties/en/ip/tlt/；官方中文文本见 WIPO 网：http：//www. wipo. int/treaties/zh/ip/trademark – law/index. html.

[6]《商标法新加坡条约》（Singapore Treaty on the Law of Trademarks），英文文本见 WIPO 网站：http：//www. wipo. int/treaties/en/ip/singapore/；中文文本见 WIPO 网站：http：//www. wipo. int/treaties/zh/ip/singapore/index. html.

[7]《商标法新加坡条约实施细则》（Regulations under the Singapore Treaty on the Law of Trademarks），英文文本见 WIPO 网站：http：//www. wipo. int/treaties/en/ip/singapore/regulations. html.

（二）国内法律法规等

1. 中国

（1）《商标法》。

（2）《商标法实施条例》。

（3）《商标审查及审理标准》。

（4）《最高人民法院关于审理商标授权确权行政案件若干问题的意见》。

2. 其他国家法律

（1）《兰哈姆法》（Lanham Act of United States）英文文本见美国专利商标局网站：http://www. uspto. gov/trademarks/law/index. jsp. 中文翻译参考：杜颖，译. 美国商标法[M]. 北京：知识产权出版社.

（2）《联邦商标法实践规则》（Rules of Practice & Federal Statutes），2012 年 8 月 9 日修订，英文文本参见美国专利商标局网站：www. uspto. gov/trademarks/law/tmlaw. pdf.

(3)《欧共体议会和理事会第2008/95号关于成员方商标法趋同的指令》（Directive 2008/95/EC of the European Parliament and of the Council of 22 October 2008 to approximate the laws of the Member States relating to trade mark），英文本见欧共体内部市场协调局网站：http：//eur－lex.europa.eu/LexUriServ/LexUriServ.do？uri＝OJ：L：2008：299：0025：0033：EN：PDF．

(4)《欧盟理事会第207/2009号共同体商标条例》（Council Regulation（EC）No 207/2009 of 26 February 2009 on the Community trade mark），参见OHIM网：http：//eur－lex.europa.eu/LexUriServ/LexUriServ.do？uri＝OJ：L：2009：078：0001：0042：EN：PDF），该条例取代之前的《欧盟理事会第40/94号共同体商标条例》（Council Regulation（EC）No.40/94 of 20 December 1993 on the Community trade mark）．

(5)《英国商标法》（Trade Marks Act 1994，2008年5月10日最新修改），英文文本见网站：http：//www.ipo.gov.uk/tmact94.pdf．

(6)英国《商标规则2008》（2008 No.[1797]，2008年10月1日生效）。

(7)《德国商标法》（Gesetz über den Schutz von Marken und sonstigen Kennzeichen）（Law on the Protection of Trademarks and other Signs），德文文本见WIPO网站：http：//www.wipo.int/wipolex/en/details.jsp？id＝9994；中文文本见：德国商标法（德国商标与其他标志保护法）[M]．范长军，译．北京：知识产权出版社，2013．

(8)《法国知识产权法典》（Code de la Propriété Intellectuelle）法文文本见WIPO网站：http：//www.wipo.int/wipolex/en/text.jsp？file_id＝179120；英文文本（France Intellectual Property Code），见世界知识产权组织网站：http：//www.wipo.int/wipolex/en/text.jsp？file_id＝180336；中文文本见：黄晖．法国知识产权法典[M]．北京：商务印书馆，1999．

九、案例

（一）国外案例

[1] Am. Express Co. v. Goetz, 515 F. 3d 156, 161 (2d Cir. 2008).

[2] Ambrit, Inc. v. Kraft, Inc., 805 F. 2d 994–995 (11th Cir. 1986).

[3] Anheuser–Busch Inc. v. Budejovicky Budvar Narodni Podnik (Application for Revocation), [2002] EWCA Civ 1534; [2003] R. P. C. 25 (CA (Civ Div)).

[4] Ansul BV v. Ajax Brandbeveilinging BV (C40/01), ([2003] E. C. R. I–2439 (ECJ)).

[5] Aristoc Ltd. v. Rysta Ltd., (1945) AC 68.

[6] Austin Nichols & Company Inc. and Another v. Lodestar Anstalt, [2011] FCA 39.

[7] Blue Bell, Inc. v. Farah Mfg. Co., 508 F2d 1265, 185 USPQ 1 (CA 5 1975).

[8] Boston Red Sox Baseball Club Ltd. P'ship v. Sherman, 88 U. S. P. Q. 2d 1581, 1587 (TTAB 2008).

[9] Bowden Wire v. Bowden Brake, (1913) 30 PRC 45 CA.

[10] Brinkmann Corp. v. Optronics, Inc., 211 USPQ 653 (TTAB 1981).

[11] Buti v. Impressa Perosa, S. R. L., 139 F. 3d 98 (2d Cir.), cert. denied, 525 U. S. 826 (1998).

[12] Campomar Sociedad Limitada v. Nike International Ltd., (2002) 202 CLR 45.

[13] Canada Inc. v. R. H. Lea & Associates Ltd., 2008 CarswellNat 4531 (T. M. Bd Nov. 5, 2008).

[14] Candian Olympic Association v. Pioneer Kabushiki Kaisha, (1992) 42 C. P. R. (3d) 470 (T. M. O. B.).

[15] Carter – Wallace, Inc. v. Procter & Gamble Co., 434 F. 2d 794, 803 (9th Cir. 1970).

[16] Case C – 149/11, Leno Merken BV v. Hagelkruis Beheer BV, on 5 July 2012.

[17] Case C – 246/05, Haupl. v. Lidl, [2007] ETMR (61) 997 (ECJ).

[18] Case C – 259/02, LaMer Technology [2004] ECR I – 1159.

[19] Case C – 416/04, P Sunrider [2006] ECR I – 4237.

[20] Case C – 495/07, Silberquelle GmbH v. Maselli – Strickmode GmbH, Judgment of the Court (First Chamber) of 15 January 2009.

[21] Case T – 30/09, Engelhorn v. OHIM – The Outdoor Group (peerstorm), [2012] ECR II – 3803.

[22] Case T – 194/03I1, Ponte Finanziaria v. OHIM – Marine Enterprise Projects (BAINBRIDGE), [2006] ECR II – 445.

[23] Case T – 382/08, Advance Magazine Publishers v. OHIM – Capela & Irmaos (VOGUE), not published in the ECR, Judgment of 18 Jan. 2011.

[24] Case T – 418/03, La Mer Technology v. OHIM – Laboratoires Goemar (La Mer), Judgment of the General Court of 27 September 2007, not published in the ECR.

[25] Case T – 434/09, Centrotherm Systemtechnik GmbH v. Office for Harmonisation in the Internal Market (Trade marks and designs) (OHIM), Judgment of the General Court (Sixth Chamber) of 15 September 2011.

[26] Case T – 482/08, Atlas Transport v. OHIM – Hartmann (Atlas Transport), judgment of 10 June 2010, not published in the ECR.

[27] Case T – 514/10, Fruit of the Loom, Inc. v. OHIM (office for harmonization in the internal market) (trade marks and designs) – Blueshore Management SA, judgment of the general court (fifth chamber) of 21 June 2012.

[28] Clairol International Corp. v. Thomas Supply & Equipment Co. Ltd., 55 CPR 176 (1968) (Ex Ct).

[29] Coca – Cola Co. v. ALL – Fect Distributors Ltd., [1999] FCA 1721.

[30] Coca Cola Bottling Co. v. Coca – Cola Co. , 269 F 796 (D Del 1920).

[31] Cumulus Media, Inc. v. Clear Channel Communications, Inc. , 304 F. ed 1167, 1176 – 1177 (11th Cir. 2002).

[32] Dawn Donut Co. v. Hart Food Stores, Inc. , 267 F. 2d 358, 363 (2d Cir. 1959).

[33] DEMON ALE Trade Mark, [2000] RPC 345 (Appointed Person, Geoffrey Hobbs QC).

[34] E&J Gallo Winery Inc. v. Lion Nathan Australia Pty Ltd. , [2010] HCA 15 (HC (Aus).

[35] E. g. Western Stove Co. v. George D. Reper corp. , 82 F. Supp. 206, 80 USPQ 393 (S. D. Calif. 1949).

[36] Ex parte Estex Clothing Manufacturers Pty. Ltd. , (1966) 40 ALJR 419.

[37] Estex Clothing Manufacturers Pty. Limited v. Ellis and Goldstein Limited, (1967) 40 ALJR at 516.

[38] Exxon Corp. v. Humble Exploration Co. , Inc. , 695 F. 2d 96, 100.

[39] Ferrari S. p. A Esercizio Fabbriche Automobilie e Corse v. McBurnie, 11 U. S. P. Q. 2D 1843, 1851 (S. D. Cal. 1989).

[40] Ferrero SpA's Trade Marks (KINDER), [2004] RPC 29.

[41] Fuji Photo Film Co. , Inc. v. Shinohara shojiKabushiki Kaisha, 754 F. 2d 591, 599, 225 USPQ 540, 546 (5th Cir. 1985).

[42] Robert McBride Ltd'. s Trade Mark Appn, [2005] ETMR 85.

[43] First Federal Savings and Loan Assoc. of Council Bluffs v. First Federal Savings and Loan Association of Lincoln, 929 F. 2d 382, 385 (8th Cir. 1991).

[44] General Business Services, Inc. v. Rouse, 495 F Supp 526, 208 USPQ 893, 900 (ED Pa 1980).

[45] Gromax Plasticulture Ltd. v. Don & Low Nonwovens Ltd. , [1999] RPC 367 (Ch).

[46] Grupo Gigante S. A. de C. V. v. Dallo & Co. , 391 F. 3d 1098 (9th Cir. 2004).

[47] Harrison's Trade Mark Apllication (CHINA WHITE), [2004] EWCA Civ 1028.

[48] Homeowner Group, Inc. v. Home Marketing Specialists, Inc. , 931 F. 2d 1100, 1106, 18 USPQ2d 1587, 1591 (6th Cir. 1991).

[49] Hovnanian Enterprises, Inc. v. Covered Bridge Estates, Inc. , 195 USPQ 658 (TTAB 1977).

[50] Humble Oil & Refining Co. v. Sekisui Chemical Co. , 165 USPQ 597, 603 – 604 (TTAB 1970).

[51] Ilco Corp. v. Ideal Security Hardware Corp. , 527 F. 2d 1221, 188 USPQ 485 (CCPA 1976).

[52] Imperial Tobacco, Ltd. v. Philip Morris, Inc. , 899 F. 2d 1575, 1581 (Fed. Cir. 1990).

[53] In re Bright of America, Inc. , 205 USPQ 63 (TTAB 1979).

[54] In re Cedar Point, Inc., 220 USPQ 533 (TTAB 1983).

[55] In re Precious Diamonds, 635 F. 2d 845, 847, 208 USPQ 410 (CCPA 1980).

[56] Int" l Bancorp, L. L. C. v. Societe des Bains de Mer et du Cercle des Etrangers a Monaco, 329 F. 3d, at 373 (4th cir. 2003).

[57] Inwood Labs., Inc. v. Ives Labs., Inc., 456 U. S. 844, 861, n. 2 (1982).

[58] J. S. Paluch Co. v. Irwin, 215 USPQ 533 (TTAB 1982).

[59] Jacob J described unused trade marks in La Mer Technology Inc. v. Laboratoires Goemar, [2002] ETMR 34.

[60] Johnson & Johnson v. Diaz, 339 F. Supp. 60, 63 – 64, 172 USPQ 35 (C. D. Calif. 1971).

[61] Knoll AG's Trade Mark, [2003] RPC 10 (Ch).

[62] Koppers Co. v. Krupp – Koppers GmbH, 517 F Supp 836, 210 USPQ711, 725 – 26 (WDPa 1981).

[63] La Mer Technology Inc. v. Laboratoires Geomar, [2002] FSR 51.

[64] La Mer Technology Inc. v. Laboratoires Geomar, [2004] ETMR 640.

[65] La Societe Anonyme des Parfums Le Galion v. Jean Patou, Inc., 495 F2d 1265, 181 USPQ 548 (CA 2 1974).

[66] Laboratoires Goemar SA v. La Mer Technology Inc., [2005] EWCA Civ 978.

[67] Le Blume Import Co. v. Coty, 293 F. 344, 350 (2d Cir. 1923).

[68] Lever Brothers Co. v. Shaklee Corp., 214 USPQ 661, fn 14.

[69] Life Industries Corp. v. StatBrite Distributiing, Co., 832 F. Sipp. 54, 55 (E. D. N. Y. 1993).

[70] Lipton Industries, Inc. v. Ralston Purina Co., 670 F. 2d at 1029 – 1030 (1982).

[71] Liquideng Farm Supplies Pty Ltd. v. Liquid Engineering, 2003 Pty Ltd. (2009) 79 IPR.

[72] Liqwacon Corp. v. Browning – Ferris Industries, Inc., 203 USPQ 316 (TTAB 1979); CAPIO.

[73] Macmahan Pharmacol Co. v. Denver Chemical Mfg Co., 113 F 468 (8th Cir 1908).

[74] Marshak v. Treadwell, 240 F. 3d 184, 198 (3d Cir. 2001).

[75] Mclean v. Fleming, 96US 245 (1877).

[76] Mickey Dee's nightclub trade mark, [1998] R. P. C. 359.

[77] Money Store v. Harriscorp Finance, Inc., 689 F. 2d 666, 675 – 676 (7th Cir. 1982).

[78] Mother's Rests., Inc. v. Mother's Other Kitchen, Inc., 218 U. S. P. Q. 1046 (TTAB 1983).

[79] On – Line Careline, Inc. v. America Online, Inc., 229 F. 3d 1080, 1087 (Fed. Cir. 2000).

[80] Opposition by Fiskars Inc. to an application under section 92 of the Act by Roy Gripske & Sons Ltd. to remove trade mark number 707010 (8) – Gator Blade – in the name of Fiskars Inc., Docket Number (s): 707010 (8), Commonwealth Registrar of Trade Marks, 31 August 2004.

参考文献

[81] Opposition by Kerrie Boylett to applications under section 92 of the Act by Jan Scherrer to remove trade mark numbers 262202（25）and 965450（9，16，25，35，41）–JAM–in the name of Hemmes Trading Pty Ltd. ，19 March 2012，Bianca Irgang Hearing officer.

[82] Opposition by Philip Wait to application under section 92 of the Act by Pinpoint Limited to remove trade mark number 976247（9，45）–Pinpoint–in the name of Philip Wait，Docket Number（s）：976247，8 November 2012.

[83] Opposition by Trend Windows & Doors Pty Ltd. to applications under section 92 of the Act by Saint–Gobain Glass France to remove trade mark numbers 776389（6）（19）.

[84] Oromeccanica，Inc. v. Ottmar Botzenhardt GmbH，223 USPQ 63（TTAB 1983）.

[85] Paragon Shoes Pty Ltd. v. Paragini Distributors（NSW）Pty Ltd. ，（1988）13 IPR 345.

[86] Person's Co. ，Ltd. v. Christman，900 F. 2d 1568，14 USPQ2d at 1479.

[87] Philco Corp. v. Phillips Mfg. Co. ，133 F. 2d 663，668（7th Cir. 1943）.

[88] Ralston Purina Co. v. On–Cor Frozen Foods，Inc. ，746 F2d 805，223 USPQ at 982.

[89] Re Ashwood Grove Trade Mark O–015–04，14 January 2004，（Ashwood）a decision by the UK Trade Marks Registry.

[90] Re Carl ZeissPty Ltd. s Application，（1969）122 CLR 1.

[91] General Electric Co.（of USA）v. General Electric Co. Ltd. ，[1972] 2 All ER 507.

[92] Imperial Group Ltd. v. Philip Morris & Co. Ltd. [1982] 8 FSR 72.

[93] Rivard v. Linville，133 F. 3d 1446，1449–50（Fed. Cir. 1998）.

[94] Robert McBride Ltd. 's Trade Mark Appn，[2005] ETMR 85（Appointed Person，Richard Arnold QC）.

[95] Robinson Co. v. Plastics Research and Development corp. ，264 F. Supp. 852，863（W. D. Ark. 1967）.

[96] Scandecor Developments AB v. Scandecor Marketing AB（Reference to ECJ）[2001] UKHL；[2001] 2 C. M. L. R. 30（HL）.

[97] Silverman v. CBS，Inc. ，870 F. 2d 40（2d Cir. 1989）.

[98] Smith international，Inc. v. Olin Corp. ，209 USPQ 1033，1046 fn 4（TTAB 1981）.

[99] Smith Lyons v. Vertrag Investments Ltd. （2000），7 C. P. R. （4th）557（T. M. H. O. ）.

[100] Odutola Professional Corp. v. Cara Operations Ltd. ，2008 CarswellNat 1177（T. M. Bd. ），14.

[101] Societe de Developments et D'Innovations des Marches Agricoles et Aliminetaries–Sodima Union de Cooperatives Agricoles v. International Yogurt，662 F. Supp. 839，3 USPQ2d 1641（D. Ore. 1987）.

[102] South Incorporated v. Bessant and others（trading as Reef），[2002] R. P. C. 387.

[103] Standard Pressed Steel Co. v. Midwest Chrome Process Co. ，183 USPQ 758，765（TTAB 1974）.

[104] Star – Kist Foods, Inc. v. P. J. Rhodes & Co., 769 F. 2d 1393, 1396 (9th Cir. 1985).

[105] Stetson v. Howard D. Wolf & Assoc., 955 F. 2d 847, 851 (2d Cir. 1992).

[106] Talk To Me Prods. Inc. v. Larami Corp., 804 F. Supp. 559 – 560 (S. D. N. Y. 1992).

[107] Tivo Inc. v. Vivo International Corporation Pty Ltd., [2012] FCA 252 (19 March 2012).

[108] United Biscuits (UK) Ltd. v. Asda Stores Ltd., [1997] R. P. C. 513.

[109] United Drug Co. v. Theodore Rectanus Co., 248 U. S. 90, 97 (1918).

[110] United States – Section 211 Omnibus Appropriations Act of 1998, WTO document WT/DS176/R, 6 August 2001.

[111] United States – Section 211 Omnibus Appropriations Act of 1998, WTO document WT/DS176/AB/R, 2 January 2002.

[112] United states v. Steffens, 100 US 82 (1879).

[113] Van Dyne – Crotty, Inc. v. Wear – Guard Corp., 926 F. 2d 1156, 17 USPQ2d 1866 (Fed. Cir. 1991).

[114] W. D. & H. O. Wills (Australia) Ltd. v. Rothmans Ltd., (1956) 94 CLR 182.

[115] Weight Watchers International v. Rokeach & Sons, Inc., 211 USPA 708 – 709 (TTAB 1981).

[116] Windows User, Inc. v. Reed Bus. Publishing, Ltd., 795 F. Supp. 108 (S. D. N. Y. 1992).

[117] Wolly Bull Enterprises Pty Ltd. v. Reynolds, (2001) 51 IPR; [2001] FCA 261 (15 March 2001).

(二) 国内案例

[1] 北京市第一中级人民法院（2008）一中行初字第 40 号行政判决书。

[2] 北京市第一中级人民法院（2004）一中行初字第 719 号行政裁定书。

[3] 北京市第一中级人民法院（2005）一中行初字第 811 号行政判决书。

[4] 北京市第一中级人民法院（2006）一中行初字第 1052 号行政判决书。

[5] 北京市第一中级人民法院（2006）一中行初字第 1052 号行政判决书。

[6] 北京市第一中级人民法院（2007）一中行初字第 84 号行政判决书。

[7] 北京市第一中级人民法院（2010）一中知行初字第 1259 号行政判决书。

[8] 北京市第一中级人民法院（2010）一中知行初字第 1598 号行政判决书。

[9] 北京市第一中级人民法院（2010）一中知行初字第 2021 号行政判决书。

[10] 北京市第一中级人民法院（2010）一中知行初字第 3022 号行政判决书。

[11] 北京市第一中级人民法院（2010）一中知行初字第 3195 号行政判决书。

[12] 北京市高级人民法院（2004）高行终字第 450 号行政裁定书。

[13] 北京市高级人民法院（2006）高行终字第 78 号行政判决书。

[14] 北京市高级人民法院（2006）高行终字第 78 号行政判决书。

[15] 北京市高级人民法院（2007）高行终字第 78 号行政判决书。

[16] 北京市高级人民法院（2008）高行终字第 509 号行政判决书。
[17] 北京市高级人民法院（2008）高行终字第 334 号行政判决书。
[18] 北京市高级人民法院（2008）高行终字第 339 号行政判决书。
[19] 国家工商行政管理总局商标评审委员会商评字（2006）第 3321 号《关于第 220863 号"信远斋"商标撤销复审决定书》。
[20] 湖北省宜昌市中级人民法院（2006）宜中民三初字第 00007 号民事判决书。
[21] 湖北省宜昌市中级人民法院（2006）宜中民三初字第 00008 号民事判决书。
[22] 湖北省宜昌市中级人民法院（2006）宜中民三初字第 00009 号民事判决书。
[23] 湖北省宜昌市中级人民法院（2006）宜中民三初字第 00010 号民事判决书。
[24] 湖北省宜昌市中级人民法院（2006）宜中民三初字第 00011 号民事判决书。
[25] 湖北省宜昌市中级人民法院（2006）宜中民三初字第 00012 号民事判决书。
[26] 江苏省高级人民法院（2012）苏知民终字第 0183 号民事判决书。
[27] 南京市中级人民法院（2008）宁民三初字第 227 号民事判决书。
[28] 宁夏吴忠市中级人民法院（2005）吴民初字第 24 号民事判决书。
[29] 山西省吕梁地区中级人民法院（2002）吕民二初字第 17 号民事判决书。
[30] 国家工商行政管理总局商标评审委员会（2010）第 00370 号决定。
[31] 国家工商行政管理总局商标评审委员会（2010）第 04505 号决定。
[32] 国家工商行政管理总局商标评审委员会（2010）第 10703 号决定。
[33] 国家工商行政管理总局商标评审委员会复审第 106 号决定。
[34] 上海市高级人民法院（2007）沪高民三（知）终字第 29 号民事判决书。
[35] 台北"高等行政法院"（2007）诉字第 0080 号判决。
[36] 最高人民法院（2007）行监第 184-1 号驳回再审申请通知书。
[37] 最高人民法院（2008）民提字第 52 号（申请再审人云南城投置业股份有限公司与被申请人山东泰和世纪投资有限公司、济南红河饮料制剂经营部侵犯商标专用权纠纷案）。
[38] 最高人民法院（2007）行监字第 184-1 号驳回再审申请通知书。
[39] 最高人民法院（2010）知行字第 55 号行政裁定书。

附录一　主要缩略词和简称一览

简称或缩略词	全　　称
TRIPS 协定	《与贸易有关的知识产权协定》
《巴黎公约》	《保护工业产权巴黎公约》
《马德里协定》	《商标国际注册马德里协定》
《马德里议定书》	《商标国际注册马德里议定书》
WTO	世界贸易组织
WIPO	世界知识产权组织
《兰哈姆法》	《美国法典》第十五编
TTAB	美国商标审判与上诉委员会
USPTO	美国专利商标局
《条例》	《欧盟理事会第 207/2009 号共同体商标条例》
《指令》	《欧盟议会和理事会第 2008/95 号协调成员国商标立法的指令》
OHIM	欧盟内部市场协调局
ECJ	欧盟法院
《德国商标法》	《德国商标和其他标志保护法》
《英国商标法》	《英国 1994 年商标法》
《商标法》	《中华人民共和国商标法》
《实施条例》	《中华人民共和国商标法实施条例》
《商标审查标准》	《中华人民共和国商标审查及审理标准》
《行政意见》	《最高人民法院关于审理商标授权确权行政案件若干问题的意见》
商标局	国家工商行政管理总局商标局
商评委	国家工商行政管理总局商标评审委员会
最高院	中华人民共和国最高人民法院

附录二 我国有关案例[*]

案例名称	案　　号
3年不使用撤销案件	
（英属维尔京群岛）杜比斯有限公司（TOBLAS LIMITED）诉中华人民共和国国家工商行政管理总局商标评审委员会商标行政纠纷案	北京市第一中级人民法院（2006）一中行初字第594号
杜比斯有限公司（TOBLAS LIMITED）诉中华人民共和国国家工商行政管理总局商标评审委员会等商标行政纠纷上诉案	北京市高级人民法院（2007）高行终字第3号
（新加坡）健康第一有限公司诉中华人民共和国国家工商行政管理总局商标评审委员会商标注册纠纷案	北京市第一中级人民法院（2005）一中行初字第811号
（新加坡）健康第一有限公司诉中华人民共和国国家工商行政管理总局商标评审委员会商标注册纠纷上诉案	北京市高级人民法院（2006）高行终字第78号
汕头市康王精细化工实业有限公司诉国家工商行政管理总局商标评审委员会商标撤销复审决定纠纷案	北京市第一中级人民法院（2006）一中行初字第1052号
云南滇虹药业集团股份有限公司诉国家工商行政管理总局商标评审委员会商标行政纠纷案	北京市第一中级人民法院（2008）一中行初字第1029号
哈尔滨市冰城食品有限公司诉国家工商行政管理总局商标评审委员会商标撤销复审决定纠纷案	北京市第一中级人民法院（2010）一中知行初字第3035号
哈尔滨市冰城食品有限公司诉国家工商行政管理总局商标评审委员会商标撤销复审行政纠纷案	北京市第一中级人民法院（2010）一中知行初字第2883号

[*] 数据来源：中国审判法律应用。

TRIPS 协定下注册商标的使用要求

续表

案例名称	案　　号
拉科斯特股份有限公司诉国家工商行政管理总局商标评审委员会商标行政纠纷案	北京市第一中级人民法院（2010）一中知行初字第 2061 号
拉科斯特股份有限公司诉国家工商行政管理总局商标评审委员会商标行政纠纷案	北京市第一中级人民法院（2010）一中知行初字第 2062 号
拉科斯特股份有限公司诉国家工商行政管理总局商标评审委员会商标行政纠纷案	北京市第一中级人民法院（2010）一中知行初字第 2063 号
埃卡特有限公司诉国家工商行政管理总局商标评审委员会商标撤销复审行政纠纷案	北京市第一中级人民法院（2009）一中知行初字第 2601 号
麦宝文诉国家工商行政管理总局商标评审委员会商标行政纠纷案	北京市第一中级人民法院（2010）一中知行初字第 2575 号
薄涛诉国家工商行政管理总局商标评审委员会商标行政纠纷案	北京市第一中级人民法院（2010）一中知行初字第 1565 号
四川沱牌药业有限责任公司诉国家工商行政管理总局商标评审委员会商标行政纠纷案	北京市第一中级人民法院（2009）一中知行初字第 2096 号
萧宏苋诉国家工商行政管理总局商标评审委员会商标行政纠纷案	北京市第一中级人民法院（2010）一中知行初字第 3064 号
戴水金诉国家工商行政管理总局商标评审委员会商标行政纠纷案	北京市第一中级人民法院（2009）一中知行初字第 2489 号
中国国际贸易中心有限公司诉国家工商行政管理总局商标评审委员会商标行政纠纷案	北京市第一中级人民法院（2009）一中知行初字第 771 号
麦石来诉国家工商行政管理总局商标评审委员会商标行政纠纷案	北京市第一中级人民法院（2009）一中知行初字第 2398 号
麦石来诉国家工商行政管理总局商标评审委员会商标行政纠纷案	北京市第一中级人民法院（2009）一中知行初字第 2399 号
麦石来诉国家工商行政管理总局商标评审委员会商标行政纠纷案	北京市第一中级人民法院（2009）一中知行初字第 2400 号

续　表

案例名称	案　号
鳄鱼恤有限公司诉国家工商行政管理总局商标评审委员会商标行政纠纷案	北京市第一中级人民法院（2009）一中知行初字第 2566 号
鳄鱼恤有限公司诉国家工商行政管理总局商标评审委员会商标行政纠纷案	北京市第一中级人民法院（2009）一中知行初字第 2569 号
蚌埠市皖圣酿酒有限公司诉国家工商行政管理总局商标评审委员会商标撤销复审行政纠纷案	北京市第一中级人民法院（2010）一中知行初字第 2669 号
强韧有限公司诉国家工商行政管理总局商标评审委员会商标行政纠纷案	北京市第一中级人民法院（2010）一中知行初字第 3212 号
常州光洋轴承有限公司诉国家工商行政管理总局商标评审委员会商标行政纠纷案	北京市第一中级人民法院（2010）一中知行初字第 117 号
石狮特斯无纺布制衣有限公司诉中华人民共和国国家工商行政管理总局商标评审委员会商标行政纠纷案	北京市第一中级人民法院（2010）一中知行初字第 883 号
中山市乐邦生活电器有限公司诉国家工商行政管理总局商标评审委员会商标撤销复审行政纠纷案	北京市第一中级人民法院（2010）一中知行初字第 3149 号
深圳发展银行股份有限公司诉国家工商行政管理总局商标评审委员会商标行政纠纷案	北京市第一中级人民法院（2010）一中知行初字第 2913 号
扬州尤尼克制管有限公司诉中华人民共和国国家工商行政管理总局商标评审委员会商标行政纠纷案	北京市第一中级人民法院（2010）一中知行初字第 2019 号
苏州凯牌木业有限公司诉国家工商行政管理总局商标评审委员会商标行政纠纷案	北京市第一中级人民法院（2010）一中知行初字第 3055 号
萧宏苋诉国家工商行政管理总局商标评审委员会商标行政纠纷案	北京市第一中级人民法院（2010）一中知行初字第 3062 号
萧宏苋诉国家工商行政管理总局商标评审委员会商标行政纠纷案	北京市第一中级人民法院（2010）一中知行初字第 3063 号
吉祥国际有限公司诉国家工商行政管理总局商标评审委员会商标行政纠纷案	北京市第一中级人民法院（2010）一中知行初字第 2628 号

TRIPS 协定下注册商标的使用要求

续表

案例名称	案　　号
陆尉华诉国家工商行政管理总局商标评审委员会商标行政纠纷案	北京市第一中级人民法院（2010）一中知行初字第 2608 号
鳄鱼国际机构私人有限公司诉中华人民共和国国家工商行政管理总局商标评审委员会商标行政纠纷案	北京市第一中级人民法院（2010）一中知行初字第 2934 号
陈国良诉中华人民共和国国家工商行政管理总局商标评审委员会商标行政纠纷案	北京市第一中级人民法院（2010）一中知行初字第 2962 号
刘国良诉国家工商行政管理总局商标评审委员会商标行政纠纷案	北京市第一中级人民法院（2010）一中知行初字第 3003 号
刘国良诉国家工商行政管理总局商标评审委员会商标行政纠纷案	北京市第一中级人民法院（2010）一中知行初字第 3004 号
麦宝文诉国家工商行政管理总局商标评审委员会商标行政纠纷案	北京市第一中级人民法院（2010）一中知行初字第 3025 号
于春生诉中华人民共和国国家工商行政管理总局商标评审委员会商标行政纠纷案	北京市第一中级人民法院（2010）一中知行初字第 107 号
于春生诉中华人民共和国国家工商行政管理总局商标评审委员会商标行政纠纷案	北京市第一中级人民法院（2010）一中知行初字第 108 号
付亚楠诉国家工商行政管理总局商标评审委员会商标行政纠纷案	北京市第一中级人民法院（2010）一中知行初字第 3151 号
薛春浩诉国家工商行政管理总局商标评审委员会商标行政纠纷案	北京市第一中级人民法院（2009）一中知行初字第 2476 号
张英华诉国家工商行政管理总局商标评审委员会商标行政纠纷案	北京市第一中级人民法院（2010）一中知行初字第 3195 号
王建娣诉国家工商行政管理总局商标评审委员会商标行政纠纷案	北京市第一中级人民法院（2010）一中知行初字第 1863 号
北京华军凌网络信息咨询有限公司诉国家工商行政管理总局商标评审委员会商标行政纠纷案	北京市第一中级人民法院（2010）一中知行初字第 1598 号

续表

案例名称	案　　号
北京华军凌网络信息咨询有限公司诉国家工商行政管理总局商标评审委员会商标行政纠纷案	北京市第一中级人民法院（2010）一中知行初字第1597号
北京华军凌网络信息咨询有限公司诉国家工商行政管理总局商标评审委员会商标行政纠纷案	北京市第一中级人民法院（2010）一中知行初字第1599号
中山市乐邦生活电器有限公司诉中华人民共和国国家工商行政管理总局商标评审委员会商标撤销复审行政纠纷案	北京市第一中级人民法院（2009）一中知行初字第2334号
五洲国际酒店管理集团有限公司诉中华人民共和国国家工商行政管理总局商标评审委员会商标行政纠纷案	北京市第一中级人民法院（2010）一中知行初字第459号
同贞企业有限公司诉中华人民共和国国家工商行政管理总局商标评审委员会商标行政纠纷案	北京市第一中级人民法院（2010）一中知行初字第1556号
晋江市力奇精细材料有限公司诉国家工商行政管理总局商标评审委员会商标行政纠纷案	北京市第一中级人民法院（2010）一中知行初字第2680号
萧宏苋诉国家工商行政管理总局商标评审委员会商标异议复审裁定纠纷案	北京市第一中级人民法院（2007）一中行初字第138号
广州市狄卡皮具服饰有限公司诉国家工商行政管理总局商标评审委员会商标行政纠纷案	北京市第一中级人民法院（2010）一中知行初字第3403号
建准电机工业股份有限公司诉中华人民共和国国家工商行政管理总局商标评审委员会商标行政纠纷案	北京市第一中级人民法院（2009）一中知行初字第1864号
王子制纸株式会社诉中华人民共和国国家工商行政管理总局商标评审委员会商标行政纠纷案	北京市第一中级人民法院（2010）一中知行初字第1481号
万通国际发展控股有限公司与中华人民共和国国家工商行政管理总局商标评审委员会等商标争议行政纠纷上诉案	北京市高级人民法院（2008）高行终字第562号
深圳市新天下集团有限公司诉中华人民共和国国家工商行政管理总局商标评审委员会商标撤销决定纠纷案	北京市第一中级人民法院（2007）一中行初字第1091号

续表

案例名称	案 号
宏常有限公司与国家工商行政管理总局商标评审委员会商标行政纠纷上诉案	北京市高级人民法院（2008）高行终字第568号
博奥生物有限公司与国家工商行政管理总局商标评审委员会商标行政纠纷上诉案	北京市高级人民法院（2008）高行终字第334号
博奥生物有限公司与国家工商行政管理总局商标评审委员会商标行政纠纷上诉案	北京市高级人民法院（2008）高行终字第339号
巴彦淖尔河目制酒有限公司诉国家工商行政管理总局商标评审委员会商标行政纠纷案	北京市第一中级人民法院（2009）一中行初字第936号
福建七匹狼集团有限公司诉国家工商行政管理总局商标评审委员会商标行政纠纷案	北京市第一中级人民法院（2009）一中行初字第918号
萧宏苋诉国家工商行政管理总局商标评审委员会商标商标异议复审裁定纠纷案	北京市第一中级人民法院（2007）一中行初字第83号
萧宏苋诉国家工商行政管理总局商标评审委员会商标商标异议复审裁定纠纷案	北京市第一中级人民法院（2007）一中行初字第84号
商标注册行政案件	
王惠兰与国家工商行政管理总局商标评审委员会商标行政纠纷上诉案	北京市高级人民法院（2009）高行终字第480号
上海卉洲服饰有限公司等诉国家工商行政管理总局商标评审委员会商标行政纠纷案	北京市第一中级人民法院（2010）一中知行初字第2021号
北京薄涛安泰工贸有限公司诉国家工商行政管理总局商标评审委员会商标驳回行政纠纷案	北京市第一中级人民法院（2010）一中知行初字第3022号
北京探路者户外用品股份有限公司诉国家工商行政管理总局商标评审委员会商标驳回行政纠纷案	北京市第一中级人民法院（2010）一中知行初字第1259号
瓦卢瑞克和曼内斯曼管道公司（VALLOUREC & MANNESMANN TUBES）诉中华人民共和国国家工商行政管理总局商标评审委员会商标驳回行政纠纷案	北京市第一中级人民法院（2011）一中知行初字第448号

续表

案例名称	案　号
商标侵权案件	
深圳市丰泽电器贸易有限公司与屈臣氏企业有限公司商标侵权纠纷上诉案	广东省高级人民法院（2005）粤高法民三终字第388号
宁夏瀛海建材集团有限公司诉盐池县宏威水泥粉磨有限公司侵犯商标专用权纠纷案	宁夏吴忠市中级人民法院（2005）吴民初字第24号
宜昌饭店有限公司诉宜昌市土渣儿食品营销管理有限公司西陵后路店等侵犯注册商标专用权纠纷案	湖北省宜昌市中级人民法院（2006）宜民三初字第00007号
宜昌饭店有限公司诉宜昌市土渣儿食品营销管理有限公司等商标权纠纷案	湖北省宜昌市中级人民法院（2006）宜民三初字第00008号
宜昌饭店有限公司诉宜昌市土渣儿食品营销管理有限公司果园路店等侵犯注册商标专用权纠纷案	湖北省宜昌市中级人民法院（2006）宜民三初字第00009号
宜昌饭店有限公司诉宜昌市土渣儿食品营销管理有限公司隆康路店等侵犯注册商标专用权纠纷案	湖北省宜昌市中级人民法院（2006）宜民三初字第00010号
宜昌饭店有限公司诉宜昌市土渣儿食品营销管理有限公司北门外正街店等侵犯注册商标专用权纠纷案	湖北省宜昌市中级人民法院（2006）宜民三初字第00011号
宜昌饭店有限公司诉宜昌市土渣儿食品营销管理有限公司夷陵路店等侵犯注册商标专用权纠纷案	湖北省宜昌市中级人民法院（2006）宜民三初字第00012号
上海东宝百货有限公司与法国都市有限责任公司［LACITY（SOCIETEARESPONSABILITELIMITEE）］商标侵权、不正当竞争纠纷上诉案	上海市高级人民法院（2007）沪高民三（知）终字第29号
红牛维他命饮料有限公司等与李劲侵犯商标专用权纠纷上诉案	广西壮族自治区高级人民法院（2010）桂民三终字第80号
赵杰峰诉李忠杰等侵犯商标专用权纠纷案	湖北省武汉市中级人民法院（2008）武知初字第276号

后　　记

　　键盘不停地敲打了整整一年，终于有了这本初步成稿的小书，我如同面对孕育已久即将面世的婴儿，欣喜又忐忑。过去一年多来，曾经充满了困惑、焦灼乃至痛苦，又常有茅塞顿开的欣然和快乐。选择知识产权领域商标法作为研究对象，最早源自我在南京中美文化中心学习期间对商标法专题产生的浓厚兴趣，最近数年在法院从事的知识产权审判工作使我对商标法研究更加情有独钟。在我国商标法第三次修改之际，发现商标的使用因素得到不断重视，最终以 TRIPS 协定下注册商标的使用要求作为博士论文的研究方向，离不开我的导师张乃根教授的严格把关和缜密论证。

　　时光回拨三年，接到复旦大学国际法专业录取通知书时的激动场景，犹在眼前。幸运地考入张乃根教授的门下，张老师严谨的学风、渊博的知识、学问家的风范，令人高山仰止。在我学习和研究过程中，他不仅指导论文的架构设计，教诲严谨敦实的研究方法，还培养了我独立思考的能力和习惯，让我受益良多。

　　本书的顺利完成，还得益于很多老师的教诲和帮助。在课题设计阶段，陶鑫良、王莲峰、何敏、马忠法等教授对课题设计提出许多意见和建议，让我厘清了模糊的概念，明晰了研究的重点；写作修改阶段，张乃根教授认真细致的修改以及何力、杜涛等教授的悉心指导，使本书最终得以面世。

　　在资料搜集阶段，是美国 CASE WESTERN RESERVE 大学的朋友们提供了便利，让我在美探亲期间大半时间都能沉浸在图书馆里，得到了大量珍贵的一手研究资料。

　　最后，我要感恩拥有充满爱和支持的家庭：乖巧懂事的儿子、默默奉献的丈夫、悉心照顾的父母，你们是我扬帆远航的动力和保障。

2014 年 4 月 6 日